教育类系列教材

教育研究方法

JIAOYU YANJIU FANGFA

主　编　郑益乐
副主编　史文秀

内容提要

本书系统而全面地介绍了教育研究的基本理论、方法与技术,旨在为读者提供一套实用的教育研究指导策略。全书结构清晰,内容丰富,既具备理论深度,又兼具实践操作性。

全书由"基础篇""方法篇""实践篇"三大部分组成。第一章至第四章为"基础篇",主要阐述了教育研究的基本概念、类型和程序,以及教育研究选题、教育文献检索与综述、教育研究设计等基本知识;第五章至第十四章为"方法篇",重点介绍了观察法、访谈法、问卷调查法、扎根理论、叙事研究和个案研究等多种方法在教育研究中的运用。第十五章至第十六章为"实践篇",集中论述了教育学术论文及课题申报书的撰写方法与技巧。

本书不仅可作为高等院校教育类专业的教材,也适合作为广大教育工作者和研究人员的参考用书,对于提升教育研究的科学性和规范性具有重要意义。

图书在版编目(CIP)数据

教育研究方法 / 郑益乐主编. — 西安:西安交通大学出版社,2024.9. — ISBN 978-7-5605-8033-3

Ⅰ. G40-034

中国国家版本馆 CIP 数据核字第 202435B9V3 号

书　　名	教育研究方法 JIAOYU YANJIU FANGFA
主　　编	郑益乐
责任编辑	王建洪
责任校对	韦鸽鸽
封面设计	任加盟
出版发行	西安交通大学出版社 (西安市兴庆南路1号　邮政编码 710048)
网　　址	http://www.xjtupress.com
电　　话	(029)82668357　82667874(市场营销中心) (029)82668315(总编办)
传　　真	(029)82668280
印　　刷	西安五星印刷有限公司
开　　本	787mm×1092mm　1/16　印张 17.25　字数 387千字
版次印次	2024年9月第1版　2024年9月第1次印刷
书　　号	ISBN 978-7-5605-8033-3
定　　价	49.80元

如发现印装质量问题,请与本社市场营销中心联系。
订购热线:(029)82665248　(029)82667874
投稿热线:(029)82665379　QQ:793619240
读者信箱:xj_rwjg@126.com

版权所有　侵权必究

前言

"工欲善其事,必先利其器。"对教育研究来说,"器"即研究方法。在探索教育深邃奥秘和揭示教育本质与规律的过程中,研究方法无疑是每一位教育工作者和研究者的必备之器。理解和掌握科学的教育研究方法,不仅能够提升教育研究工作的质量和效率,更可以确保研究结果的准确性和可靠性。

"教育研究方法"是一门融合理论与实践,并且更加注重方法论系统学习与科研能力提升的课程。为了更好地适应高等院校教育类专业人才培养的需要,本教材编写以《教育部关于加强新时代教育科学研究工作的意见》为指导思想,以理论知识讲解为基础,以方法传授为重点,以科研能力提升为取向,兼顾知识获取、方法习得以及能力提升三者的有机统一,以期帮助读者掌握科学的研究方法,从纷繁复杂的教育现象中,逐步抽丝剥茧,探寻到教育的真谛,从而为教育事业的发展贡献智慧和力量。

本教材在编写过程中,努力体现以下几方面特点。

1. 结构设计的理念创新

本教材分为"基础篇""方法篇""实践篇"三大部分。"基础篇"重在阐述教育研究选题、教育文献检索与综述等相关知识,"方法篇"详细介绍了各种教育研究方法以及数据收集与分析的具体技巧,"实践篇"则侧重探讨教育学术论文以及课题申报书撰写等科研实践技能。可以说,这种结构设计体现了教育研究从理论到方法再到实践的完整体系,不仅逻辑清晰,便于读者阅读和学习,更是一种理念上的创新。

2. 更加注重科研能力提升

本教材不仅传授具体的研究方法和技术,且更加重视读者的科研能力提升。通过详细阐述教育研究的基本原则、程序与策略,引导读者学会提出研究问题、设计研究方案、收集和分析数据、撰写研究报告等全链条技能。同时,本教材设计了丰富的情境案例,并穿插大量研究实例,引导读者深入理解教育研究方法在具体情境中的应用。这种全方位的训练,旨在提升读者的科研思维和科研能力,为他们今后从事教育研究工作奠定基础。

3. 经典理论与时代前沿的深度融合

本教材不仅深入挖掘并系统阐述了教育研究领域的理论与方法，为学习者构建起坚实的知识框架，还敏锐捕捉教育领域的新趋势、新动态，及时将最新的研究成果、研究热点及政策导向融入教材体系之中。这种编排策略，可以使读者在掌握扎实理论的基础上，能够紧跟时代步伐，洞察教育发展的未来走向，在传承与创新中不断提高自身的科研能力，从而以更加广阔的视野和敏锐的洞察力应对教育研究领域的复杂挑战。

4. 体例编排的系统性与实用性

本教材每章以"内容提要""学习目标"开篇，简明扼要地概括了每章的核心内容和学习重点，以帮助读者快速明确学习目标；同时，通过"情境案例"将理论与实践相结合，助力读者深入理解相关知识。每章末的"复习与思考题"则是检验学习成效的有效工具，鼓励读者自我反思，巩固所学，促进知识的内化与迁移。这种体例编排体现了从引入到深入再到反思巩固的完整学习过程，极大地提升了教材的实用性和学习效果。

本教材共分为十六章，由郑益乐担任主编，负责框架体例的设计和审稿工作；史文秀担任副主编，负责书稿的校对工作。具体编写分工如下：第一章、第二章、第四章、第五章、第八章、第九章、第十章、第十一章、第十二章、第十五章、第十六章由郑益乐编写；第三章、第六章、第七章、第十三章、第十四章由史文秀编写。

在教材编写过程中，我们借鉴和参考了许多国内外专家学者的最新研究成果，在此谨向文献的作者表达最诚挚的谢意！同时，感谢西安交通大学出版社王建洪编辑对该书出版的大力支持，是他的辛勤工作才使得本书能够顺利出版。

由于作者水平有限，加之时间仓促，书中难免存在不足之处，恳请广大读者批评指正，以便再版时修正和进一步完善。

编　者

2024 年 6 月

目 录

上编　基础篇

第一章　教育研究概述
第一节　教育研究的概念、价值与功能 …………………………………… (4)
第二节　教育研究的常见类型 …………………………………………… (7)
第三节　教育研究的基本原则和一般程序 ……………………………… (11)

第二章　教育研究选题
第一节　教育研究选题的意义、原则和程序 …………………………… (16)
第二节　教育研究选题的方法与策略 …………………………………… (19)

第三章　教育文献检索与综述
第一节　教育文献检索 …………………………………………………… (27)
第二节　教育文献综述 …………………………………………………… (36)

第四章　教育研究设计
第一节　教育研究设计概述 ……………………………………………… (44)
第二节　教育研究设计的方法 …………………………………………… (46)

中编　方法篇

第五章　教育研究方法概述
第一节　教育研究方法的功能及分类 …………………………………… (60)
第二节　思辨研究 ………………………………………………………… (65)
第三节　量化研究 ………………………………………………………… (71)
第四节　质性研究 ………………………………………………………… (77)
第五节　混合研究 ………………………………………………………… (84)

第六章　教育观察法

第一节　教育观察法概述 …………………………………………… (91)

第二节　教育观察法的实施步骤 …………………………………… (96)

第七章　访谈法在教育研究中的运用

第一节　访谈法概述 ………………………………………………… (113)

第二节　访谈法的实施步骤 ………………………………………… (119)

第三节　访谈记录及资料整理 ……………………………………… (129)

第八章　问卷调查法在教育研究中的运用

第一节　问卷调查法概述 …………………………………………… (134)

第二节　调查问卷的基本结构及其编制 …………………………… (137)

第三节　问卷调查法的实施步骤 …………………………………… (147)

第九章　扎根理论在教育研究中的运用

第一节　扎根理论概述 ……………………………………………… (154)

第二节　扎根理论的操作技术 ……………………………………… (159)

第十章　教育叙事研究

第一节　教育叙事研究概述 ………………………………………… (165)

第二节　教育叙事研究的方法、步骤和技巧 ……………………… (169)

第十一章　教育现象学

第一节　教育现象学概述 …………………………………………… (175)

第二节　教育现象学的实施 ………………………………………… (182)

第十二章　教育民族志

第一节　教育民族志概述 …………………………………………… (188)

第二节　教育民族志的实施 ………………………………………… (192)

第十三章　教育个案研究

第一节　教育个案研究概述 ………………………………………… (198)

第二节　教育个案研究的实施 ……………………………………… (205)

第十四章　教育行动研究
　　第一节　教育行动研究概述……………………………………………………（211）
　　第二节　教育行动研究的实施…………………………………………………（216）

下编　实践篇

第十五章　教育学术论文的撰写与投稿
　　第一节　教育学术论文的撰写…………………………………………………（224）
　　第二节　教育学术论文的投稿…………………………………………………（235）

第十六章　教育研究课题申报书的撰写
　　第一节　教育研究课题概述……………………………………………………（240）
　　第二节　教育研究课题申报书的撰写方法……………………………………（244）

参考文献

上 编

基础篇

第一章

教育研究概述

📖 内容提要

教育研究是引领研究者洞察教育规律、把握教育趋势的重要工具,可以为教育实践提供科学指导,从而推动教育的创新与发展,提高教育质量。本章我们将带领大家一起来探讨教育研究的概念、功能、类型、原则和程序。希望大家通过本章的学习,能深刻领悟教育研究在促进教育发展和改进教育实践中的重要作用,从而为实际教育工作提供强有力的科学指导。

📝 学习目标

1. 明确教育研究的基本概念,理解其含义、价值和功能。
2. 掌握教育研究的各种类型,了解不同类型研究的侧重点和应用场景。
3. 熟悉教育研究的基本原则和程序,为进行规范、科学的教育研究打下基础。

✒️ 情境案例

在 M 县城的一所知名高中,为了追求高升学率,学校推行了一套严格的应试教学模式。教师需遵循既定教材和教学方法授课,学生被迫进行机械记忆以应对考试。然而,这套教学模式在满足学生个性化需求方面有所欠缺。尽管该校升学率曾一度有显著提升,但学生在学习过程中的创新性明显受到压制。随着时间的推移,这套教学模式的弊端也逐步显现出来。许多学生在考入大学后,往往因综合素质不高而难以适应大学丰富多彩的学习生活。

评析:这一案例揭示了教育研究在教育实践中的重要性。如果该学校能够重视教育研究工作,探索更加科学且个性化的教学方法,或许能够避免这种盲目追求升学率而忽视学生全面发展的问题。实际上,通过深入的教育研究,教师可以更好地发现学生的学习特点,设计更加符合学生身心发展规律的教学方案,从而培养出既有扎实知识基础,又具备创新能力和批判性思维的学生。因此,作为教育工作者,必须高度重视教育研究在教育改革发展中的重要作用,不断探索和创新教育方法,更好地促进学生的全面发展。

第一节 教育研究的概念、价值与功能

在人类文明的进程中,教育始终是传承知识、塑造未来的关键所在。而教育研究,作为探寻教育规律、优化教育教学的重要手段,更是我们不断推动教育进步、提升教育质量的基石。本章将引领我们走进教育研究的殿堂,一同揭开其神秘面纱,探寻其深刻的内涵与价值,以期引导教育实践走向更加高效与创新的发展路径。

➤ 一、教育研究的概念

(一)教育研究的含义

教育研究,这个看似简单明了的术语,实际上在不同学者和教育实践者的心目中,蕴含着多重维度和深层含义。众多学者从各自独特的研究视角出发,对教育研究进行了深入探索,形成了丰富而多样的解读。

学者侯怀银(2018)认为教育研究是指人们在一定的教育理论指导下,遵循一定的研究程序,运用一定的方法来研究教育问题,以探索教育规律为目的的富有创造性的认识和实践活动[①]。学者胡中锋(2023)认为教育科学研究就是运用科学的理论(哲学、教育学、心理学和社会学等)与方法,遵循一定的科学教育程序,通过对教育现象与事实的解释、预测和控制,以揭示教育现象的本质及其客观规律的一种认识活动[②]。学者胡咏梅等(2011)则认为教育研究就是探寻教育实践与教育理论中的问题,并通过对数据的搜集、整理、分析,找到问题解决途径的过程。教育研究的属性应当是基于实践经验的、有价值的,并且遵循科学方法[③]。裴娣娜(1995)认为教育研究是以发现或发展科学知识体系为导向,通过对教育现象的解释、预测和控制,以促进一般化原理、原则的发展[④]。

根据上述几位学者对教育研究的概念界定,我们不难发现教育研究不仅是对教育现象和问题的深度剖析,也是一种在科学方法指导下的程序规范的教育实践活动。教育研究的目的在于揭示教育规律,增进人们对教育教学现象的理解,为教育工作提供科学决策依据和实践指导。基于该理解,我们尝试给教育研究下一个定义:教育研究是以教育现象、教育问题和教育实践为研究对象,遵循科学的研究方法和严谨的研究程序,通过数据收集、分析和讨论,来解释教育现象、揭示教育规律并为教育实践提供科学指导的探究性活动。

(二)如何理解教育研究?

1.教育研究以教育现象、教育问题和教育实践为对象

从对象来看,教育研究以教育现象、教育问题和教育实践为对象。教育现象是教育领域中

[①] 侯怀银.教育研究方法[M].2版.北京:高等教育出版社,2018:2.
[②] 胡中锋.教育科学研究方法[M].2版.北京:中国人民大学出版社,2023:12.
[③] 胡咏梅,冯羽.教育研究质量的综合评价[J].教育学报,2011,7(4):80-88.
[④] 裴娣娜.教育研究方法导论[M].合肥:安徽教育出版社,1995:4.

的自然表现，对其进行研究有助于我们理解教育的本质和规律。教育问题是教育实践中遇到的挑战和难题，针对这些问题的研究，能够推动教育的改进和创新。同时，教育实践是检验教育理论的活动，对其研究不仅有助于完善和提升教育实践效果，还能反馈于教育理论，促进教育理论不断发展和完善。因此，教育研究是一项系统性的工作，它以教育现象、教育问题和教育实践为对象，旨在推动教育的科学化、专业化和创新化发展。

2. 教育研究以解释教育现象、揭示教育规律、解决教育问题为目的

从目的来看，教育研究以解释教育现象、揭示教育规律以及解决教育问题为目的。首先，教育研究要深入剖析教育领域中的各种情况，理解它们的本质和意义，从而准确把握当前教育实践的真实状况。其次，教育研究必须采用严谨的科学方法，探究教育过程中的内在逻辑和发展趋势，揭示教育规律，从而为教育实践提供科学指导。最后，教育研究还要通过深入研究和分析，找到教育难题的破解之道，以推动教育工作的不断优化。可以说，这三个目的息息相关，相辅相成，共同构成了教育研究的重要使命。

3. 教育研究在本质上是一种科学性的探究活动

从本质来看，教育研究是一种科学性的探究活动。教育研究通过对教育现象、问题和实践的深入探讨，以增进对教育工作的规律性认识。可以说，这种探究性活动以科学的方法和严谨的程序为前提，进行数据收集、分析和解释。在此基础上，揭示教育工作的本质规律，预测和控制教育现象，从而为教育改革和实践提供科学的决策依据。事实上，教育研究强调理论与实践相结合，注重创新和实用性，正是这种力量驱动教育工作的持续革新与提升。

▶ 二、教育研究的价值

任何事情都有其存在的实际价值，教育研究也不例外。对于教育研究来说，其价值主要体现在以下几个方面：

（一）完善教育科学理论

教育研究对深化教育科学理论的构建至关重要。通过深入研究教育现象、问题和规律，人们可以不断积累和丰富教育科学知识，从而构建更加系统、完善的教育科学理论体系。可以说，这些理论不仅能够帮助人们更加深入地理解教育活动的本质和规律，还可以为教育实践提供科学的指导和支持。同时，随着教育实践的不断发展，教育科学理论也需要不断完善和升华，以应对新的教育需求和挑战。

（二）推进教育教学改革

通过深入研究教育教学中存在的现实问题和挑战，研究者可以提出有针对性的改革方案和建议，从而推动教育教学质量的提升。比如，针对当前存在的学生学习动力不足、课堂教学效果不佳等突出问题，教育研究可以帮助人们探索新的教学方法和个性化策略，从而激发学生的学习积极性，提高教学效果。同时，教育研究还可以帮助人们评估教育教学改革方案的可行性与有效性，为教育教学改革顺利开展提供强有力的实践支持。

(三)提升教师专业素养

教师是教育教学活动的重要主体,他们的专业素养关系到教育教学的质量。从某种程度上来说,教育研究是教师专业素养不断提升的助推器。教师通过参与教育研究项目,可以不断学习和掌握全新的教育理念、方法和技能,从而提高自身的教育教学水平和专业素养。同时,教育研究还可以帮助教师增强自身的创新意识和批判性思维能力,使他们更加灵活地应对教育教学中的各种现实挑战。

(四)促进教育公平

教育研究在识别和化解教育不平等问题方面发挥着重要作用。通过对不同地区、不同背景学生的研究,我们可以深入分析不同学生面临的学习挑战与需求,从而制定更加公平和包容的教育政策,以确保所有学生都能享有高质量的教育服务。可以说,通过教育研究推动教育公平,不仅有助于社会的整体进步,还能为更多学生提供实现梦想的机会。

▶ 三、教育研究的功能

教育研究是探索教育规律和优化教育实践的重要工具,它不仅可以描述现状、解释问题,更能预测教育发展趋势并进行改进,从而为教育的健康发展提供坚实支撑。

(一)描述

描述是教育研究的基础功能,它涉及对教育现象进行详细而准确的观察和记录。通过实地观察、访谈、问卷调查等手段,研究者可以收集大量有关教育实践的数据和信息,进而对这些数据进行整理和分析,以文字、图表等多种形式呈现出来。从某种程度上来说,这种描述不只是对表面现象的记录,更是要深入挖掘教育现象背后的教育意义,从而帮助人们全面而客观地了解教育的实际情况。

(二)解释

解释功能意在探讨教育现象发生的内在运行机制和发展规律。教育研究者通常需要运用相应的理论和分析工具,对教育现象进行深入的剖析,从而揭示其内在的逻辑关系和影响因素。例如,对学生学业成就差异进行研究,就需要探讨家庭背景、教育资源以及教师的教学风格等多种因素对学生学业成就的影响。可以说,这种解释不仅有助于增进人们对教育现象的理解,还能为教育实践提供科学的依据。

(三)预测

预测功能是基于对当前教育现象的全面理解和综合把握,对未来教育发展趋势进行推测和预判。通过对比历史数据和现有状况,结合社会发展等多种因素,研究者可以预测未来教育领域可能出现的新趋势和新动态。这种预测对于教育政策制定、资源配置、教学改革等多方面具有现实的指导意义,有助于教育工作提前做好各方面的准备,以应对未来的可能挑战。

(四)指导

通过总结优秀教育经验、提炼教育规律,研究者可以为教育教学实践提出有针对性的改进策略和建议。这些策略和建议可以帮助教师优化教学方法、提升教学效能,从而为学校领导提供决策依据。同时,教育研究还可以推广成功的教育经验和实践案例,为其他学校和教育机构提供有益的经验借鉴与参考。

(五)改进

通过对教育问题的深入探讨,研究者可以提出有针对性的改进方案和建议。这些改进方案和建议可能涉及教育管理的创新、课程体系的改革以及教学方法的优化等方面。通过实施改进方案,可以有效地提升教育质量,促进学生的全面和谐发展。同时,通过对已有教育教学实践的反思和完善,可以推动教育系统的持续优化。

第二节 教育研究的常见类型

在教育研究领域,依据研究目的、研究方法、研究层次、研究设计等的差异,教育研究可以划分为不同的类型。了解和理解这些教育研究的常见类型,对于每一位教育研究者来说,都具有非常重要的意义。

一、根据研究目的和应用领域划分

根据研究目的和应用领域的不同,可以将教育研究分为基础研究、应用研究、综合研究和其他研究等几种类型。近年来,此种分类较为常见,尤其在一些课题申报如全国教育科学规划课题申报书的填写中,多采用此种分类方法。

(一)基础研究

基础研究是构建教育理论和知识体系的基石,在教育研究领域中占据着非常重要的地位。这类研究通常关注的是教育现象和问题的基本原理,旨在增进人们对教育领域基本知识的理解。可以说,基础研究通常并不直接关注教育的实际应用,而是专注于揭示教育现象的内在本质和发展规律,从而为后续的应用研究和实践活动提供理论支撑。

(二)应用研究

应用研究侧重将基础研究的成果应用于实际教育问题中,解决教育教学实践中遇到的实际问题,从而改进教育教学实践。这可能包括开发新的教学方法、实施有效的教育干预措施、评估教育政策的绩效等。相对于基础研究来说,应用研究更加倾向于实践和实操,着重于解决实际教育问题,通常与特定教育政策、教学方法、教学改革等密切相关。

(三)综合研究

综合研究兼具基础研究深度探索和应用研究实践导向两方面的属性,它不仅仅关注某一个方面的具体问题,而且试图从多个角度、多个层面对教育现象或问题进行全面而深入的探讨。在教育领域，综合研究通常着重于跨学科、跨方法的多元整合，从全方位和多角度深入探究教育难题或现象，以提供综合性的解决方案。

(四)其他研究

其他研究是指除上述研究类型之外的研究，主要包括历史研究、政策分析、案例研究等特定类型的研究活动。这些研究可能并不直接关注教育的基本理论或实际应用，但对教育领域的某些特定方面或问题进行深入探讨。例如，历史研究可能专注于分析教育制度或教育理念的历史演变；政策分析可能评估教育政策对教育系统的影响；案例研究则可能深入剖析个别学校、教师或学生的实践经验。可以说，这些研究类型为我们提供了多样化的视角，丰富了人们对教育工作的理解和认识。

二、根据研究层次和范围划分

(一)宏观研究

宏观研究通常聚集整个教育系统或大范围的教育现象。它往往涉及国家和地区的教育政策、规划、发展和改革等多个方面。宏观研究从全局和整体的角度出发，分析教育与社会、经济、政治等宏观因素之间的相互作用和影响，对于指导教育实践和制定政策具有重要价值。

(二)中观研究

中观研究介于宏观和微观研究之间，往往关注的是教育机构、学校或者特定的教育群体。这类研究既着眼于如何将宏观的教育政策和理念落实到具体的组织和实践层面，同时也关注这些组织和实践如何影响宏观层面的决策。从某种程度上来说，中观研究在宏观政策和微观实践之间架起了衔接的桥梁。

(三)微观研究

微观研究主要聚焦于个体或小组的学习和教学过程以及教师和学生之间的互动。它更加关注学习者的心理过程、学习策略以及教师和学生之间的交流等具体而细微的教育现象。事实上，微观研究旨在揭示学习和教学的本质规律，从而为教育教学质量提升提供科学依据。

三、根据研究范式划分

(一)思辨研究

思辨研究是通过逻辑推理、概念分析和理论构建来探究教育现象的本质和规律。它侧重对教育问题的深层次思考，强调理论构建和概念辨析。实际上，思辨研究通常采用逻辑分析、概念辨析、理论推演等手段，并不依赖于具体的研究数据，而是通过逻辑推理和哲学思考来形成和验证理论。研究者通过对已有文献的深入挖掘，结合个人的理论知识和实践经验，进行深层次的思考和推理。可以说，思辨研究在教育哲学、教育原理等理论性较强的领域有广泛应用，它有助于研究者深入理解教育的本质、目的和价值以及教育与经济、社会、文化等因素之间的相互关系。

(二)实证研究

实证研究在当前的学术研究中至关重要,它以数据、事实和观察为基础,旨在通过科学方法来验证或证伪假设、理论或假说。实证研究强调数据的客观性、可重复性以及可验证性。实证研究通常采用量化或质性的数据收集和分析方法。研究者通过设计严谨的访谈与观察方案、调查问卷,收集实际研究数据,并运用统计或其他分析方法对数据进行处理和解释[1]。可以说,实证研究在教育心理学、教育人类学、教育评估等领域有广泛应用。实证研究能够帮助研究者了解教育现象的实际状况,评估教育政策实施效果以及为教育实践提供科学依据。

四、根据研究方法和数据类型划分

(一)定性研究

定性研究主要依靠非数值型数据,如文字、图片、音频、视频等,以捕捉和描述复杂的现象、情境和过程。定性研究属于描述性分析,是用语言文字描述教育现象,进行"质"的理论思辨,在本质上是一个归纳的过程,其主要功能在于"解释"[2]。定性研究源于自然主义,强调研究应在自然的情境下进行,注重研究过程,旨在深入探究人们的观点、态度、信念、行为和文化背景,揭示背后的意义和内涵,以帮助人们理解复杂现象的本质。定性研究的具体方法主要包括深度访谈、参与式观察、历史研究、个案研究等,这些方法能够深入探索和理解社会现象。定性研究的优点在于灵活性高、洞察力强,能捕捉人类社会的复杂性和多样性;其缺点在于难以确定因果关系、结果不易量化、标准化程度低等。

(二)定量研究

定量研究则是通过数字和量化指标来描述和解释教育现象,侧重于对研究对象进行数量化的测量和分析,通过演绎推理来验证预设的假设或模型,在本质上是一个演绎的过程。定量研究依赖于数值型数据,如统计数据、量表分数等,以量化和分析现象、关系和效果。定量研究方法注重数据的量化、统计分析和模式识别,采用严格的研究设计和控制,如实验研究、调查研究、问卷调查等。定量研究旨在测量和验证假设、关系或效应的存在程度和强度,以提供客观的、量化的证据,用来验证或推翻研究假设。定量研究的优点在于可以控制研究过程,能够对研究资料进行统计分析,探讨变量之间的关系,研究结果较具客观性,信度和效度较高,可以重复验证,对群体具有推广性。其缺点在于难以排除干扰变量,对价值判断问题不易量化,难以测量人类的复杂行为,研究条件与现实生活有差异[3]。

---

[1] 李琳璐.教育研究范式的祛魅:思辨与实证的融合共生[J].大学教育科学,2021(3):31-38.
[2] 曾天山.教育研究中的技术与方法[J].教育理论与实践,2008(4):12-16.
[3] 曾天山.教育研究中的技术与方法[J].教育理论与实践,2008(4):12-16.

五、根据研究设计和时间跨度划分

（一）横向研究

横向研究也被称为横断面研究，是指在某一特定时间点或短暂的时间段内对不同个体、群体或情境进行细致观察和数据收集，以了解他们之间存在的差异性、相关性或其他特征。横向研究通常用于评估教育政策的实际效果、探究不同人群之间的差异或是比较不同学校或地区的教育水准等。横向研究的优势在于高效性，研究者能够在较短的时间内收集到大量的研究数据。但是，横向研究无法揭示教育现象的变化趋势和动态演变规律，也难以确定教育现象之间的因果联系。

（二）纵向研究

纵向研究也被称为追踪研究或长期研究，是指在一个相对较长的时间段内，对单一对象（个人、群体或环境）进行连续性的观测和数据收集，以揭示其动态发展变化的研究类型。可以说，纵向研究清晰地观察到个体或群体的成长轨迹和发展变化模式，有助于揭示时间序列中的趋势和因果关系。纵向研究的优势在于它能够深入挖掘变量之间的时间关系和动态变化，其缺点在于耗时较长、成本较高，且可能受到被试流失、时间效应等多重因素的影响。

不难看出，横向研究主要用于比较不同个体或群体在某一特定时间点上的差异，而纵向研究则关注同一或相似个体或群体在不同时间点上的发展变化过程与趋势。毫无疑问，二者的有机结合有助于研究者更加全面深刻地理解和分析各种教育问题。

六、根据研究关注的内容划分

（一）价值研究

价值研究更多地关注"应然性"，即事物应该如何的问题。它探讨的是理想状态、道德准则、价值观念等，致力于理解和评价教育现象中的价值、理念、信念和伦理等方面。价值研究试图揭示教育活动和政策背后的道德和哲学基础以及它们对个体和社会的理想意义和影响。价值研究通常采用定性的方法，如访谈、案例分析和文本解读等，以深入理解人们的价值观、信仰和行为背后的动机。该种研究取向着眼于教育的应然状态，即教育应该如何进行，以达到最佳的教育效果和产生最大的社会价值。

（二）事实研究

事实研究更加注重"实然性"，关注的是教育的实际情况，即教育在现实中的状态以及如何通过科学方法去验证或证伪关于教育的假设、理论或假说。事实研究通常采用实证研究方法，如实验研究、调查研究等来收集和处理研究数据，从而验证或推翻关于教育问题的假设或理论。事实研究旨在通过收集和分析事实资料，客观中立地描述、解释和预测教育现象，避免主观偏见和情感影响，进而揭示教育的真实面貌，为教育实践和政策制定提供实证支持。

第三节 教育研究的基本原则和一般程序

为了确保教育研究的科学性和有效性,研究者必须遵循一定的原则和程序。本节将深入探讨教育研究的基本原则和程序,以期帮助研究者更好地理解如何规范地进行教育研究,从而为教育改革和创新提供坚实的支撑。

一、教育研究的基本原则

(一)客观性原则

客观性原则是教育研究最基本的原则,要求在科学研究中应坚持"实事求是",以客观实际为准绳,排除一切主观偏见,根据客观事实的本来面目加以考察。

客观性原则要求教育研究者在研究过程中保持客观态度,不能将个人情感或观点带入数据分析中。同时,客观性原则要求研究数据的收集和分析应基于实地观察、访谈、问卷调查和测量,而非研究者凭空产生的主观臆断。

(二)创新性原则

创新性原则是指在进行教育研究时,要不断追求新颖的视角、方法和观点,以推动教育领域的进步和发展。教育研究追求创新性,无论是研究问题,还是研究视角、研究方法、研究结论,都应当是新颖的、前人未曾探讨和未曾获得的新发现[①]。从某种程度上来说,没有创新性的教育研究是无效的,是对教育资源的一种浪费。当然,创新并不意味着全盘否定,创新应该是对现有研究成果的批判性继承,教育研究应在创新与继承中寻求动态平衡。

创新性原则要求教育研究应致力于提出新颖、前沿的研究问题和议题,挖掘尚未被深入探索的领域,以拓展人们对教育现象的理解。同时,教育研究鼓励人们尝试采用新的研究方法对现有问题进行创新性思考。例如,结合虚拟现实技术进行教学实践观察,或者采用大数据分析来研究学生学习行为等。此外,教育问题往往涉及多个学科领域,教育研究应当跳出学科界限,借鉴其他学科领域的理论和方法,从跨学科的视角来审视教育现象,以获得对教育现象更加全面深刻的理解。

(三)理论联系实际原则

理论联系实际原则是指研究者在进行教育研究时,应当将理论与实际相结合,即在研究过程中,既要关注理论的建构和发展,又要立足于解决实际问题,注重教育研究对教育实践的指导作用。

理论联系实际原则要求研究者在进行教育研究时,应当兼顾理论建构和实践应用,既要关注理论的深入探索和构建,对教育现象和问题进行深入的理论剖析,又要关注教育研究对教育实践的指导作用,将理论知识应用于解决教育实践问题,从而实现理论与实践的有机结合和共赢发展。

---

① 王彩凤,庄建东.学前教育研究方法[M].北京:北京师范大学出版社,2011:13.

(四)定性与定量相结合原则

定性与定量相结合原则是指在教育研究中,既要运用定性研究方法深入理解和描述教育现象的本质特性,又要借助定量研究方法对教育现象进行精准测量和深度剖析。毫无疑问,该原则强调了定性研究和定量研究两种研究方式的优势互补。事实上,定性研究与定量研究在教育研究方面确实具有各自的优势和局限性。定性研究通过深入挖掘和解读来探索现象的内在意义,能够揭示教育现象背后的深层动因和意义。定量研究则可以通过精确的测量和调查来揭示教育现象的规律和走向,为人们提供客观准确且可量化的数据支撑。

可以说,每个事物都蕴含着质与量两个层面,教育现象或问题也不例外。要想全面地剖析事物,往往需要我们将定性分析与定量分析融为一体。它们二者之间是相辅相成、密切联系的。定性研究常常为定量研究提供前期的探索方向和指引。例如,在定量研究之前,可以通过定性研究来明确研究问题、确定变量和假设等。同样地,定量研究所得结论也可以为定性研究提供数据基础,进一步验证和深化定性研究的发现。在教育研究实践中,定性与定量方法往往可以交替使用或并行不悖,以相互印证并提升研究结果的可信度。虽然这两种研究方法路径各异,但殊途同归,其最终目的都是解答研究问题,从而加深人们对某一现象或问题的认识和理解。

(五)伦理性原则

伦理性原则要求研究者必须严格遵守教育学术伦理和道德规范,对知识产权保持敬畏之心,同时要保护被研究对象的个人隐私及其合法权益,从而使研究工作的合法性、公正性和道德性符合学术要求。

具体来说,伦理性原则主要有三个方面的要求:一是在教育研究中,研究者应充分尊重受试者的人格尊严和各项权利,包括知情权、隐私权和自主选择权等。研究者必须提供有关教育研究工作的详尽信息,以保证受试者在完全了解研究目的、采用的方法以及潜在风险后,能够做出自愿参与研究的决定。二是研究者在开展研究工作时,应恪守公平、公正的原则,所有受试者应享有平等的权益,避免对任何一方产生偏见或给予特殊优待。三是研究者有责任真实而完整地呈现研究结果,绝不允许故意隐瞒或扭曲事实。同时,为了增强教育研究的可信度和可重复性,研究者应主动公开研究过程,主动接受学术界的监督。

二、教育研究的一般程序

教育研究是一项严谨的工作,需要研究者遵循科学而规范的研究程序。从某种程度上来说,研究程序犹如一张导航图,指引着研究者逐步深入教育现象内部,去揭示教育的内在运行规律[①]。现在,就让我们一起探讨教育研究的程序,感受其中的科学逻辑和实践智慧。

(一)确定研究问题

确定研究问题是进行教育研究的出发点,它往往为研究工作定下了基调和方向。在选择

---

① 胡中锋.教育科学研究方法[M].2版.北京:中国人民大学出版社,2023:19-20.

研究问题时,研究者需要重点关注当前教育领域中的焦点、难题和疑点,挑选出那些具有现实意义和价值的研究主题,在此基础上,确定自己的研究问题。同时,研究问题应具有明确性、具体性和可操作性,避免选择过于宽泛或含糊的问题。此外,研究者还需要考虑自身的主客观条件,确保所选研究问题在资源、时间等方面具有可行性。

(二)进行文献综述

进行文献综述是教育研究的重要步骤,它有助于研究者全面了解该研究领域的前沿动态和已有研究成果,从而站在前人的研究基础上,进行更加深入的研究工作。在进行文献综述时,研究者应广泛搜集与研究主题相关的文献资料,包括期刊论文、会议论文、专著等。通过对这些文献的梳理和分析,研究者可以明晰已有研究的最新进展,尤其是已有研究存在的不足之处。在此基础上,确立自己研究工作的起点和切入点。

(三)制订详尽的研究计划

在制订研究计划时,研究者需要明确研究目标、研究假设、研究对象、研究方法与研究工具等关键性要素。研究者应根据研究问题和文献综述的结果,选择合适的研究对象,采用恰当的研究方法,如实验研究、教育民族志等。同时,研究者还需要确定合适的样本规模和数据收集方式,以保证研究的可靠性和有效性。除此之外,研究者还要注意研究的伦理问题,以确保研究过程符合相关法律法规和学术道德规范的要求。

(四)收集数据资料

数据资料的收集直接关系到研究结果的准确性和可靠性。数据资料可以是定量的,也可以是定性的。在收集数据资料时,研究者应根据研究计划选择合适的数据收集工具和方法,如问卷、访谈、观察、档案资料等。同时,研究者还要确保数据收集过程的科学性和规范性,避免主观偏见和认知误差的不利影响。除此之外,研究者还要注意保护被调查者的隐私和权益,以确保数据收集的合法性和道德性。

(五)深入剖析数据资料

深入剖析数据资料是揭示研究问题本质和规律的关键步骤。在这个阶段,研究者需采用恰当的统计技术和分析工具来处理和分析数据以揭示出数据背后隐含的信息,这包括对数据进行描述性统计、因子分解、回归分析、相关性探索等。同时,研究者需要保持价值中立,谨防主观臆测和误导性解释。值得注意的是,在剖析数据资料时,研究者需要清洗和整理原始数据,剔除异常值,并选取合适的分析方法来回答研究问题,以此来确保数据分析的客观性和准确性。

(六)呈现研究发现并进行讨论

在这个阶段,研究者需要采用直观而明了的方式如图表、统计数据等来呈现研究结果。同时,研究者需要对研究结果进行详尽的分析和阐释,以揭示其深层意义。通过与以往研究结果的对比与分析,进一步验证研究假设。此外,研究者还需要对研究的局限性和不确定性进行探讨,以确保研究的可信性和科学性。

(七)撰写研究报告或论文

撰写研究报告或论文是教育研究成果展示的重要方式。在写作过程中,研究者需要遵循特定的学术规范和论文格式要求,按照一定的逻辑顺序和条理将研究问题、研究方法、研究结果、讨论与分析、研究结论等要素有机地组织在一起。同时,在撰写过程中,要注意文字表述的准确性和连贯性,以确保读者能够清晰地理解研究报告的内容。

(八)研究评价与反思

研究评价与反思是教育研究过程中的最后一个环节,也是对整个研究工作的总结。在这个环节,研究者需要对自己的研究工作进行全面的评估,包括研究的信度、效度、推广性等方面。同时,要进行深入的总结,反思研究过程中的成功经验与不足之处,以便在将来的研究工作中更好地加以改进。

以上是教育研究的基本步骤和流程,在具体的教育研究工作中,上述研究步骤可以适当增加或精简。可以说,教育研究的基本程序是一个系统化的过程,从选题开始,逐步推进,最后到研究评价与反思,每个环节都至关重要。从某种程度上来说,这一系列流程环环相扣、相互促进,共同推动着教育研究的不断深入和发展。

复习与思考题

1. 结合实际,谈谈你对教育研究几个功能的理解。
2. 思辨研究和实证研究的区别是什么?
3. 研究评价与反思的意义是什么?如何进行有效的研究评价与反思?
4. 简述教育研究的一般程序。
5. 在进行教育研究时,应遵循哪些基本原则?
6. 请谈谈你对教育研究价值的理解。

第二章

教育研究选题

内容提要

选题是教育研究的起点,更是决定研究价值和意义的关键因素。一个恰当的选题不仅能揭示教育现象的本质规律,还能为教育理论构建和实践应用提供坚实的支撑。本章我们将聚焦教育研究选题,重点阐述教育研究选题的原则、程序、方法、策略及注意事项。希望通过本章的学习,大家能够学会如何科学、有效地确定教育研究选题,从而为高质量的教育研究奠定坚实基础。

学习目标

1. 深刻领会教育研究选题的意义,认识到选题对教育研究的重要作用。
2. 准确理解和把握教育研究选题的原则。
3. 熟悉教育研究选题的程序,能高效而有序地完成教育研究选题工作。
4. 理解并能灵活运用教育研究的多种选题方法和策略。
5. 了解教育研究选题的注意事项,以确保教育研究选题的科学性。

情境案例

李老师是 A 市一所初中的数学教师,他在教学过程中发现,许多学生在解决复杂问题时容易出现困难。尽管他尝试使用了多种教学策略进行改进,但收效并不明显。有一天,他与学生小杨聊天时得知,小杨觉得数学题目过于抽象,根本难以理解。这引发了李老师的思考:如何使抽象的数学问题变得易于理解呢?

评析:这个案例展示了教学实践中的一个困惑,即学生对抽象数学知识的不理解。李老师通过细心观察以及与学生的交流,发现了一个值得研究的问题——如何使抽象的数学问题更加具体化,使学生易于理解。可以说,这个问题既具有现实意义,也富有创新性。该选题有助于引导李老师深入地探索数学教学方法的改进,从而提升教学质量。

第一节 教育研究选题的意义、原则和程序

教育研究始于选题,选题是教育研究的起点。选题不仅决定了研究的方向,更影响着研究的深度、广度乃至最终价值。因此,理解和掌握教育研究选题的意义、原则和程序,对于每一位教育研究工作者来说都至关重要。本节我们将全面介绍教育研究选题的相关知识,帮助大家熟悉选题的基本流程,以便为教育研究选题工作奠定基础。

一、教育研究选题的意义

(一)选题是教育研究的起点

选题作为教育研究的起始环节,不仅标志着研究工作的开始,更是指引整个研究过程的明灯。一个恰当、精准的选题能够为后续研究奠定坚实的基础,确保研究工作的有序进行。选题的过程实际上是对研究目标、研究内容以及研究方法的初步规划和设想,它如同航行的指南针,为整个研究指明方向。可以说,一个恰当的选题能够确保研究从一开始就聚焦于核心问题,减少无效探索和资源的浪费。

(二)选题决定教育研究的方向和水平

选题不仅是教育研究的出发点,更在很大程度上决定了研究的方向和深度。一个具有前瞻性和创新性的选题,能够引导研究者深入探索未知领域,推动教育理论和实践的发展。反之,一个缺乏新意或无价值的选题,则可能使研究陷入重复和停滞,难以产生有价值的研究成果。因此,选题的质量在某种程度上直接决定了研究的整体水平和质量。

(三)选题是提升科研素养的重要途径

对于研究者尤其是年轻学者而言,选题是一次全面的学术锻炼。在选题过程中,研究者往往需要综合运用所学知识,发现问题、分析问题并尝试解决问题。这一过程不仅考验研究者的学术素养和创新能力,更是对其科研思维的全面检验。通过不断地磨炼选题,研究者可以逐步提升自己的科研和学术素养,为未来的学术发展奠定基础。

(四)选题是学术交流与合作的基础

在学术研究中,选题往往是学者之间彼此交流与合作的基础。可以说,一个具有前瞻性和共鸣性的教育研究选题,能够吸引众多学者的关注,促进学术界的交流与碰撞。通过共同研究和探讨,不同学者之间可以相互启发、取长补短,共同推动学术进步和知识生产。因此,选题在促进学术交流与合作方面发挥着重要作用。

二、教育研究选题的原则

选题原则是指在进行教育研究选题时必须遵守的基本准则和要求,这些选题原则涵盖所选研究问题的价值性、科学性、明确性、创新性以及可行性等各个方面。可以说,遵循这些选题原则,对于保证教育研究质量具有极其重要的现实意义。

(一)价值性原则:具有实际研究价值和意义

价值性原则意味着教育研究选题必须具有实际研究价值和意义。可以说,一个有价值的选题不仅能够增进我们对教育现象的理解,还能为教育实践提供指导,推动教育的改进和创新。因此,在确定教育研究选题时,研究者需要思考研究问题是否对教育实践有积极影响,是否能为教育政策制定提供参考,或是否能填补教育理论上的某些空白[①]。

(二)科学性原则:以科学的理论和方法为基础

科学性原则要求教育研究选题必须以科学的理论和事实依据为基础,能够反映教育的内在规律,并采用科学的研究方法和技术手段进行研究。可以说,科学性原则是保证教育研究严谨性、可靠性的必然要求。为了确保教育研究的科学性,研究者需要熟悉相关领域的研究现状,了解已有的理论和方法,并在此基础上建构自己的研究问题和假设。同时,研究者还需要采用合适的研究方法,确保数据的收集和分析过程的科学和客观。

(三)明确性原则:有明确的研究对象和研究问题

明确性原则强调选题必须有明确的研究对象和问题,清晰界定研究对象以及所需要解决的研究问题。从某种程度上来说,明确性原则有助于研究者更好地聚焦研究问题,避免研究问题不明或模糊。同时,明确性原则也有助于研究者设计合适的研究方案,从而更加有效地收集研究数据和分析结果。

(四)创新性原则:体现新颖性和独创性

创新性原则要求教育研究选题必须要有新意和时代感,有独到之处。这意味着在进行教育研究选题时,要尽可能探索未知新领域、提出新观点或解决新问题,避免简单重复前人的研究工作。可以说,创新性原则是推动教育研究深入发展的内在推力,它有助于深化人们对教育现象的认识,从而为教育实践提供新的解决思路和策略。为了体现选题的创新性,研究者需要平时多关注教育领域的前沿动态,了解最新的研究成果和发展趋势。同时,研究者还需要具备批判性思维和创造性思维,勇于挑战传统观点,以提出自己独特的创造性见解。

(五)可行性原则:具备完成的主客观条件

可行性原则强调选题应考虑研究工作完成的主客观条件,即研究问题经过研究者的努力是可以被解决的。这意味着在进行教育研究选题时,研究者需要充分考虑自身的主客观条件,尤其是研究能力、资源和时间等限制因素,以确保研究工作能够在预定时间内完成并取得预期的研究成果[②]。因此,研究者需要在选题阶段进行充分的谋划和评估,以明确研究所需的资源、时间和人力等条件。同时,研究者还需要制订合理的研究计划,以确保研究工作的顺利推进。

---

① 胡中锋.教育科学研究方法[M].2版.北京:中国人民大学出版社,2023:27.
② 侯怀银.教育研究方法[M].2版.北京:高等教育出版社,2018:31-32.

三、教育研究选题的程序

选题是开展教育研究工作的起始步骤,它涉及对研究方向和主题的选择、问题的明确以及可行性评估等方面。了解选题的程序对于保障教育研究的深度、广度和有效性至关重要。

(一)选定研究方向和主题

选定研究方向和主题是开展教育研究的第一步,也意味着为整个教育研究工作定下了基调,后续的文献综述、问题界定、方法选择等都将围绕这个主题展开。在此过程中,研究者需要综合考虑自身的研究兴趣、学术背景以及当前教育领域的热点和难点问题。通过深思熟虑和对比分析,选定一个既有创新性又具有可行性的研究方向和主题,为后续的研究工作奠定良好的基础。因此,选定研究方向和主题的重要性不言而喻,需要研究者投入充足的时间和精力进行深思熟虑。

(二)进行文献综述

文献综述旨在全面梳理和分析已有研究成果,了解拟选研究主题的历史脉络、研究现状和发展趋势。通过广泛查阅文献资料,研究者可以深入了解前人在该领域的研究方法、主要观点和研究结论,同时也可以发现已有研究的不足之处和研究空白,从而为自己的研究找到合适的切入点和创新点。可以说,文献综述不仅有助于避免重复研究,提高研究的效率和价值,还能为研究者提供丰富的理论依据和实证支持,为后续核心概念界定、研究设计和方法选择打下坚实基础。

(三)界定和提炼具体问题

在选定研究方向和进行文献综述后,接下来就应界定和提炼具体问题。界定具体问题是指从庞杂的研究领域中提炼出一个或几个可以通过研究来回答的问题。这一过程需要研究者运用已有的知识储备和经验,精准地识别和提炼出研究的具体问题。可以说,界定具体问题有助于研究者明确研究的目标和范围,避免研究过于宽泛而难以深入。

(四)评估研究可行性

研究者往往需要综合考虑研究所需要的时间、经费、人力资源、技术条件以及数据收集的难易程度等多方面主客观条件。通过评估研究可行性,研究者可以预估研究工作可能遇到的困难和挑战,提早准备好相应的应对预案,从而确保研究的顺利开展。从某种程度上来说,评估研究可行性也是一个风险管理过程,是优化研究设计、提高研究质量的重要环节。

(五)陈述研究问题

在该阶段,研究者需要清晰而明确地阐述自己所要研究的具体问题。可以说,清晰而明确地陈述研究问题不仅是确保整个研究过程保持正确航向的前提条件,也是研究者与同行、导师或项目资助者进行沟通的基础。因此,研究者需要认真对待研究问题陈述,以保证所陈述的研究问题既符合研究实际情况,又能准确传达研究者的研究意图。

第二节 教育研究选题的方法与策略

在广阔且复杂的教育领域,选择一个既具有深厚研究价值又具备可行性的课题,对每一位教育研究者来说都是一项重大的考验。本节我们将重点介绍教育研究选题的方法与策略,帮助大家掌握科学选题的技巧,从而为以后的教育研究工作打下坚实的基础。

一、教育研究选题的方法

选题是教育研究的第一步,也是决定研究成败的关键环节。面对浩如烟海的教育领域,如何选择一个合适的研究题目,既能够体现研究的价值,又能够符合自身的兴趣和专业背景,是每一位研究者都需要深思的问题。为了帮助研究者更好地进行选题,接下来我们介绍几种常见的选题方法,这些方法各有特点,可以灵活进行选用,以助力研究者找到那个"最佳"的研究点,从而开启富有成效的教育研究之旅。

(一)从国家政策走向以及热点话题出发进行选题

国家政策走向是选题的重要参考。随着国家对教育的重视程度日益提高,相关政策不断涌现,这为研究者提供了丰富的选题资源。紧跟国家政策,选择与之相关的研究课题,不仅有助于解决实际问题,还能为政策的制定和实施提供理论支持。同时,热点话题如"双减"政策、新质生产力等,都是当前社会普遍关注的问题,以此为切入点进行研究,能够迅速抓住公众视线,提升研究的社会影响力。当然,这种方法要求研究者密切关注时事动态,深刻理解政策内涵,从而挖掘出具有现实意义和研究价值的话题。

(二)从文献检索中的灵感及研究不足之处出发进行选题

文献检索是选题过程中不可或缺的一环。通过深入阅读和分析相关文献,研究者可以发现前人研究的不足之处或未涉及的领域,从而确定自己的研究方向。此外,文献中的某些观点或数据也可能激发研究者的灵感,引导其探索新的研究领域。当然,这种选题方法要求研究者具备扎实的文献检索和分析能力,能够准确识别文献中的研究空白和创新点,进而提出有针对性的研究问题。

(三)从研究者的教育实践和学术旨趣出发进行选题

研究者的个人教育实践和学术旨趣是选题的宝贵资源。可以说,教育实践中的问题和经验往往能引发研究者的深思,进而形成独特的研究视角。同时,结合自身的学术旨趣进行选题,能够激发研究者的热情和动力,保证研究的持续性和深入性。不难看出,这种选题方法比较强调研究的个性化和实践性,要求研究者具备敏锐的问题意识和批判性思维,能够从自身实践中提炼出具有普遍意义的研究问题。

(四)从所在单位、导师及自身积淀的研究基础进行选题

所在单位的研究特色、导师的研究方向以及个人的学术积淀都是选题的重要参考。这不

仅可以帮助研究者更好地利用现有的学术资源和专业指导,还能保持研究的连贯性和可行性,从而形成独特的研究风格。当然,这种方法要求研究者充分地了解所在单位和导师的研究方向,并结合自身的兴趣和优势进行选题。

(五)从其他学科的视野启示与方法移植中进行选题

从教育研究选题实践来看,从其他学科中汲取灵感往往也是教育研究的重要选题方式。借鉴其他学科领域的理论和方法进行教育研究,能够为传统问题提供全新的解决思路和方法。例如,运用人类学、社会学、文化学、民族学、经济学、管理学等学科的理论和方法来审视教育问题,常常能开阔研究者的视野,为研究提供新的视角和分析框架,并可能在新的视角和分析框架下产生创造性的发现。

(六)从各类项目申报指南及获批课题名称中寻找选题

各类项目申报指南和已获批课题往往反映了当前的研究热点和动向,也是研究者进行选题的重要参考。如全国教育科学规划领导小组发布的年度课题申报指南以及各省、市、自治区的教育科学规划课题申报指南等,申报指南中列出的研究主题都是经过相关教育专家反复讨论后确定下来的,代表了教育研究近期的研究热点和发展方向。同时,从已获批课题名单中汲取灵感,也有助于提高研究者的选题水平。这就要求教育研究者要密切关注课题申报的相关动态信息,并结合自身的实际情况进行有针对性的选题工作。

(七)从核心期刊发文动态及重点选题指南进行选题

核心期刊是学术研究与交流的重要平台,其发文动态和重点选题指南往往代表了教育研究的前沿热点。通过对这些核心期刊重点选题指南的分析,研究者可以有效地把握教育研究的前沿动态,从而提高选题的精准性和前瞻性。同时,核心期刊近期刊发的论文也能为研究者提供有益的选题借鉴和参考。当然,该种选题方法通常要求研究者要密切关注核心期刊的发文动态和选题指南,尤其是每年年初发布的重点选题指南,并结合自身的研究兴趣和优势进行有针对性的选题工作。

➤ 二、教育研究选题的策略

研究者通常需要借助一定的选题策略,来寻找研究主题。这些选题策略犹如智慧的指南针,引导研究者在错综复杂的教育现象中找到切入点,从而挖掘出新颖且有价值的研究问题。现在,就让我们一同来探讨几种在教育研究中常用的思维和实践策略。

(一)思维策略

教育研究选题的思维策略是指研究者在选择研究课题时所采用的思考方式和方法。它涉及如何明确研究对象、处理研究对象中的因素关系以及形成具体而清晰的研究问题等[①]。可以说,选题思维策略,既是研究者研究思维方式的重要体现,也是活化研究者知识储备的催化

---

① 王凯.教育科研论文选题的思维策略[J].教育科学研究,2009(2):76-78.

剂和反映研究者"学术主见"的试金石。

1. 批判思维策略

在教育研究中,批判思维策略要求研究者要有意站在现成理论、权威观点的对立面,从相反的方向怀疑它们的合理性,寻找反驳它们的突破口,或是对教育教学实践中习以为常的现象进行质疑,进而提出有新意的研究问题。例如,选题可以是"对当前教育评价体系中标准化考试的批判性分析"或"教育公平视角下的城乡教育资源分配问题研究"。

2. 逆向思维策略

逆向思维策略是指在进行教育研究选题时,要鼓励研究者从相反或不同的角度来审视问题。假如我们平常认识问题是由此及彼的,那么逆向思维就应该是由彼及此的。例如,当大多数研究都在探讨如何提高学生学习成绩时,研究者可以逆向思考,探讨非智力因素对学生学业成就的影响,或是从"失败"的案例出发,探讨教育失败背后的深层次原因及其预防策略。

3. 类比思维策略

类比思维策略是指在进行教育研究选题时,可以通过比较不同教育体系、国家或地区的教育实践,从而寻求有新意的研究选题。在思维品质上,类比策略往往需要研究者具有较强的迁移性,能发现事物之间的相似与不同之处,能在较抽象的层次上对它们进行概括和比较。例如,可以类比其他学科的理论和方法,将其应用到教育领域,如"经济学视角下的教育资源分配效率研究";或者将教育领域中的"因材施教"类比到职业培训中,提出"因材施训"的理念,根据不同学员的特点和需求,制订个性化的培训计划。

4. 聚类思维策略

聚类思维策略是指在进行教育研究选题时,可以运用聚类的方法,将看似不相关的问题或现象聚集在一起,以寻找它们之间的内在联系和规律。这种策略强调从整体和系统的角度去看待问题,有助于全面、系统地分析和理解研究问题。可以说,这种思维策略要求研究者具有相当的抽象概括能力,能够从局部的、零散的、经验性的教育现象中,抽象出它们共同的特征,以此来提出独特的研究问题[①]。

5. 发散思维策略

发散思维策略是指在进行教育研究选题时,采用一种开放、多元化的思维方式,从一个中心点出发,尽可能多地联想到与之相关的研究点,从而产生更多的选题思路和研究角度。这种选题策略要求研究者要勇于打破传统思维定式,从多个角度审视问题,从而寻找到新的研究视角和思路。可以说,发散思维策略非常有助于发现新的问题领域和提出新的研究假设,从而推动教育研究的创新。

---

① 刘佑荪.中小学教育科研的基本特点和选题策略[J].辽宁教育研究,2001(3):59-61.

(二)实践策略

教育研究选题的实践策略是指在进行选题时所采取的一些行之有效的选题方法、手段和技巧。从某种程度上来说,这些策略旨在帮助研究者快速而高效地挖掘到有可能的研究主题。

1. 前沿追踪策略

前沿追踪策略是指研究者要随时关注国家的时事前沿和政策走向,及时发现并抓住新出现的学术动态和政策热点。通过紧跟这些时代发展热点,研究者可以确保自己的选题具有创新性和前瞻性,从而提高研究的价值性。例如,随着在线教育的兴起,如何有效利用网络技术提升教育质量就成了一个重要的研究热点。基于此,研究者可以选择"在线教育环境下学生自主学习能力的培养与评估研究"作为研究选题,以探索在线教育的新模式和新方法。

2. "头脑风暴"策略

"头脑风暴"策略即通过集思广益的方式,邀请多方利益相关者共同参与讨论,从不同角度挖掘可能的研究课题。这种方法强调多元参与和创意激发,有助于发现新的问题视角和解决方案。例如,在一次由教育专家、一线教师、学生和家长参与的头脑风暴会议中,大家围绕"如何提升学生的学习动机"这一主题展开讨论,最终确定了"利用游戏化学习提升学生学习动机的策略研究"的课题。

3. "问题树"策略

"问题树"策略是从一个核心问题出发,通过层层分解构建问题树,然后找到具体、可操作的研究课题。这种方法有助于将复杂问题细化、具体化,使研究更加聚焦和深入。例如,以"如何提高学生的阅读能力"为核心问题,通过问题树法可以分解为"阅读材料的选择与推荐""阅读策略的教学与实践""阅读评价体系的建立与完善"等子课题,研究者可以选择其中一个或几个子课题进行深入研究。

4. "边缘搜索"策略

"边缘搜索"策略鼓励研究者在学科的交叉边缘或未被充分探索的领域寻找研究选题。实际上,这些"边缘地带"往往被人们忽视,蕴藏着潜在的研究机会。利用"边缘搜索"策略进行选题,有助于研究者产生创新性的研究选题。这种策略的优点在于能够帮助研究者发现新的研究主题,从而推动教育的创新和发展。当然,运用这一选题策略时,通常要求研究者具备跨学科的知识和视野,能够发现并抓住不同学科之间的内在关联和规律,从而提出新的研究问题和解决方案。

5. 文献启发策略

文献启发策略是指通过查阅和研读相关的文献资料,在洞察当前教育研究热点话题和可能存在的研究空白的基础上进行研究选题。可以说,该种方法不仅能够帮助研究者了解前人的工作,还能为新的研究提供灵感和方向。通过文献启发,研究者可以发现尚未被学界充分探讨的研究领域,或是对现有研究问题进行新的解读和延伸。例如,一位教育研究者在进行文献检索时发现人工智能在特殊教育中的应用研究相对较少,并且也缺少人工智能技术与传统教育方法相结合的探讨。基于此,研究者可以确定一个研究课题:"人工智能在特殊教育中的应用及其与传统教育方法的融合研究"。

三、教育研究选题的注意事项

(一)题目大小要适度

选题的大小直接关系到研究的深度和广度。题目过大,如"中国教育体系改革研究",很难在有限的时间内进行深入研究,容易导致研究浮于表面,无法得出有深度的研究结论。相反,题目过小,如"某小学五年级数学教学方法研究",虽然容易深入,但可能缺乏普遍性和代表性,限制了研究的价值。因此,选题时题目的大小要适度,既能确保研究的深度,又能保证研究的广度,从而更好地揭示教育现象的本质和规律。

(二)题目要有新意

教育研究选题应具有创新性和时代感,尽可能不要重复已有研究。新意可以体现在研究问题的新颖性、研究视角的独特性、研究方法的创新性等方面。例如,"'互联网+'背景下的职业教育改革研究"就是一个具有新意的研究选题,它结合了当前"互联网+"的时代背景,对职业教育改革进行了新的思考和探索。

(三)要明确研究问题

清晰而具体的研究问题能够指导整个研究过程,从而确保研究工作的针对性和有效性。例如,"初中英语阅读教学中学生批判性思维能力的培养策略研究"这个选题就明确提出了研究问题,即如何在初中英语阅读教学中培养学生的批判性思维能力。这样的选题能够确保研究工作有的放矢,提高研究工作的针对性。

(四)选题要扬长避短

选题时,研究者要充分考虑自身的专业背景、研究兴趣和学术能力,选择适合自身的研究题目。例如,如果一个研究者对心理学有深入研究,那么选择"心理健康教育在中学阶段的实施策略研究"这样的选题就更能发挥其专业优势。同时,也要避免选题超出自身的学术水平或资源条件,以免在研究过程中遭遇意想不到的困难或问题,影响研究工作的顺利推进。

四、常见教育研究选题举例

下面我们将列举几种常见的教育研究选题,以期为广大教育工作者和研究人员提供方向与灵感,共同推动教育科学的发展[①]。

(一)××现状分析与改进策略研究

这类选题通常聚焦某一教育现象、问题或实践进行现状分析,然后在此基础上提出有针对

---

① 胡中锋.教育科学研究方法[M].2版.北京:中国人民大学出版社,2023:32-35.

性的改进策略。例如,"农村小学英语教学现状及改进策略研究"就是对当前农村小学英语教学的实际状况进行现状检视,包括师资力量、教学资源、教学方法、学生学习情况等方面,指出其存在的主要问题,最后提出有针对性的改进策略。

(二)××评价指标体系构建研究

该类选题旨在构建科学而有效的评价指标体系,以客观、全面地评估某一教育现象或问题的效果和质量。例如,"乡村幼儿教师职业获得感评价指标体系构建研究"就是一个具有现实意义的选题,它旨在通过建立一套科学、系统的评价指标体系,对乡村幼儿教师职业获得感进行量化评估,从而为乡村幼儿教师职业获得感的提升提供有力支持。

(三)××与××的关系研究

该类选题重在研究两个或多个变量之间的关系。例如,"家庭教养方式与幼儿心理健康的关系研究"会探讨不同的家庭教养方式(如民主型、矛盾型、奢望型、放任型等)对幼儿心理健康的影响。通过收集实证数据和进行相关、回归等方面的量化分析,可以揭示出家庭教养方式与幼儿心理健康之间的相关性和因果关系,从而为幼儿家庭教育提供科学指导。

(四)××的影响因素/影响机制研究

此类选题旨在探讨某一教育现象或问题的影响因素或影响机制。例如,"初中生学习动机的影响因素研究"会分析影响初中生学习动机的各种因素,如家庭环境、学校氛围、教师教学方式等以及这些因素如何相互作用,共同影响学生的学习动机。通过深入研究,可以为提高学生的学习动机提供理论依据和实践指导。

(五)××教育政策实施与绩效评估研究

此类选题主要关注教育政策的实施情况及其绩效评估。例如,"新课程改革政策实施与绩效评估研究"会对新课程改革的实施情况进行全面检视,包括政策宣传、师资培训、课程设置、教学资源、学生学习成绩等方面,进而评估教育政策的实施成效。可以说,通过此类研究,研究者可以为政策制定者提供必要反馈和建议,从而促进教育政策的完善和优化。

(六)××的国际比较及启示研究

此类选题往往进行跨国或跨文化的比较研究,以获取对我国有益的经验借鉴和教育启示。例如,"中美基础教育阶段科学教育的国际比较研究"会比较中美两国在基础教育阶段的科学教育理念、课程内容、教学方法、教学评价等方面的异同以及各自的优势与不足。通过此类研究,可以借鉴他国的成败经验,从而为我国教育改革提供可资借鉴的经验和参考。

复习与思考题

1. 简述教育研究选题的意义。
2. 教育研究选题应遵循哪些原则?请详细解释每个原则。
3. 简述教育研究选题的程序。

4. 如何从国家政策走向以及热点话题出发进行选题？请举例说明。
5. 课题申报指南及获批项目名称对选题有何帮助？
6. 如何利用核心期刊发文动态及重点选题指南进行选题？
7. 什么是"边缘搜索"策略？它如何帮助我们在选题中寻找新的视角？
8. 逆向思维策略对教育研究选题有何启示？
9. 结合本章内容，谈谈你对教育研究选题的理解和建议。

第三章

教育文献检索与综述

 内容提要

　　文献检索与综述对于确保教育研究的科学性和创新性至关重要。通过文献检索与综述,研究者能够全面把握研究主题的研究现状和发展动态,从而为后续的研究工作奠定坚实基础。本章我们将聚焦教育文献检索与综述,对教育文献检索的方法、步骤、要求以及教育文献综述的含义、特点、结构与撰写步骤进行详细讲解。希望通过学习,大家能掌握教育文献的检索方法和技巧。在此基础上,撰写出结构清晰、内容全面、观点明确的文献综述,从而为教育研究工作提供强有力的参考和依据。

学习目标

1. 理解教育文献的含义,熟悉教育文献的类型,认识到教育文献在研究工作中的作用。
2. 理解并能熟练运用各种文献检索技巧,高效获取所需要的文献资料。
3. 熟悉常见的中文和外文文献数据库及其检索方法。
4. 理解文献综述的概念、特点和价值,深刻认识文献综述在教育研究中的重要作用。
5. 明晰文献综述的基本结构,掌握文献综述的撰写步骤,能够撰写出高质量的文献综述。

情境案例

　　新学期开学,李老师接手了一个新的班级。她很快发现该班学生存在一个突出问题,即学生在阅读和写作能力方面普遍不高。为了改善该种状况,李老师对全班学生进行了调查,之后决定开展一个有关"阅读与写作教学策略"的实践研究项目。

　　李老师深知,要开展此项研究工作,首先要了解该主题的已有研究成果和观点。于是,李老师开始进行文献检索,她希望能找到支持其教学实践的理论依据和实践策略。李老师利用学校订购的中国知网数据库,搜索了与"阅读与写作教学策略"有关的期刊论文、学位论文和研究报告。她在仔细研读文献后,整理并分析了各种教学策略的有效性以及它们在不同教学情境中的应用情况。最后,李老师发现了几种被多次验证为有效的教学策略。她决定在自己的课堂上尝试使用这些策略,并根据学生的表现进行适时调整和优化。

经过一段时间的摸索,李老师发现学生的阅读和写作能力有了显著提升。为了总结这些经验,李老师撰写了一篇研究报告。她希望这份研究报告能为同行们提供经验借鉴,同时也希望能引起更多教育工作者参与对学生阅读与写作教学策略的探讨与创新。

评析:该情境案例展示了文献检索在教育研究中的重要作用。李老师通过全面而系统的文献检索,找到了有效的阅读和写作教学策略,然后通过在实践中运用这些策略,不仅提升了学生的阅读和写作能力,也为其他教师的教学实践改进提供了现实依据。

第一节 教育文献检索

文献检索可以使研究者了解相关领域的研究现状,洞察研究动态和发展趋势。这对于研究者确定选题、选择研究方法以及寻找理论支撑和实证依据都具有非常重要的价值。本节我们将引导大家来学习文献检索的相关知识。希望通过学习,大家能掌握教育文献的检索方法和技巧,从而为我们的教育研究工作提供良好的文献支持。

➤ 一、教育文献概述

(一)教育文献的含义

教育文献是指记载有关教育情报信息和知识的载体。它们不仅形式多样,包括书籍、期刊论文、学位论文、学术报告、研究报告、政策文件、教学材料、统计数据等,而且内容广泛,涉及教育领域的理论、实践、政策等方面的内容。通过检索和研读文献资料,研究者可以了解特定主题的最新研究进展,从而为论文选题、课题论证等教育研究工作奠定基础。

(二)教育文献的类型

教育文献作为知识和信息的重要载体,具有多种多样的类型。这些文献可以根据其来源、形式、可获取性和加工程度等多种方式进行分类。下面我们对教育文献的常见类型予以说明。

1. 按内容加工程度划分

1)零次文献(non-printed sources)

零次文献是指那些未经正式出版发行、未广泛进入社会交流的原始文献。这类文献通常无法通过常规的公开订购途径获得,而是通过各种非正式渠道,如口头交流、实地考察、内部研讨等方式进行传播[①]。零次文献的内容往往具有一定的专业性和针对性,能够直接反映教育领域的最新动态和实践经验。

传统的零次文献包括私人笔记、手稿、个人通信以及考察记录等,这些珍贵的资料常常收藏在档案馆、博物馆或个人手中。在现代电子信息时代,电子邮件、即时通信记录等也是零次文献的重要来源。实际上,教育工作者和教育科研人员往往掌握着大量的零次文献。零次文

---

① 胡中锋.教育科学研究方法[M].2版.北京:中国人民大学出版社,2023:46.

献对于教育研究者来说具有极高的价值,它们能够提供未经加工的一手信息。通过挖掘和分析这些文献,研究者可以了解到某研究领域的动态,进而发现新的问题和视角,从而推动教育理论和实践的创新发展。

2)一次文献(primary sources)

一次文献也被称为原始文献,是指那些由教育工作者或研究者直接创作或记录的文献。这类文献通常包括专著、教材、期刊论文、会议论文、学位论文、科技报告、研究报告、调查报告、技术标准等多种文献类型。通常一次文献是教育研究的核心文献资料,是教育文献中种类最多、比例最高、使用最广、影响最大的文献资料,是进行教育研究工作必须查阅和认真研读的专业文献[①]。

在教育研究工作中,一次文献往往可以通过图书馆、学术搜索引擎、学术期刊网站、出版社网站、学术资源数据库等多种渠道获取。这些文献经过严格的学术审查和出版流程,因此具有较高的学术价值和可信度。

3)二次文献(secondary sources)

二次文献是对一次文献进行整理、加工和提炼后形成的文献。这类文献通常包括目录、题录、简介、文摘、索引等,它们为研究者提供了快速检索和了解一次文献的途径。二次文献具有明显的报告性、汇编性和简明性特点,是对一次文献的认识。二次文献的主要目的在于帮助研究者快速而高效地获取和利用一次文献中的信息。

在教育研究中,二次文献可以帮助研究者快速检索出与所研究主题相关的一次文献,从而提高文献检索效率。同时,二次文献还可以为研究者提供关于一次文献的综合评价和分析,有助于研究者更加全面地了解所要研究领域的研究现状和趋势。

4)三次文献(tertiary sources)

三次文献是在二次文献的基础上进一步加工、整理和分析之后而形成的文献资料,具有综合性、概括性和评价性的特征。这类文献通常包括文献综述、专题述评、进展报告、年鉴、数据手册、动态、评论、词典以及百科全书等,它们对一次文献和二次文献进行了深入的解读与评价。

在教育研究中,三次文献通常为研究者提供了关于某一特定研究领域全面而深入的概述。它们不仅可以帮助研究者了解所研究领域的基本知识和理论体系,还可以为研究者提供新的研究视角和思考方向。通过阅读三次文献,研究者可以了解所研究领域的最新研究动态和研究成果。

2. 按载体形式划分

1)印刷型文献

印刷型文献是最古老且最为常见的一种文献类型,它以纸张为载体,是通过传统的印刷技

---

① 程永洲,孙泽文.教育科学文献特点、类型、载体及其价值[J].中国特殊教育,2017(1):19-23.

术,将知识固化在纸张上而形成的一种文献,包括教材、专著、期刊和其他各种印刷资料等。这类文献的优势在于其可读性强,不需要特殊设备即可轻松阅读,便于携带和随时传阅。印刷型文献是图书馆和档案馆中普遍存在的收藏品类,对于历史研究和学习具有不可替代的价值。然而,其缺点在于存储和检索效率相对较低,占据空间大,不便于保存。

2) 缩微型文献

缩微型文献是通过特定的光学技术将原始文献缩小并固化在特殊的感光材料上而形成的一类文献,如缩微胶卷和缩微卡片等。这类文献的优点在于信息存储密度高,可以节省大量的存储空间。同时,由于其物理性质稳定,缩微型文献的保存时间相对较长。但是,缩微型文献往往需要专门的阅读设备来支持阅读,这在一定程度上限制了其使用的便利性。

3) 机读型文献

机读型文献是依赖计算机进行读取和处理的一种特殊类型的电子文献,如各种磁带、磁盘和光盘等。其最大的优势在于信息存储密度高、检索速度快、可以远距离传输等。然而,这类文献的缺点是依赖于特定的电子设备和软件,一旦设备或软件出现故障,可能会导致文献的读取困难。

4) 声像型文献

声像型文献往往通过特定设备如录音机、录像机、电影摄影机等,将声音和图像记录下来的一种文献形式,常见的声像型文献包括唱片、录音带、录像带、科技电影、幻灯片等[①]。这类文献主要通过声音和图像来传递信息,具有直观、生动的特点,能够直观展示特定场景的文化、历史和社会现象。但是,与缩微型文献相似,声像型文献也需要特定的播放设备,且其制作和复制成本相对较高。

5) 多媒体型文献

多媒体型文献作为一种崭新的文献载体,它利用计算机技术将文字、声音、图形、图像、动画和视频等多种信息类型融合在一起,形成了一种综合性的文献形式。在内容表达上,多媒体型文献具有多样性与直观性,并且有人机交互的友好界面,可以使人们能够更加全面地理解和吸收文献内容。多媒体型文献在教育领域有着广泛的应用。

(三) 教育文献在教育研究中的作用

1. 提供研究背景和理论依据

教育文献记录了教育领域的历史发展和理论演变,能够为研究者提供丰富的背景信息。通常来说,研究者在进行教育研究之前,会查阅大量的相关文献资料,了解该领域的研究起源、发展历程及其当前的研究热点。这些信息不仅能够帮助研究者对研究主题有一个清晰的认识,还能够为新的研究工作提供必要的理论支撑和方法借鉴。

---

① 刘晶波.学前教育研究方法[M].北京:人民教育出版社,2016:70-71.

2. 是确定研究选题的重要参考

研究者通过对文献资料的深入分析和比较,可以发现当前研究中存在的问题和不足,从而可以确定自己的选题方向。同时,文献中的研究空白和争议点也为研究者提供了新的研究视角和切入点。例如,通过对某种教育主题的文献综述,研究者可能会发现一些未被充分探讨的子领域,据此来确定自己的研究问题和研究起点。

3. 提供科学论证和研究方法

教育文献为教育研究提供了重要的理论基础和实证数据。研究者在进行新的研究时,可以通过文献综述了解前人的研究成果、理论框架和方法论,借鉴这些已经成熟的方法和论证过程,从而提高自己研究的科学性和效率。例如,在设计教育实验时,可以参考文献中的实验设计方法和数据分析技术来确保实验的严谨性和可靠性。

4. 避免重复劳动和提高研究效率

通过研读文献,研究者可以了解到前人已经进行了哪些方面的研究工作,从而避免重复研究。这样不仅可以节省研究时间和资源,还可以提高教育研究工作的针对性和创新性。此外,文献综述还可以指导研究者在特定领域找到研究空白,从而确定自己的研究方向。例如,在准备进行某教改项目研究之前,通过查阅文献资料,研究者可以迅速明晰哪些改革措施已经被尝试过并取得了成效,从而在此基础上提出更加具有创新性和有效的教研方案。

5. 促进学术交流和知识积累

教育文献是学术交流的重要平台。通过研读文献,研究者可以了解到国内外研究者的最新研究成果和学术观点,从而促进学者之间的沟通与交流。同时,研究人员通过发表论文、出版专著、参加学术会议等方式分享他们的教育研究成果和发现,与同行进行交流和讨论。通过这种学术交流,知识得以不断传承和传播,从而促进教育研究工作的深入推进。

➢ 二、教育文献的检索方法与步骤

(一)教育文献的检索方法

教育文献的检索方法主要包括顺查法、逆查法、引文查找法、综合查找法等,下面分别进行简要的介绍。

1. 顺查法

顺查法是按照时间先后顺序由远及近地查找文献资料的一种方法。该方法特别适合于需要系统了解某一研究主题发展历史的情况。通过顺查法,研究者可以从最初的研究工作开始,逐年逐月地追踪到最近的研究动态。顺查法需要研究者具有耐心和细致的观察力,仔细对文献进行甄别,以确保不遗漏任何经典性文献。顺查法的优点在于能够为研究者提供一个清晰而连续的研究脉络,从而为深入了解某研究主题的发展轨迹和演变规律提供条件。

2. 逆查法

逆查法与顺查法相反，它是从最近的时间点开始向前追溯查找文献的一种方法。该方法特别适合于快速了解某研究主题的最新研究进展和当前研究状况。逆查法的优势在于高效性和针对性，能够让研究者快速把握最新研究动态。通过逆查法，研究者可以及时发现最新的研究成果、研究设计方案，为研究者的研究工作提供强有力的参考。同时，逆查法也有助于研究者避免重复前人的研究工作，更好地确立自己的研究起点和创新点。

3. 引文查找法

引文查找法是一种通过追踪文献之间的引用关系来查找相关文献的方法。在教育研究中，一篇重要的文献往往会被后续的研究者多次引用，从而形成一个引用链。研究者可以从一篇关键文献出发，追溯该关键文献所引用的参考文献，也可以通过数据库检索到后续哪些文献引用了该篇关键文献，从而深入了解某一研究主题的发展脉络和研究背景[①]。

4. 综合查找法

综合查找法是将上述几种文献检索方法结合起来进行文献查找的一种方式。研究者可以先使用顺查法或逆查法获取初步的文献，再利用引文查找法深入研究相关文献，从而全面了解某一研究主题的研究现状和历史。这种方法能最大限度地保证文献检索的全面性和系统性。当然，综合查找法也有助于训练研究者的信息素养，为未来的学术研究打下坚实基础。

(二) 教育文献的检索步骤

1. 明确检索目的和主题

明确检索目的和主题是进行文献检索的首要步骤。在开始检索之前，研究者需要明晰自己的检索目的，是为了撰写论文，还是为了进行文献综述，抑或为了准备申报科研项目等。同时，要确定研究主题和细化研究问题，这往往决定了研究者的检索方向和范围。明确检索目的和主题有助于缩小检索范围，提高检索效率，避免陷入无效的检索结果之中。

2. 选择合适的检索工具和数据库

由于不同的检索工具和数据库覆盖的领域和文献类型有所不同，故选择合适的工具可以提高检索效率。根据研究主题和问题，研究者要选择适合的文献检索工具和数据库，如中国知网、万方、维普、ProQuest、Web of Science 等。它们涵盖了广泛的教育领域文献资源，具有丰富的检索功能和高质量的文献内容。

3. 构建检索词表

检索词表通常由与研究主题相关的关键词和短语组成，包括同义、相关词、变形词等。构建检索词表时，可以根据研究主题的具体内容，从相关文献中提取关键词，并结合主题词表和同义词词典等进行扩展和补充，以确保能够全面地覆盖研究主题的各个方面。例如，在研究

---

① 胡中锋. 教育科学研究方法[M]. 2版. 北京：中国人民大学出版社，2023：51.

教育技术在高等教育中的应用时,检索词可以包括"教育技术""高等教育""在线学习""电子教学"等。

4.选择检索策略

检索策略包括选择检索词、设置检索条件、确定检索逻辑等。在选择检索策略时,可以考虑使用布尔运算符(如 AND、OR、NOT)来组合检索词,使用通配符来扩展检索范围,设置检索字段(如主题、篇名、摘要、关键词、被引文献)来限定检索结果的精确性和相关性。通过合理设置检索策略,可以提高检索的准确性和有效性。

5.进行文献检索

在此环节,研究者根据之前选定的检索工具和构建的检索词表以及选择的检索策略进行检索操作。在检索过程中,研究者需要保持耐心和细心,通常文献检索需要多次尝试和调整检索策略才能获得满意的检索结果。同时,研究者还需要注意检索结果的排序和显示方式,以便快速找到目标文献。

6.筛选文献

在获得检索结果后,研究者需要根据研究主题和检索需求对文献进行筛选和评估。在此过程中,研究者需要排除与研究主题无关或质量不高的文献,保留符合研究需求的文献。通常可以根据标题、摘要、关键词、文献来源等方面进行初步判断,选取与研究主题密切相关的文献进行进一步阅读。通过筛选,研究者可以确保所选取的文献具有代表性和可靠性。

7.阅读和分析文献

在该步骤中,研究者需要对筛选出的文献进行深入阅读和分析,重点关注文献的研究方法、研究结论、理论基础和参考文献等。通过阅读和分析文献,研究者可以了解某研究主题的前沿动态,发现其不足之处,从而为自己的研究工作提供理论支持和实证依据。同时,研究者还可以从文献中获取新的研究思路和方法,为后续的研究工作提供经验借鉴。

8.整理和归纳文献

在阅读和分析文献的基础上,研究者需要按照研究问题、研究方法、理论框架、研究结论等不同维度进行整理和归纳。通过整理和归纳文献,研究者可以更好地理解和掌握某研究领域的整体状况和发展趋势,为自己的研究工作提供基础和参考。同时,整理和归纳文献还有助于研究者发现新的研究问题和思路,为未来的研究工作指明方向。

➢ 三、教育文献检索常用数据库

(一)中文文献数据库

1.中国知网(https://www.cnki.net)

中国知网是当前国内最大的综合性学术资源数据库,收录内容涵盖期刊论文、博硕学位论文、会议论文、报纸等多种类型的文献资源。其特点在于资源丰富,适合中文文献检索。知网数据库不仅提供文献检索服务,还拥有在线阅读和下载功能,极大地方便了研究者的学术研究和知识获取。作为我国最大的学术文献数据库,知网往往是进行中文学术文献检索的首选平台之一。

2. **万方数据库**(https://www.wanfangdata.com.cn)

万方数据库以其综合性的资源收录和便捷的检索功能受到用户的青睐,收录内容包括期刊论文、学位论文、会议论文、科技成果、标准、法规等。万方数据库是目前国内常用的学术文献数据库之一,涵盖教育学等多个学科领域,可以为用户提供丰富的中文文献资源。

3. **维普数据库**(http://www.cqvip.com)

维普数据库专注于中文期刊和论文的收录,内容广泛,覆盖教育、医学、农业等多个学科领域。其特点在于更新速度快,能够及时提供最新的学术研究成果。维普数据库还提供高级检索功能,便于用户进行精确的文献检索。对于需要深入了解某一领域的学者来说,维普数据库是一个不可或缺的资源。

4. **读秀学术**(https://www.duxiu.com)

读秀学术是一个致力于深度文献检索和传播的电子服务平台,其中所包含的中文书籍和学术期刊都是高质量且内容丰富的。它的突出特点是为用户提供深度文献查找和传递服务,满足人们对学术资源的期待。读秀学术拥有大量的电子书资源,这为用户提供了大量的研究和学习的机会。无论是在学术研究的领域,还是在知识检索的领域,读秀学术始终被视为一个极具声誉和推荐价值的平台。

5. **超星读书**(http://book.chaoxing.com)

超星读书是国内最大的中文电子图书数据库之一,收录了众多的中文电子图书资料。其特点是图书种类丰富,涵盖教育学等多个学科领域。用户可以通过超星读书数据库轻松找到所需的电子图书,并进行在线阅读或下载。对于那些渴望广泛阅读和学习的人而言,超星读书无疑是一份无价之宝。

6. **超星汇雅电子书**(http://www.sslibrary.com)

超星汇雅电子书数据库提供了大量的中文电子图书资源供用户在线阅读。在教育领域,该数据库也收录了丰富的教育类电子图书资源,这些资源不仅种类繁多、品质优良,而且涵盖了教育的多个领域和方面。对于教育工作者和学生来说,超星汇雅电子书数据库是一个宝贵的在线阅读和学习平台。

7. **可知电子书平台**(https://www.keledge.com)

可知电子书平台由多家知名出版社直接提供数字资源,收录内容主要为精品、专业、正版化电子图书。其特点是图书品质高、专业性强。可知电子书平台还提供多种阅读方式和检索功能,方便用户进行学术研究和知识查询。对于追求高品质电子图书的用户来说,可知电子书平台是一个不错的选择。

8. 畅想之星馆配电子书(http://www.cxstar.com)

畅想之星馆配电子书是一个综合性的大型文献服务平台,整合了版权管理、新书推介、纸质书购买推荐、电子书阅读和知识发现等功能。平台资源丰富,功能多样,用户可在此找到并阅读或下载最新的中文电子书。同时,畅想之星馆配电子书还提供纸质书的推荐购买服务,使用户能够轻松购买到所需的纸质书。

(二)外文文献数据库

1. Web of Science(https://www.webofknowledge.com)

Web of Science 是全球最大的学术数据库之一,涵盖了自然科学、社会科学、人文科学等多个领域。在教育方面,它收录了大量高质量的外文期刊和论文,特别是其引文索引数据库如 SCIE、SSCI 等,深受研究者信赖。Web of Science 还提供了强大的引文分析功能,有助于研究者深入了解教育领域的研究动态和趋势。

2. ScienceDirect(https://www.sciencedirect.com)

ScienceDirect 是全球领先的科技、医学全文数据库,提供 Elsevier 出版社的丰富电子资源。对于教育领域的研究者,ScienceDirect 是一个宝贵的资源,因为它收录了大量与教育相关的期刊和论文,特别是心理学、教育学等专业领域的文献。用户可以通过 ScienceDirect 快速检索和下载所需文献。

3. SpringerLink(https://link.springer.com)

SpringerLink 是全球最大的在线科学、技术和医学领域学术资源平台之一。在教育领域,SpringerLink 提供了大量与教育技术、教育心理学、教育政策等相关的文献。用户可以通过 SpringerLink 轻松检索和下载所需的教育类外文文献。

4. Wiley Online Library(https://onlinelibrary.wiley.com)

Wiley Online Library 是 Wiley 出版集团的在线资源平台,收录了多种学科领域的期刊、论文和图书。在教育方面,Wiley Online Library 提供了丰富的教育类外文文献,包括教育理论、教育心理学、教育技术等方面的研究,用户可以通过该平台快速找到并下载所需文献。

5. EBSCOhost(https://www.ebsco.com)

EBSCOhost 是一款覆盖众多学科的学术资源数据库,其中包含大量关于教育的外文文献,尤其涉及教育心理学和教育政策等领域的研究。该平台为用户提供了一个便捷的途径,用户可以检索并下载各种教育相关的外文学术文献。

6. JSTOR(https://www.jstor.org)

JSTOR 是一个非营利的数字图书馆,存档了多个领域的学术期刊、论文和图书。在教育方面,JSTOR 提供了丰富的历史教育文献和当前教育研究成果。用户可以通过 JSTOR 访问到大量珍贵的教育类外文文献,有助于深入了解教育领域的发展历程和最新动态。

7. Scopus(https://www.scopus.com)

Scopus 是世界上最大的学术文献数据库之一，涵盖了多个学科领域的期刊、论文、专利和会议报告。在教育领域，Scopus 收录了大量高质量的教育类外文文献，特别是与国际教育、比较教育等相关的研究。用户可以通过 Scopus 快速检索到所需的教育类外文文献，并查看其引文分析、研究趋势等信息。

8. ProQuest(https://www.proquest.com)

ProQuest 数据库是全球知名的学术资源平台，以其广泛的学科覆盖和多样的资源类型著称，涵盖人文社会、医药学、教育学等多个学科领域。该数据库可以为研究者提供广泛的教育学期刊和文献，涵盖教育理论、实践、政策等多个方面。用户可以通过该平台轻松检索到与教育相关的学术文献，包括国际教育和比较教育研究等领域的内容。

9. Taylor & Francis Online(https://www.tandfonline.com)

Taylor & Francis Online 数据库是一个学科覆盖广泛、期刊质量高的在线数据库平台，并且收录了教育学方面的文献，为教育学研究者提供了宝贵的学术资源。这些期刊涉及的主题广泛，包括学习发展、早期教育、教育研究、继续教育及高等教育、教育史、教育社会学等。

10. SAGE Journals(http://journals.sagepub.com)

SAGE Journals 数据库是一个涵盖多学科领域的权威在线资源平台，以其收录的高品质学术期刊和深入的专业内容而广受学术界认可。该平台收录了教育学等社会科学领域的研究成果，可以为教育研究者提供大量宝贵的学术文献。这些期刊和文献不仅数量众多，更是经过严格的学术评审，以确保其内容的权威性和研究价值。

11. Open Access Library(https://www.oalib.com)

Open Access Library(OALib)是一个基于开放存取理念的学术共享数据库，致力于提供全面、及时、优质的免费科技论文阅读服务。它不仅是一个学术搜索引擎，还是一个论文发布平台。OALib 已经存有超过 570 万篇的英文期刊论文，覆盖数学、物理、教育学等多个学科领域。此外，OALib 还提供一个经同行评审的学术期刊——*OALib Journal*，并接受各种语言撰写的稿件。

➢ 四、教育文献的检索要求

(一)要注意文献的经典性和前瞻性

经典性文献是学术研究的基石，它们蕴含着该领域经过实践验证的核心理论和观点，为研究者提供基本的理论支撑和参考依据。前瞻性文献则能帮助我们洞察未来的研究方向和趋势，它们代表着学术前沿的新思考和新探索，对于启发创新思维、开拓研究视野具有不可替代的作用。因此，在文献检索时，我们必须兼顾经典性和前瞻性文献，这样我们才能在继承前人智慧的基础上，更好地展望未来，从而推动学术研究的深入发展。

(二)要尽可能多搜集第一手文献资料

第一手文献资料对于教育研究具有极高的价值,因为它们通常包含原始数据、直接观察和实验结果等信息。这些资料未经他人转述或解释,因此能够更准确地反映研究对象的实际情况。在检索过程中,研究者应尽量多搜集第一手文献资料,以确保研究的准确性和可靠性。

(三)要注重搜集代表不同观点的文献资料

在教育研究中,不同学者可能持有不同的观点并得出不同的结论。为了全面了解研究领域内的多元观点,研究者应注意搜集代表不同观点、得出不同结论甚至相互矛盾结论的文献。这些文献有助于研究者从他人的争论中受到启发,发现问题,并提出新的研究课题。

(四)要充分利用现代信息技术来检索文献

随着现代信息技术的发展,研究者可以利用各种在线数据库、学术搜索引擎等工具进行高效的文献检索。这些工具不仅可以提供丰富的文献资源,还能帮助研究者快速准确地定位到所需资料。利用现代信息技术可以大大提高文献检索的效率和准确性,为研究者节省宝贵的时间和精力。

第二节 教育文献综述

文献综述在教育研究中起着至关重要的作用,它不仅是对前人研究的系统梳理和评价,更是开展新研究的基础和前提。通过文献综述,研究者能够深入地了解前人的研究成果,同时发现研究的空白与不足,进而为自己研究工作找到准确的切入点。接下来,我们将详细探讨教育文献综述的基本结构和撰写步骤,以期为研究者提供有力的指导和帮助。

▶ 一、教育文献综述概述

(一)教育文献综述的含义

教育文献综述是教育文献综合评述的简称,是指在全面搜集、阅读大量相关研究文献的基础上,经过归纳整理、分析鉴别,对所研究的问题在一定时期内已经取得的研究成果、存在问题以及发展趋势等进行系统、全面的叙述和评论。"综"即收集"百家"之言,综合分析整理;"述"即结合作者的观点和实践经验对文献的观点、结论进行叙述和评论[①]。

教育文献综述通常包括对研究现状的客观描述、对各种学术观点的整理、对前人研究成果的总结与评价、对当前存在问题的深入剖析、对未来研究趋势的预测等。教育文献综述不仅展现了某个主题的研究全貌,还可以为未来的学术研究提供学术支持。从某种程度上来说,教育文献综述是对某教育主题的文献资料进行全面搜集、深度分析和系统评价,从而使人们获得对该主题全面、深入的认识,并为后续研究提供选题指导、理论依据和研究方法借鉴[②]。

---

① 张丽华,王娟,苏源德.撰写文献综述的技巧与方法[J].学位与研究生教育,2004(1):45-47.
② 张斌贤,李曙光.文献综述与教育学博士学位论文撰写[J].学位与研究生教育,2015(1):59-63.

(二)教育文献综述的特点

1.专业性

专业性是教育文献综述的显著特点。可以说,撰写文献综述必须具有扎实的教育学知识,以便能够准确捕捉和分析教育领域内的关键问题。同时,专业性保证了综述的严谨性和科学性,它要求研究者能够运用专业的视角和方法,深入剖析教育现象,挖掘其背后的本质和规律。这种专业性不仅体现在对教育理论和实践的深刻理解上,还表现在对教育政策、教育改革等宏观背景的敏锐洞察中。因此,教育文献综述的专业性是其学术价值的重要保证。

2.综合性

在撰写文献综述时,研究者需要广泛搜集和整理相关文献,以确保研究的全面性和完整性。综合性要求研究者要具备出色的信息检索和整合能力,能够将各种来源、各种类型的文献进行有效融合,从而揭示出教育领域内的整体状况和发展趋势。通过分析,研究者可以全面地了解某主题的研究现状,为后续研究提供有力的参考和借鉴。

3.评述性

评述性是文献综述的灵魂,它要求综述者在对已有研究成果进行描述的基础上,要进一步对其进行深入的批判性评价。这就要求研究者要运用批判性思维,根据自己的学术判断,对已有研究的研究方法、结论、观点等研究要素进行客观的分析和评价,指出其优点和不足之处。可以说,评述性使得文献综述更加具有深度和广度,它不仅有助于研究者明晰现有研究的局限性,还能为新的研究提供有益的启示和建议。

4.前瞻性

前瞻性要求研究者具备敏锐的洞察力和预见性,能够基于当前的研究现状和发展趋势,对未来可能的研究方向和问题进行准确的预测和探讨。前瞻性不仅有助于研究者把握教育领域的前沿动态,还能为新的研究提供有力的方向指引。通过前瞻性分析,研究者可以更好地谋划未来的研究方向和目标,推动教育领域的持续创新和发展。

(三)教育文献综述的价值

1.为研究选题寻求切入点和突破点

通过系统地梳理和分析前人研究,综述可以帮助研究者找到尚未被充分探索的领域或问题,从而为新的研究选题提供切入点和突破点。这种切入点可能是一个尚未解答的问题、一个被忽视的研究角度或一个有待深化的理论观点。通过文献综述,研究者能够站在巨人的肩膀上,更加明确自己的研究方向,以确保研究选题的创新性和价值性[①]。

2.为研究寻求研究方法和论证依据

在文献综述过程中,研究者会接触到各种研究方法、数据收集和分析技术以及不同学者对

---

① 王琪.撰写文献综述的意义、步骤与常见问题[J].学位与研究生教育,2010(11):49-52.

同一问题的不同解读,这些都可以为研究者提供宝贵的经验参考,帮助他们选择最适合自己研究问题的方法和技术。同时,前人研究结论和观点,也可以作为新研究的论证依据,从而增强研究的信度和效度。

3. 是论文和项目申报书的重要组成部分

文献综述往往向人们展示了研究者对某研究主题的深入理解和全面把握,佐证了研究的必要性和创新性。一篇优秀的文献综述能够提升论文或项目申报书的质量,增加其被接受和认可的可能性。同时,文献综述也是项目评审专家评估研究价值和意义的重要参考依据。

4. 避免重复劳动,提高研究的意义和价值

通过文献综述,研究者可以清晰地了解到哪些问题已经被充分研究,哪些问题尚待深入探讨。这有助于研究者避免在已经被充分探索的领域投入过多时间和精力,从而更加高效地利用研究资源。通过文献综述发现的研究空白和不足之处,可以为新的研究提供方向和目标,提高研究的意义和价值。

二、教育文献综述的基本结构和撰写步骤

(一)教育文献综述的基本结构

文献综述在学术研究中扮演着举足轻重的角色,它是连接现有研究与未来探索的桥梁。明晰教育文献综述的结构,可以帮助我们更加有条理地整理和分析前人的研究,进而为后续研究提供有力的支撑。教育文献综述的基本结构主要包括标题、引言、主体、总结、参考文献等几个部分。

1. 标题部分

标题是文献综述的门户,是综述内容的高度浓缩和概括,应简洁明了地反映出综述的主题和范围。一个好的标题能够迅速吸引读者的注意,引导他们进入综述的内容。同时,标题也是搜索引擎和学术数据库检索的关键,因此,其准确性和吸引力对于提高综述的可见度和引用率至关重要。

2. 引言部分

引言是对整个综述的简要介绍。在引言部分,研究者需要简述文献综述的目的、背景和意义,明确文献综述的范围和限制以及文献综述所采用的方法论框架。同时,在引言部分,还可以简要介绍该领域的研究现状和研究空白,从而引导读者进入综述的主题。此外,引言部分还应对研究主题进行概述,指出当前研究的重要性和必要性,从而激发人们的兴趣。

3. 主体部分

主体部分是文献综述的核心,它往往向人们展示了相关研究主题的历史发展、研究方法和重要发现等。在主体部分,研究者需要详细阐述和分析相关文献,将各种研究进行分类、比较和评价。在主体部分,研究者需要对比和归纳不同文献的观点和结论,以揭示出它们之间的联系和差异,同时需指出当前研究存在的问题和不足之处。下面我们将介绍主体部分常见的三种写法。

1) 横式写法

横式写法是对某一专题在国际和国内的各个方面,如各派观点、各家之言、各种方法、各自成就等进行描述和比较。该种方法能够全面地展示某一主题的新观点、新方法等。可以说,横式写法比较强调对各种观点、方法的优劣利弊进行比较,从而找到差距。该种写法能够帮助人们全面地了解某一主题的国内外研究现状和实践应用情况,为新的研究或实践提供借鉴和启示。

2) 纵式写法

纵式写法是按照时间先后顺序,对某一主题的历史演变、目前状况以及趋向预测进行纵向的详细描述。这种方法能够清晰地勾画出某一主题的来龙去脉和发展轨迹。纵式写法要求脉络分明,对每个发展阶段都要有扼要的描述,包括该阶段的主要成果、解决的问题以及存在的挑战。同时,要突出创造性、突破性的成果,对一般性、重复性的资料则简略处理。这样既能保证重点突出,又能实现详略得当[①]。

3) 纵横结合式写法

纵横结合式写法是指在一篇文献综述中同时采用纵式和横式两种写法。可以说,该种方法能够广泛地综述文献资料,全面系统地认识某一主题及其发展方向。通常来说,纵横结合式写法要求既要有历史的纵深感,又要有国内外对比的横向视野。通过这种方法,可以全面地把握某一主题的发展动态和研究现状,为新的研究工作选择突破口或提供参考依据。

4. 总结部分

总结部分往往需要概括主体部分的主要发现和观点,并指出这些发现对未来研究的启示和意义。在这一部分,综述者还可以提出自己的见解和建议,指出存在的问题及今后研究的方向和展望。此外,如果综述中涉及多个相互矛盾或不一致的研究结果,总结部分也应当对这些差异进行解释和讨论。

5. 参考文献

参考文献是文献综述不可或缺的一部分,它列出了综述中引用的所有文献和资料。这一部分不仅展示了综述者的研究范围和深度,也为读者提供了进一步阅读和研究的线索。在列举参考文献时,需要遵循一定的格式规范,以确保引用的准确性和完整性。同时,参考文献的选择也应具有代表性和权威性,以支撑文献综述的论点和结论。

(二)教育文献综述的撰写步骤

教育文献综述的撰写是一个系统性、有条理的过程,需要按照一定的撰写步骤来确保文献综述的质量和深度。

---

① 侯怀银. 教育研究方法[M]. 2版. 北京:高等教育出版社,2018:73-74.

1. 确定研究主题和范围

在开始撰写文献综述之前,首先要明确研究主题和范围。这通常来源于教育实践和理论中发现的某个问题或者是对某个特定领域的研究兴趣。主题应具有研究价值,范围适中,既不过于宽泛导致难以深入探讨,也不过于狭窄限制研究的视野。

2. 收集和阅读相关文献资料

确定主题后,接下来需要广泛收集和阅读与主题相关的文献资料。这些资料可以包括学术论文、研究报告、专著、政策文件等。收集资料时要注重文献的全面性和代表性,确保能够涵盖该研究领域的主要研究成果。阅读文献时要深入理解文献的主要观点、方法和结论,为后续的整理和分析打下基础。

3. 文献的加工、比较和评论

在该步骤中,研究者需要对搜集到的文献进行加工,提炼出每篇文献的核心观点、论据及研究方法,并对这些信息进行分类整理,以便后续的综合分析。同时,通过对比不同文献之间的异同点,研究者需要洞察各研究之间的相互关系,从而更加全面地把握该研究主题的整体状况。此外,研究者还要对文献进行客观的评价,指出其贡献与局限,这不仅有助于研究者形成批判性思维,还能为未来的研究提供有价值的参考。需要强调的是,文献的加工、比较和评论是一个综合性的过程,它既要求研究者有扎实的专业知识,以便准确理解文献内容,又需要研究者具备敏锐的分析能力,以便从众多文献中提炼出有价值的信息[1]。

4. 撰写综述报告

在整理和分析文献资料的基础上,研究者开始撰写综述报告。报告通常包括标题、引言、主体、总结和参考文献等几个部分。引言部分简要介绍研究背景、目的和意义;主体部分详细阐述研究现状、主要观点和研究方法以及对比和分析不同文献的结果;总结部分批判性地评价已有研究成果,指出研究的不足之处和未来可能的研究方向;参考文献部分列出所有引用的文献,确保引用的准确性和完整性。

5. 审稿和修改

这一步骤包括对报告的内容、结构和语言表达进行审查、修改和润色,以确保综述报告的质量和可靠性。在审稿和修改过程中,可以邀请同行专家进行审阅,获取他们的意见和建议,以便进一步完善和优化综述报告。

三、教育文献综述的撰写要求

(一)要明确文献综述的目的和主题

只有清晰地界定研究主题和范围,才能确保文献综述的针对性和深度。在明确目的和主题时,研究者需要深入了解该领域的研究现状,找出研究的空白和热点,从而确定文献综述的

---

[1] 王琪.撰写文献综述的意义、步骤与常见问题[J].学位与研究生教育,2010(11):49-52.

焦点。同时,要明确阐述研究背景、目的和核心问题,这样不仅可以帮助研究者更有针对性地筛选和组织文献,还能使文献综述内容更加聚焦,增强说服力。

(二)要全面而准确地搜索和筛选文献

研究者需要利用多种学术数据库和资源进行广泛而精准的搜索,以便获取文献综述所需要的文献。在搜索过程中,要注意关键词选择的准确性,以便帮助研究者快速定位到相关文献。同时,在筛选文献时,研究者要有一定的批判性思维,能辨别文献的真伪和价值,注重文献的质量、权威性和与主题的关联性。

(三)要合理组织和呈现文献内容

文献综述应按照某种逻辑顺序如时间顺序、主题分类或方法论分类进行组织。这种组织方式不仅可以使人们清晰地理解各文献间的联系和演变过程,还能提高文献综述的可读性。同时,在组织文献时,研究者还需要注意文献之间的过渡与衔接,以确保文献综述的流畅性和连贯性。另外,合理使用标题、分段和列表等排版技巧,也可以有效提升文献综述的可读性。

(四)要注意保持与研究问题的实质性关联

研究者可以在撰写过程中不断回顾和调整文献的选择和组织方式,以确保综述始终围绕研究问题展开,避免偏离主题或引入无关信息。同时,对于与研究问题密切相关的文献和观点,研究者可以进行深入的分析和讨论,以揭示其与研究问题的内在联系和影响。

(五)要客观而中立地评述文献

在撰写文献综述时,研究者应以事实为依据,准确描述各文献的观点和贡献,避免个人主观偏见或夸大其词。同时,要指出文献的不足之处以及未来可能的研究方向。这样做不仅可以展现出研究者对该领域的深入了解,还能为读者提供全面的信息。

(六)要谨慎使用夸张言辞

研究者应尽可能使用客观、中立的语言来描述文献的观点和贡献,避免使用过于夸张或自夸的表述方式,如"填补了空白""有极其重要的价值"等。这类夸张的表述可能会降低文献综述的可信度,影响学术交流的严谨性。

(七)要规范引用参考文献

在引用文献时,研究者需要严格遵守学术引用规范,以确保引用的准确性与完整性。这样不仅可以使读者追溯原文以验证文献的正确性,还能提升文献综述的可信度和学术价值。

复习与思考题

1. 请简述教育文献的含义及其在教育研究中的重要性。
2. 什么是引文查找法?它在哪些情况下特别有用?
3. 列举至少三个常用的中文文献数据库,并简述它们的特点。

4. 常用的外文数据库有哪些?

5. 教育文献综述的主体部分可以采用哪些写法?请简述它们的异同。

6. 结合实际案例,讨论如何提高教育文献综述的质量和深度。

7. 教育文献可以按照哪些方式进行分类?请举例说明。

8. 结合本章所学知识,请你谈谈在进行文献检索时,应遵循哪些要求以确保检索结果的准确性和全面性。

9. 教育文献综述的结构包括哪些方面?

第四章

教育研究设计

📖 内容提要

研究设计是教育研究中的重要环节,对于保证教育研究工作的科学性、严谨性、创新性具有举足轻重的作用。本章我们将详细讨论教育研究设计的相关知识,包括研究假设、研究变量、研究对象以及研究方法的设计等。希望通过本章的学习,大家能够理解和明晰教育研究设计的基本方法,进而能够独立进行高质量的教育研究设计工作。

学习目标

1. 理解教育研究设计的含义及其重要性。
2. 深刻领会教育研究设计的基本原则,并将这些原则运用于实际研究工作中。
3. 学会根据研究问题提出恰当的研究假设。
4. 掌握如何设计研究变量,并且能够准确界定和控制这些研究变量。
5. 理解研究对象的含义,并学会根据研究问题选择合适的研究对象。
6. 熟悉各种常用的教育研究方法,能够根据研究情境选择恰当的研究方法。

📝 情境案例

近年来,新质生产力正在深刻改变我们生活的各个方面。教育作为社会发展的重要基石,自然也受到了新质生产力的深刻影响。

李老师是一所地方高校的教育学教师,他敏锐地意识到新质生产力对教育教学改革的重要作用。他认为在新时代背景下,要想推动地方高校深层次的改革,就必须深入研究新质生产力与教育教学改革的融合。为此,李老师决定启动一项名为"新质生产力背景下地方高校教育教学改革"的研究项目。他深知,要想确保研究工作的深度与广度,就必须进行科学而又严谨的研究设计。

在研究开始之后,李老师很快就提出了一个研究假设:"新质生产力融入教育教学将显著增强地方高校的教育教学改革效能"。为了验证此观点,李老师精心设计了包括教学效果、师生互动、学习资源利用等在内的多个研究变量。在研究样本方面,李老师选取来自全国不同地区的各类地方高校,以确保研究结果的广泛适用性和代表性。李老师希望通过此项研究工作能全面揭示新质生产力在地方高校教育教学改革中的重要作用。在研究方法上,李老师采用量化与质性相结合的混合研究方法。他采用问卷调查法、参与式观察法、深度访谈法等多种方法来收集研究所需数据,以期能获得全面而深入的研究结果。

随着研究工作的逐步推进,李老师惊喜地发现,引入新质生产力确实能为地方高校的教育教学带来前所未有的改变。这种变革不仅有助于提高教学质量,还极大地改善了学生的学习体验和创新能力。李老师将这些鼓舞人心的成果记录在研究报告中,并在多个学术会议上进行分享与交流,引发了学术界的广泛关注。

评析:本案例揭示了新质生产力在教育教学改革中的重要性及其潜力。李老师通过科学的研究设计,成功揭示了新质生产力对地方高校教育教学改革的积极影响。该案例不仅凸显了教育研究设计工作的重要性,同时也为我们探讨新质生产力与教育教学改革之间的关系提供了有益的经验和启示。

第一节 教育研究设计概述

研究设计是教育研究工作能否正常开展的前提条件,它为整个研究工作提供了明确而又具体的指导蓝图。研究设计不仅关系到研究工作的科学性和有效性,还反映了研究者对研究问题的深入理解与创造性思维。本节我们将详细讨论教育研究设计的含义、意义及其基本原则,以期为大家将来从事教育研究设计工作奠定坚实的基础。

➤ 一、什么是教育研究设计

教育研究设计是对教育研究活动过程所作的完整而详尽的规划和安排,往往要回应"研究什么""为什么研究""如何开展研究"等核心问题。它不仅包括研究者所采用的各种技术,而且涉及研究方案实施过程中的所有要素以及如何使之有效运转等一系列复杂问题。可以说,研究设计涵盖了从制定研究目标到谋划数据搜集和分析的整个流程。

为了确保研究工作的顺利推进,研究者在制订研究计划时需要考虑多个方面。首先,研究者需要明确研究的范围,选择适合的研究类型,并提出明确的研究假设。其次,研究者需要对研究变量下操作性定义,确定研究对象,并选择合适的研究方法。最后,研究者还需要合理规划研究时间、资源和人力,以提高研究效率。

在研究设计过程中,研究人员需要持续检视研究问题、对象、假设与方法,以确保其符合科学性的要求。通过不断改进研究设计,研究者可以更加深刻地洞察教育现象,从而高效地寻求到研究问题的答案。

➤ 二、教育研究设计的意义

从某种程度上来说,教育研究设计不仅为研究者提供了清晰的路线图,而且保证了研究的严谨性和可信度。通过精心设计,研究者可以更加精准地透析教育现象,揭示教育规律,从而为教育实践提供坚实的理论支撑。

(一)确保教育研究的科学性和严谨性

教育研究设计是科研工作的起点,也是确保教育研究工作科学性和严谨性的关键步骤。研究设计要求研究者要遵循科学方法论,采用合适的研究方法和工具,来确保数据的可靠性和有效性。同时,研究设计还包括对潜在偏差和误差的识别与控制,以提高研究结果的准确性和可信度。可以说,精心谋划的研究设计,可以避免研究的随意性,最大限度地减少主观臆断和偏差,从而使研究结果更加客观和准确。

(二)有助于提升教育研究的效率

有效的研究设计可以使研究者提前规划好研究的各个阶段,合理分配时间和资源,避免研究过程中的不必要延误和重复工作。同时,明确的研究设计有助于研究者快速识别关键变量和数据收集的需求,减少在数据收集和分析过程中的不确定性。可以说,合理的研究设计能够帮助研究者预测并应对可能遇到的问题,从而减少研究过程中的盲目性和不确定性,这对于科研工作的持续推进和深入发展具有重要意义。

(三)能够促进教育理论与实践相结合

教育研究设计在理论与实践之间架起了桥梁。一方面,它基于实践中的问题和需求,提出具有针对性的研究问题和假设;另一方面,通过研究得出的结论,又能反过来指导实践,推动教育的改进和创新。这种双向互动使得教育研究设计成为理论与实践紧密结合的关键环节,从而促进教育知识的转化和应用。

(四)推动教育领域的发展和创新

教育研究设计对于推动教育领域的发展和创新具有重要作用。创新的研究设计可以开拓新的研究领域,提出新的研究问题,或者采用新的研究方法和技术。这种创新不仅能够丰富教育研究的理论基础,还能够促进教育实践的改进和教育政策的优化。通过不断探索和尝试新的研究设计,教育研究者能够更好地理解教育现象,发现教育问题的新解决方案,从而为教育领域带来持续的进步和创新。

三、教育研究设计的基本原则

(一)科学性原则

教育研究设计的科学性原则是指在研究过程中应基于科学方法进行设计和实施。这意味着研究设计要建立在科学的理论框架之上,以确保研究问题清晰、假设合理、方法适当、数据收集和分析准确。同时,科学性原则也要求研究者要避免主观偏见,采用可重复和可验证的研究方法,以确保研究结果的客观性和普遍性。此外,科学性原则还强调理论的适用性和研究结果的解释力,以促进教育知识的积累和发展。

(二)系统性原则

系统性原则是指教育研究设计是一个有组织、有条理的过程,各环节、要素之间应当相互联系、相互配合,共同构成一个完整的整体。系统性原则要求研究者要对研究过程进行系统的谋划，以确保研究工作的连贯性和一致性。这不仅有助于提高研究工作的效率，减少研究过程中的混乱和遗漏，也有助于确保研究结果的完整性和可靠性。

(三)可操作性原则

可操作性原则是指研究设计的各个环节和要素应当具有可操作性和可实施性。可操作性原则要求教育研究设计中的概念、变量和操作步骤都应该具体、明确，能够实际操作。这意味着研究设计应该考虑到实施的可行性，包括研究工具的选择、数据收集的途径和分析方法的应用。可操作性原则有助于确保研究能够在现实条件下顺利进行，并且研究结果能够被其他研究者复制和验证。

(四)伦理性原则

教育研究设计的伦理性原则是指在研究过程中应当尊重研究对象的权益和隐私，保护研究对象的人格、权利与尊严。伦理性原则强调研究应该遵循道德规范，避免对参与者造成伤害或不利影响。同时，伦理性原则还包括确保研究的公正性和透明度以及在研究过程中对可能出现的伦理问题进行识别和处理。遵循伦理性原则有助于建立研究者和公众之间的信任，确保研究的社会责任和道德标准。

第二节 教育研究设计的方法

教育研究设计是确保研究科学性、准确性和有效性的关键环节，它为整个研究过程提供明确的指导和规划。一项周密的研究设计不仅可以为研究者提供清晰的行动路线图，还可以为整个研究过程奠定坚实的基础。在本节，我们将引导大家一起来探讨教育研究的研究假设、研究变量、研究对象以及研究方法等要素的设计方法。

➢ 一、研究假设的设计

在教育科学研究中，研究假设的设定是至关重要的环节。它不仅为研究者指明了探索的方向，还为整个研究过程提供了清晰的目标和框架。通过研究假设，研究者可以对复杂的现象进行有针对性的分析，从而更加科学地解释和预测事物的发展规律。接下来我们将引导大家来探讨研究假设的含义、作用、类型及其表述的规范性要求。

(一)研究假设的含义

要明晰研究假设的含义，需要从"假设"谈起。在日常生活中，"假设"一词通常指的是在没有确凿证据的情况下，为了某种目的而暂时接受其为真的陈述或条件。在逻辑、数学或科学推理中，假设经常被当作研究的出发点，以便进一步的推理、证明或实验。

当我们将"假设"这一概念引入教育科学研究领域时，它的意义变得更加专业和具体。研究假设是教育科学研究的重要组成部分，它是在研究开始之前，研究者根据现有的理论、经验、观察或对问题的初步探索，对所研究问题的规律或原因所做出的一种推测性论断和假定性解释。简而言之，研究假设就是研究者对研究问题可能结果的预测或猜想。

研究假设通常建立在一定的理论基础之上,这些理论为研究假设提供了逻辑支持和依据。当然,研究假设只是一种推测,尚未经过实证的验证。这种推测可能是正确的,也可能是错误的,需要通过科学实验或实证研究来进一步验证。如果在实证研究过程中发现假设与数据不符,研究者可能需要对原始假设进行修正或调整,以便更好地解释观察到的现象。尽管如此,研究假设在整个研究过程中仍然起着非常重要的作用。它可以帮助研究者明确研究目标、设计实验方案、选择适当的测量工具和分析方法,并指导研究者完成数据的收集和分析工作。

(二)研究假设的作用

1. 明确研究内容和方向

在广阔且复杂的教育领域中,一个清晰的研究假设可以帮助研究者锁定具体的探究点,避免迷失在繁杂的教育现象中。研究假设能够使研究者聚焦于某个具体问题或现象,比如学生的学习动机、教学策略的有效性等,从而确保研究的深度和广度。这种方向性指导,不仅让研究者能够有的放矢地收集数据、设计实验,还能保证研究的针对性和实效性,最终推动教育科学的进步。

2. 预见性规定研究问题

在教育研究中,研究假设通常基于已有的理论知识和实践经验,对可能的研究结果进行预测。这种预测不仅为研究者提供了清晰而明确的目标,还使整个研究过程更加聚焦。通过假设,研究者可以预先设定研究问题的范围和边界,明确哪些因素是需要重点关注的,哪些是可以暂时忽略的。这种预见性的规定,大大提高了研究的效率和针对性,从而可以帮助研究者快速地找到问题的答案。

3. 提供研究框架和方法论指导

从某种程度上来说,一个合理的研究假设,不仅能够揭示出需要重点关注的研究问题,还能为研究者指明研究开展的路径。根据假设内容,研究者可以有针对性地选择合适的研究方法,如实验、调查、案例分析等,设计出科学的实验方案,确定关键的研究变量和控制条件。如此,研究者就能够在预先设定的研究框架内开展工作,确保研究的每一个步骤都紧扣研究主题,从而最终得出准确、可靠的研究结论。

4. 提高研究的科学性和创新性

科学的研究假设,往往建立在深厚的理论基础之上,通过逻辑推理和实证检验来验证其正确性。这一过程不仅要求研究者具备严谨的科学态度和方法论素养,还鼓励他们在已有的知识体系之上进行创新和突破。通过不断地提出、验证和修正假设,研究者可以逐步深入教育现象的本质层面,揭示出其中的规律,从而推动教育科学的不断发展和进步。同时,这也为教育实践提供了有力的理论支撑和指导建议,促进了教育教学的改革和创新。

(三)研究假设的类型

研究假设的类型众多,下面我们主要介绍几种常见的研究假设类型。

1. 按复杂程度进行分类

（1）描述性假设。描述性假设是科学研究的起点，它侧重于对研究对象的外在特征进行描述。这种假设往往不涉及深层次的因果关系，而是对现象的表面特征进行概括。例如，在教育领域，一个描述性假设可能是："高年级学生的学习成绩普遍高于低年级学生。"这个假设仅仅描述了一个观察到的现象，即高年级学生的平均成绩相对较高，而没有深入探讨其背后的深层次原因。

（2）解释性假设。解释性假设旨在揭示现象背后的原因和机制。它不仅描述现象，还尝试解释现象为什么会发生。例如，一个解释性假设可能是："增加课外阅读量会提高学生的语文成绩。"这个假设不仅描述了一个现象（课外阅读量与语文成绩的关系），还提出了一个可能的原因（增加课外阅读量）。通过实证研究，研究者可以验证这个假设，并深入探讨增加课外阅读量是如何影响语文成绩的。

（3）预测性假设。预测性假设是对事物未来状态或结果的预测。这种假设需要研究者对研究对象有深入理解和全面把握。例如，在教育技术领域，一个预测性假设可能是："随着在线教育的普及，未来五年内在线学习的人数将大幅增长。"这个假设基于当前在线教育的发展趋势，预测了未来五年内在线学习人数的增长。通过收集和分析相关数据，研究者可以验证这个预测的正确性，并为教育政策和技术发展提供指导。

可以说，以上三种研究假设在教育科学研究中各具特色，相互补充。描述性假设帮助研究者了解教育现象的表面特征；解释性假设深入探索现象背后的原因和机制；预测性假设则为研究者提供了对未来发展的预见。

2. 按性质进行分类[①]

（1）一般假设。一般假设是对普遍现象或行为的概括性陈述，不针对具体个案。在教育研究中，它通常用于描述普遍存在的教育现象或规律。例如，"有效的课堂教学方法能提高学生学习的积极性"，这个假设并不特指某一种教学方法，而是泛指所有能有效提高学生学习积极性的教学方法。通过实证研究，可以验证这类假设的普适性。

（2）特定假设。特定假设是针对具体、特定的情境或样本提出研究假设。在教育研究中，它常用于探索特定教育干预或策略的效果。例如，"使用多媒体教学软件对小学五年级学生的数学成绩有显著提升效果"，这个假设明确指出了具体的干预手段（多媒体教学软件）和受影响的群体（小学五年级学生），因此更具针对性和可操作性。

（3）虚无假设。虚无假设又被称为原假设，它在统计学中常用于假设检验。在教育研究中，虚无假设通常作为研究的起点，即假设两组数据或两个条件之间没有显著差异。例如，"新型教学方法与传统教学方法在提高学生阅读能力上没有显著差异"。通过收集数据和统计分析，研究者会尝试拒绝或接受这个虚无假设，从而得出研究结论。如果拒绝虚无假设，则意味着新型教学方法可能确实比传统方法更有效。

[①] 郑金洲，陶保平，孔企平.学校教育研究方法[M].北京：教育科学出版社，2003：68-69.

上述三种研究假设在教育研究中各有其应用价值。一般假设帮助研究者理解教育现象的普遍规律;特定假设帮助研究者深入探讨具体教育问题的解决方案;虚无假设则为教育科学研究提供了客观的出发点和检验标准。

3. 按变量关系变化的方向进行分类[①]

(1)条件式假设。条件式假设关注的是特定条件下变量之间的关系。这种假设常常用于探索某一条件或行为是否会导致特定的结果。例如,"如果学生在课程中使用互动式学习工具,那么他们对知识点的理解和记忆将更深刻。"在这个假设中,"使用互动式学习工具"是条件,而"对知识点的理解和记忆更深刻"是预期的结果。通过实验研究,可以验证这一特定条件是否真的能够带来假设中的结果。

(2)差异式假设。差异式假设强调的是不同变量或不同条件下的差异性。比如,"城市学生与农村学生在科学素养上存在显著差异。"这个假设关注的是两组不同背景的学生在某一方面的不同表现。通过对比研究,可以揭示出这种差异的具体情况和可能的原因,有助于研究者更全面地了解学生科学素养的影响因素。

(3)函数式假设。函数式假设描述的是两个变量之间的因果关系,这种关系可以通过数学函数来表达。例如,"学生的学习成绩与其学习投入时间之间存在线性关系,即学习时间越长,学习成绩越高。"在这个假设中,学习投入时间是自变量,而学习成绩是因变量。通过对实验数据的收集和分析,可以验证这种函数关系的存在,并进一步探索其背后的机制和影响因素。这种假设有助于我们更精确地理解变量之间的关系,并为实际教学提供有针对性的指导建议。

可以说,以上三种假设各有其特点和应用场景,它们都是教育科学研究中不可或缺的重要研究假设。

4. 按形成进行分类[②]

(1)归纳假设。归纳假设是从个别到一般的推理过程。在教育研究中,这通常涉及对一系列具体的教育现象进行观察,然后从这些观察中提炼出一般性的规律或习惯。例如,一位研究者可能注意到,当学生在小组活动中合作学习时,他们的参与度和成绩都有所提高。基于这些观察,研究者可以归纳出假设:小组合作学习可能有助于提高学生的参与度和学业成绩。这个假设的形成,就是通过归纳得出的。

(2)演绎假设。演绎假设则是从一般原理推导出特殊情况的过程。在教育领域,这通常意味着从已知的教育理论或原则出发,推导出关于具体教育情境或策略的假设。例如,如果一个教育理论强调学生自主学习的重要性,那么研究者可以演绎出假设:在实施自主学习的课堂环境中,学生的学习动机和自主学习能力会得到提高。不难看出,演绎假设是基于已有理论而进行的一种逻辑推导。

---

① 郑金洲,陶保平,孔企平.学校教育研究方法[M].北京:教育科学出版社,2003:67-68.
② 裴娣娜.教育研究方法导论[M].合肥:安徽教育出版社,1995:108-109.

(四)教育研究假设表述的规范性要求

教育研究假设表述需要遵循一定的规范性要求,这样我们才能准确界定研究范围,明确变量之间的关系并且合理地预测和解释研究结果。接下来,我们来谈谈教育研究假设的规范性要求,以期为教育研究者提供必要的指导。

1. 一个研究假设只能涉及两个变量

通常一个研究假设只能涉及两个变量之间的关系。如果涉及多个变量之间的关系,则需要将变量一一对应组成几组研究假设[①]。当研究假设仅限于两个变量时,研究者可以更加精确地控制、操作和测量这些变量,进而准确地分析它们之间的关系。如果涉及多个变量,会使研究变得复杂,增加结果解释的难度,甚至可能导致误解或错误的结论。例如,研究"教学方法与学生成绩的关系"时,如果研究者同时考虑教学方法、学生学习态度、家庭背景等多个变量,就很难准确地判断教学方法对学生成绩的直接影响。因此,将研究假设限制在两个变量之内,有助于研究者更加准确地探讨它们之间的关联。

2. 研究假设要预测两个变量之间的期望关系

研究假设不仅仅是关于两个变量之间关系的描述,更是要预测这两个变量之间可能存在的关联或因果关系。从某种程度上来说,这种预测为整个研究提供了明确的方向和目标,可以指导研究者进行数据收集和分析。同时,明确预测变量之间的关系还有助于读者或听众更好地理解研究的重点和目的。例如,假设"家庭教养方式与儿童自尊心之间存在正相关关系",这样的预测就可以使得研究者有针对性地收集数据,以此来分析不同家庭教养方式对儿童自尊心的影响。

3. 研究假设必须是可以验证的

一个合格的研究假设必须是可以通过实证方法进行验证的,这意味着假设中涉及的变量应该是可以观察和测量的。只有经过严格的实证检验,研究者才能确认假设是否成立,进而得出研究结论。例如,"定期进行户外活动可以降低学生的近视率"这一假设,就可以通过对比进行户外活动和不进行户外活动学生的近视率来进行验证。

4. 研究假设通常用陈述句的形式表达

使用陈述句形式表述研究假设能够直接明了地表达出研究者对变量关系的预测或期望,确保其清晰、准确和易于理解,从而减少误解和歧义。例如,"实施创新教育模式会提高学生的创新能力"这样的陈述句假设,就比"实施创新教育模式是否会提高学生的创新能力?"这样的疑问句更为明确和有力。

5. 研究假设应尽可能具体明确、简洁明了

通过明确指出变量之间的关系和预期结果,研究者可以更加有针对性地设计研究方案,选择合适的研究方法,并精确地收集和分析数据。同时,简洁明了的研究假设能够提高研究的可

---

① 侯怀银.教育研究方法[M].2版.北京:高等教育出版社,2018:41.

读性和可理解性,使得其他人能够迅速把握研究的核心问题和意图。这不仅有助于促进学术交流和合作,还能够为政策的制定和实践的改进提供明确的指导。因此,在制定研究假设时,研究者应该力求具体明确、言简意赅,确保每一个字都承载着重要信息。

二、研究变量的设计

(一)研究变量的含义

研究变量的概念是建立在变量的概念基础上的,要想界定研究变量,就必须首先知道什么是变量。在统计学和实验研究中,变量通常是指可以取不同的数值,并且这些数值能够随着条件或情境的变化而变化的量。当然,这些取值可以是数量化的(如身高、体重等),也可以是描述性的(如性别、职业等)。简言之,变量就是代表某种特征或属性的可变化的因素或数值。

那么,什么是研究变量呢?教育研究中的研究变量是指被研究者选择、定义并被用于描述、解释或预测某种现象或行为的可变化的量。研究变量在研究中起着至关重要的作用,它们的取值可能会因为实验操作、自然条件、时间推移或其他因素的影响而发生变化。

通过对研究变量的精心设计,研究者能够深入探索和理解各种现象及其相互关系。可以说,研究变量的变化规律和相互关系不仅能够帮助研究者解答研究问题,还能够为实践提供有益的指导和建议。因此,在研究过程中,对研究变量的选择、定义和操作都是至关重要的。

(二)研究变量的类型

1.根据变量之间的关系进行分类

(1)自变量。自变量是指研究中能够主动引起其他变量发生变化的变量,通常用 x 表示。在教育研究中,自变量是由研究者操纵和控制的。例如,在研究学习时间对学习成绩的影响时,学习时间就是自变量。研究者可以通过设定不同的学习时间,如每天学习 2 小时、4 小时或 6 小时,来观察这一变化如何影响因变量学习成绩。自变量具有独立性,即它不受其他变量的影响,而是作为研究的起点或操作点。

(2)因变量。因变量是指因其他变量变化而发生变化的变量,通常用 y 表示。在教育研究中,因变量是研究者观察的主要对象,用于衡量自变量操作的效果。以学习时间对学习成绩的影响为例,学习成绩就是因变量。当自变量学习时间增加时,因变量学习成绩可能会随之提高。

(3)中介变量。中介变量是指在自变量和因变量之间起传递作用的变量。中介变量往往可以解释自变量如何影响因变量,可以揭示影响的实质性和内在原因[①]。例如,在研究自变量工作压力对因变量员工健康的影响时,工作满意度可能是一个中介变量。工作压力可能首先影响工作满意度,工作满意度进而影响员工的健康。可以说,对中介变量的识别和分析有助于研究者更加深入地理解变量之间的关系机制。

(4)调节变量。调节变量是指能够影响自变量和因变量之间关系的强度或方向的变量。

---

① 蔡进.高校师生对翻转课堂的采纳与持续应用:教学系统的视角[D].武汉:华中师范大学,2021.

换句话说,调节变量能够调节自变量对因变量的影响程度。当存在调节变量时,自变量对因变量的效应不再是固定不变的,而是会随着调节变量的不同水平而发生变化。例如,假设研究者正在研究自变量工作压力对因变量工作满意度的影响。在这种情况下,员工的薪资水平可能是一个重要的调节变量。对于高薪员工来说,工作压力可能对工作满意度的影响较小,因为他们可能觉得自己的报酬足够高,可以抵消工作压力带来的负面影响。而对于低薪员工来说,相同的工作压力可能对工作满意度产生更大的负面影响。因此,薪资水平作为调节变量,影响了工作压力与工作满意度之间的关系。

(5)控制变量。控制变量是指那些需要被保持恒定或控制的变量。通常这些变量不是当前研究的主要关注点,但它们可能会对研究结果产生影响,因此需要在研究过程中加以控制,以避免其对研究结果造成干扰。在研究中,研究者通常会识别出可能对研究结果产生影响的多个变量,并尽量保持这些变量在实验过程中的一致性,以便更准确地评估自变量对因变量的影响,而这些需要被控制的变量就是控制变量。例如,在研究不同教学方法对学生成绩的影响时,学生的年龄、性别、先前知识水平等变量可能会成为控制变量,因为它们都可能影响学生的成绩,但这些变量并不是本研究所关注的变量,因此可将其当作控制变量。

2.根据特性和测量水平进行分类[①]

(1)类别变量。类别变量也称为定性变量或分类变量,主要是用来描述事物特性的变量。这类变量往往将事物区分成互不相容的不同组别,其变量值多为文字或符号。

类别变量可以进一步细分为有序分类变量和无序分类变量。有序分类变量的取值之间有顺序差别,可以进行优劣比较,例如,将学业成绩分为优、良、中、差,它们的几个类别可以按照逻辑顺序进行排序。而无序分类变量的取值之间没有顺序差别,仅做分类之用,如性别可以分为"男"和"女",它的类别之间没有自然的排序关系。

(2)连续变量。连续变量是可以取任意实数值的变量,其取值在某个范围内是连续的,可以无限分割。连续变量用于量化表达事物的具体数值或程度,例如,身高、体重、时间、温度等。这些变量的测量值可以是任意的十进制数值,没有跳跃,提供了精细的量化信息。连续变量在教育研究中常用于计算均值、方差、标准差等统计量以及进行相关性分析、回归分析等。

3.根据变量是否可以由研究者主动加以操作进行分类[②]

(1)操作性变量。在教育研究中,操作性变量是指那些在研究中可以由研究者主动操作和调控的变量。此类变量为教育研究提供了可控的条件,使得研究者能够直接观察不同教学策略或方法对学生学习效果的影响。例如,研究者可以设计不同的教学方法,如传统教学、翻转课堂或项目式学习,并观察这些教学方法如何影响学生的学习兴趣、成绩提升等方面。通过操作这些教学方法,研究者能够科学地评估哪种教学策略更为有效,从而为教育实践提供指导。

(2)非操作性变量。非操作性变量是指那些在研究过程中研究者无法直接控制或改变的

[①] 侯怀银.教育研究方法[M].2版.北京:高等教育出版社,2018:41.
[②] 侯怀银.教育研究方法[M].2版.北京:高等教育出版社,2018:41.

变量。这些变量通常是由研究对象自身的特性或外部环境所决定的。例如,在研究学生的学习成绩时,学生的智力水平、家庭背景和学习习惯等都可能作为非操作性变量而存在。尽管研究者无法直接改变这些变量,但它们对研究结果可能产生显著影响。因此,在教育研究中,研究者需要充分地考虑这些非操作性变量,并尝试通过统计方法来控制它们对实验结果的影响,以确保研究结果的准确性和可靠性。

(三)研究变量的操作化与测量

1. 研究变量的操作化

(1)明确抽象概念。在教育研究开始时,研究者常常会遇到一些抽象的概念或理论构想,这些概念在学术领域或许有着明确的定义和解释,但在实证研究中,它们往往需要被转化为更加具体、可观测的形式。可以说,明确抽象概念是操作化的第一步,它要求研究者深入理解这些概念的核心要素和内涵,以便为后续的操作化工作奠定基础。例如,如果研究者研究"幸福感",就需要首先明确"幸福感"这个抽象概念具体指的是什么,它可能包括个人的满足感、生活的质量、心理的健康等多个方面。

(2)下操作性定义。操作性定义是连接抽象概念与实证研究之间的桥梁。它通过将抽象概念转化为可观察、可测量的特征,使得研究者能够依据这些特征来进行具体的观测和记录。操作性定义不仅明确了如何测量一个抽象的概念,还将其转化为具有实际意义的指标。以"焦虑"为例,研究者可以将其操作性定义界定为"在特定情境下,个体表现出不安、紧张和恐惧的行为和生理反应",如手心的出汗、语速的加快等,这些都是可以观察和测量的具体指标。

(3)制定操作化程序。制定操作化程序是为了确保研究过程的一致性和可验证性。基于操作性定义,研究者需要设计出一套详细的操作程序,这包括测量的具体步骤、所使用的工具、观察的方法等。操作程序应具有明确性、可行性和客观性,以确保不同的研究者在进行相同的研究时能够得出一致的研究结果。通过操作化程序,研究者可以更加准确地观测和记录研究变量的变化,从而得出可靠的研究结论。

2. 研究变量的测量

(1)选择合适的测量工具。在选择测量工具时,研究者需要根据之前确定的操作性定义和操作化程序来进行。合适的测量工具能够准确地反映研究者所要测量的变量,并确保测量的有效性和可靠性。常用的测量工具主要包括问卷、量表和观察记录表等。例如,如果想要测量教师职业获得感,研究者可能会设计一个包含职业成就感、工作满意度、情感归属感、自我实现感等多个方面的问卷。值得注意的是,所选的测量工具不仅要与研究目的密切相关,还要具备良好的信度和效度。信度是指测量结果的稳定性和一致性,效度是指测量工具能够真实反映所要测量概念的程度。只有同时具备这两个特性的测量工具,才能为研究者提供准确可靠的数据。

(2)实施测量。在此过程中,研究者需要严格按照之前制定的操作化程序和选定的测量工具进行测量。当然,这也意味着所有的研究对象都需要在相同的条件下接受测量,以确保数据的一致性和可比性。例如,如果研究者在进行一项关于学生学习效果的测试,就需要确保所有的学生都在相同的环境下、相同的时间内完成测试。此外,为了减少误差和偏见,研究者还需要对测量过程进行严格控制和监督,确保每一步都按照既定的程序进行。

(3) 数据处理与分析。在此阶段,研究者需要对收集到的原始数据进行清洗、整理和分析。数据清洗的目的是去除重复、错误或不完整的数据,以确保研究数据的准确性和可靠性。数据整理则是为了将数据转化为适合分析的形式。例如,研究者可能需要将研究数据输入统计软件中,并创建适当的数据表和图表。数据分析的方法多种多样,包括描述性统计、推断统计等。描述性统计可以帮助研究者了解数据的基本特征,如均值、标准差等;推断统计则可以帮助研究者根据样本数据推断总体的特征,或者检验不同的假设。

(4) 解释与报告结果。这一步骤要求研究者具备扎实的专业知识和分析能力,以便准确地解读数据并给出有意义的结论。解释结果时,研究者需要注意避免过度解读或简化数据,而是要尽量提供全面、客观的分析。同时,撰写研究报告也是该阶段的重要任务。研究报告应该清晰地呈现研究的目的、方法、结果和结论,以便让人们能够快速了解研究的主要发现和意义。在报告中,研究者还需要讨论研究的局限性、潜在的影响因素以及未来的努力方向等问题。

➤ 三、研究对象的设计

研究对象的设计是教育研究中非常重要的一环,它涉及如何选择和确定参与研究的个体或群体以及如何对他们进行分组和安排。

(一) 研究对象的确定

研究者在确定研究对象时,首先需要明确研究所针对的目标总体。在教育研究中,目标总体可能是某个年龄段的学生,如小学生、初中生或高中生,也可能是某个学科的学生,如英语学习者、数学学习者等。通过明确目标总体,研究者能够更加精准地定位研究对象,从而提高研究的针对性和有效性。

在确定目标总体后,研究者需要选择合适的抽样方法。抽样方法的选择应根据目标总体的大小和特征来决定。如果目标总体较大且分布广泛,可以采用随机抽样方法,以确保样本的代表性和广泛性。如果目标总体具有明显的层次性或类别差异,则可以采用分层抽样方法,以更好地反映不同层次的特征。此外,如果研究关注的是某个特定的群体或学校,也可以采用整群抽样法。

(二) 样本量的计算与确定

样本量的大小对研究结果的可靠性和有效性具有重要影响。在确定样本量时,研究者需要考虑两个方面的因素。一是总体的大小。通常来说,总体越大,所需的样本量也就越大。二是置信水平和误差范围。一般来说,置信水平越高,所需的样本量也就越大;误差范围小,所需的样本量也会相应增加。

为了确定合适的样本量,研究者可以根据统计学原理和研究需求选择合适的计算方法。常用的计算方法包括根据总体大小、置信水平和误差范围来确定最小样本量,也可以根据已有的研究数据和效应量来估算所需样本量。如此,才可以确保研究结果的可靠性和有效性。

(三)研究对象的招募与筛选

为了吸引符合条件的研究对象参与研究,研究者需要制定合适的招募策略。这包括选择合适的招募渠道和信息发布方式,如通过学校、社交媒体或科研机构等渠道发布招募信息,以吸引潜在的研究对象。

在招募过程中,研究者还需要设定明确的筛选标准。这些标准应根据研究目的和需求来制定,可能包括年龄、性别、学历、经验等方面的要求。通过设定筛选标准,可以确保研究对象的同质性和可比性,从而提高研究结果的准确性和可信度。

(四)研究对象的分组与安排

在研究中,研究者可能需要对研究对象进行分组以便进行比较和分析。分组方法的选择应根据研究设计和研究需求来决定。常用的分组方法包括随机分组和匹配分组。随机分组是将研究对象随机分配到不同的组中,以消除潜在的选择误差;匹配分组是根据某些特征或变量将研究对象进行匹配后分组,以控制潜在的混淆因素。

在研究过程中,研究者还需要制定详细的研究计划和流程。这包括确定研究时间、地点和任务等要素,以确保研究的顺利进行和数据的可靠性。同时,研究者还需要对研究过程进行严格控制和监督,以减少误差和偏见的影响。

四、研究方法的设计

在教育研究中,选择合适的研究方法至关重要,它会直接影响到研究结果的准确性和可靠性。下面我们将简要地介绍一下研究方法的设计。

(一)研究范式的选择

首先,研究者需要根据研究目的和问题,选择相应的研究范式。实证主义研究范式强调客观、可观察和可验证的知识,更倾向于使用量化研究方法如问卷调查、实验设计等来探究教育现象中的客观规律和因果关系。阐释主义研究范式注重理解和解释个体的主观经验和意义,更倾向于采用质性研究方法如深入访谈、参与观察等来深入探究人们的内心世界和进行意义建构。后实证主义研究范式则主张在多种不同研究方法的交汇中获得对总体的全面把握,往往推崇混合研究方法的应用。后现代主义研究范式主张通过研究者与被研究者的对话来解构主流话语霸权,意识形态研究、对话研究、行动研究多为后现代主义研究范式所统摄[1]。

(二)数据收集方法

在选择了研究范式后,研究者需要确定具体的数据收集方法。问卷调查法是一种常用的数据收集方法,通过设计问卷来收集大量参与者的信息和意见。例如,研究者可以设计一份关于学生学习动机的问卷,以了解学生的学习动力来源和学习态度。访谈法通过与参与者进行

---

[1] 阎琨.教育学定性研究特点与研究范式探析[J].清华大学教育研究,2010,31(5):55-60.

深入交流,获取他们的详细观点和体验。例如,研究者可以与教师进行访谈,了解他们对教学改革的看法和实施情况。观察法通过在自然或控制环境中观察参与者的行为来收集数据。例如,研究者可以在课堂中观察学生的互动和学习表现,以了解他们的学习方式和效果。实验法通过实验操作来探究变量之间的关系。例如,研究者可以设计一项关于不同教学方法对学生学习效果影响的实验,通过对比实验组和对照组的表现来得出结论。

(三)数据分析技术

数据收集完成后,研究者需要选择合适的数据分析技术来处理和分析数据。描述性统计分析可以对数据进行基本的统计描述,如计算均值、标准差等,以了解数据的分布情况和特征。例如,研究者可以对学生的学习成绩进行描述性统计分析,了解平均成绩和成绩的离散程度。推论统计分析则可以通过样本数据来推断总体特征,如进行 T 检验、方差分析等,以探究不同组之间的差异和关系。例如,研究者可以采用 T 检验来比较实验组和对照组的学习成绩是否存在显著差异。对于质性数据,如文本、访谈记录等,研究者可以采用质性数据分析方法进行编码、分类和解释,以深入理解参与者的观点。

(四)研究伦理与效度保证

在进行教育研究时,研究者需要始终遵循伦理规范,确保参与者的隐私和权益得到保护。例如,在收集学生信息时,研究者需要获得学生和家长的同意,并确保对学生信息的保密性。同时,为了增强研究的效度和信度,研究者可以采用多种方法来验证数据的真实性和稳定性。例如,可以采用三角验证法来比较不同来源的数据是否一致,也可以通过重复测量来验证数据的稳定性。此外,研究者还可以采用多种方法来确保研究的内部效度和外部效度,如随机分组、双盲实验等。

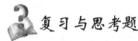

复习与思考题

1. 请解释教育研究设计的含义,并讨论其在教育研究过程中的重要性。
2. 简述教育研究设计的基本原则,并举例说明如何在实际研究中应用这些原则。
3. 什么是研究假设?请列举并解释研究假设的几种主要类型。
4. 在设计研究假设时,应遵循哪些规范性要求?请详细说明。
5. 解释研究变量的含义,并根据不同的分类标准,简述研究变量的类型。
6. 在确定研究对象时,需要考虑哪些因素?请结合实际案例进行讨论。
7. 在进行教育研究设计时,为何需要考虑研究伦理与效度保证?请谈谈你的看法。
8. 结合本章所学内容,请你设计一份简单的教育研究方案。
9. 如何在教育研究设计中确保研究的科学性和系统性?请给出你的建议。
10. 谈谈你对教育研究设计中可操作性原则的理解,以及如何在实践中贯彻这一原则。

中 编

方法篇

第五章

教育研究方法概述

 内容提要

　　教育研究方法是探索教育规律、解决教育问题的科学工具,对于保证教育研究的科学性、系统性和有效性至关重要,是推动教育科学发展和提升教育实践质量的关键所在。本章我们将探讨教育研究方法,包括教育研究方法的概念、功能、分类及发展趋向等。同时,依据研究思维的差异,教育研究方法可以分为思辨研究和实证研究,实证研究又可以分为质性研究、量化研究和混合研究三种。基于此,本章将分别阐释思辨研究、量化研究、质性研究和混合研究等几种研究方法。希望通过本章的学习,大家能够深入理解并掌握这些研究方法的基本原理和应用技巧,为未来的教育研究工作奠定基础。

学习目标

　　1.能够准确解释教育研究方法的定义,并理解其在教育研究中的重要性。

　　2.熟悉并掌握教育研究方法的不同分类,包括思辨研究、量化研究和质性研究等,了解每种方法的特点和适用范围。

　　3.对当前教育研究方法的发展趋势有所了解,明晰这些趋势对教育研究的潜在影响。

　　4.理解思辨研究的含义、特征和价值以及其在教育研究中的应用,同时了解其局限性和面对的挑战。

　　5.掌握量化研究的含义、特征和常用方法,知道量化研究在教育研究中的实施步骤及其局限性。

　　6.熟悉质性研究的含义、特征和常用方法,理解质性研究在教育研究中的用途和实施步骤,并能够区分质性研究与量化研究的异同。

　　7.了解混合研究的含义、特征和价值,熟悉混合研究的几种常见设计类型以及在教育研究中的运用场景和注意事项。

 情境案例

　　M市教育局想了解学生学习动机与学业成绩之间的关系,以便制定教育政策,更好地激发学生的学习热情,提高他们的学业表现。为此,教育局决定委托张研究员来开展这一研究工作。

张研究员作为该项目的负责人,首先面临的任务是选择合适的研究方法。他意识到,选择正确的研究方法对于确保研究的科学性和有效性至关重要。张研究员首先选择了量化研究,他通过问卷调查来收集研究数据,运用统计分析来探寻学习动机与学业成绩之间的相关性。然而,他很快意识到,单纯的量化研究可能无法捕捉到学生内心的真实想法和感受。于是,他决定结合质性研究,通过深度访谈和参与式观察,来了解学生有关学习动机的真实想法和体验。这种方法能够让他听到学生的声音,了解他们学习态度背后的原因。如此,张研究员将量化数据和质性资料相结合,以此希望获得更加全面而深入的研究结果。

最终,张研究员的研究成果报告不仅提供了关于学习动机与学业成绩关系的深入分析,还提出了一系列有针对性的政策建议。教育局根据这些建议,成功地制定了一系列有效的教育措施,极大地激发了学生的学习动机,提高了学生的学业成绩。

评析: 本案例凸显了研究方法在教育研究中的重要性。张研究员运用混合研究方法,将量化数据与质性资料相结合,不仅揭示了学习动机与学业成绩之间的复杂关系,还为教育政策的制定提供了有力的决策依据。

第一节 教育研究方法的功能及分类

研究方法是教育研究的基本工具,具有自身独有的特点和功能。本节我们将系统阐述教育研究方法的概念、特点、功能、分类及发展趋向。希望通过本节的学习,能为大家提供一个清晰、全面的教育研究方法知识体系,从而为后续研究工作的开展打下基础。

➤ 一、教育研究方法的概念

(一)教育研究方法的含义

教育研究方法的概念是建立在方法概念基础上的。因此,要探讨教育研究方法的含义,就必须首先要弄清方法的含义。

可以说,"方法"是一个具有广泛含义的词汇,它指的是解决思想、说话、行动等问题的途径、程序或手段。在现代语境中,方法不仅仅指一种简单的操作步骤,更涵盖了一系列为了达到特定目标而采取的有序行动。这些方法可能包括观察、实验、推理、归纳、演绎等多种技术和手段。方法的选择和运用,直接决定了问题解决的效果和效率。在科学研究中,方法尤为重要。科学方法是人们在认识和改造世界中,遵循或运用的、符合科学一般原则的各种途径和手段。它具有明确的目的性、逻辑性和系统性,是科学认识和实践活动中不可或缺的一部分。科学方法的运用,能够帮助研究者更加客观、准确地揭示事物的本质和规律[①]。

那么,什么是教育研究方法呢?顾名思义,教育研究方法是专门针对教育领域进行研究所采用的一系列步骤、技术、手段和策略的总称。它旨在通过科学的方式,探索教育现象,揭示教

---

① 侯怀银.教育研究方法[M].2版.北京:高等教育出版社,2018:3.

育规律,以及解决教育实践中遇到的问题。具体来说,教育研究方法是按照科学的程序和路径,有组织、有计划、有系统地研究教育问题和构建教育理论的方式。它不仅包括具体的操作步骤和手段,如观察、实验、调查、访谈等,还涵盖了一整套科学的研究程序和策略,如选题、文献综述、研究设计、数据收集与分析、结果解释与报告撰写等。

教育研究方法的核心目标在于获得教育规律性知识,从而为教育实践提供科学依据和指导。通过运用这些方法,研究者可以更加深入地了解学生的学习过程、教师的教学方式、教育政策的影响等,从而提出更有针对性的改进策略和建议。

(二)教育研究方法的特点

教育研究方法作为探索教育现象、揭示教育规律的重要手段,具有以下几个显著性的特点。

1. 科学性

科学性是教育研究方法的根本特点。它要求研究者必须遵循科学的原理和逻辑,确保研究的每一步都建立在严谨的数据和理论基础上。科学性不仅保证了研究的准确性和客观性,还是确保研究结果可信度的关键。例如,在教育实验中,研究者需要通过严格控制实验条件来确保实验结果的可靠性和有效性。

2. 系统性

教育研究方法的系统性体现在其有序、连贯的研究过程中。系统性要求在进行教育研究时,必须有清晰而完整的研究框架,包括明确的研究目标、详细的研究计划、合理的数据收集和分析方法以及科学的结论推导等。系统性不仅确保了研究的条理性和逻辑性,还确保了研究结果的全面性和深入性。例如,在进行一项关于学生学习效果的研究时,需要从教学目标、教学内容、教学方法、教学评价等多个方面进行系统的考虑和设计。

3. 多样性

由于教育现象的复杂性和多样性,教育研究方法也呈现出多样化的特点。不同的研究问题往往需要采用不同的研究方法,如质性研究、量化研究、混合研究等。可以说,多样性的研究方法为研究者提供了更多的选择空间,也使得研究能够更加贴近教育实际。例如,在探讨学生的学习动机时,研究者可以采用问卷调查法、访谈法等多种方法来收集数据,以更加全面地了解学生的学习动机及其影响因素。

4. 创新性

随着教育领域的不断发展和变化,新的问题和挑战也在不断涌现。这就要求教育研究方法必须具有创新性,能够不断探索和尝试新的研究视角。通过创新性的研究方法,研究者可以发现新的问题、提出新的观点,并推动教育科学的发展。例如,随着信息技术的快速发展,研究者可以尝试利用大数据和人工智能技术来分析和预测学生的学习行为,从而为个性化教学提供更加科学的依据。

5. 实用性

教育研究方法的最终目的是为教育实践提供有益的指导和建议,实用性也成为评价一项研究方法是否成功的重要标准。一项好的研究方法应该能够紧密结合教育实际,关注教育实践中的真实问题和需求,并为解决这些问题提供具体的方案和建议。例如,一项关于提高学生学习效果的研究,其结果应该能够为教师改进教学方法、提高教学质量提供具体的建议和指导。可以说,唯有解决实际问题的研究方法才是好方法。

二、教育研究方法的功能及分类

(一)教育研究方法的功能

教育研究方法在教育科学领域中发挥着重要的作用,其功能主要体现在以下几个方面。

1. 探索教育现象与规律

教育研究方法的首要功能是帮助研究者深入探索教育现象,揭示教育过程中的基本规律。通过科学的研究设计、数据采集和严谨的分析,研究者能够洞察教育的深层结构和动态过程。例如,通过实验法和观察法,研究者可以探究学生的学习动机、认知发展等关键议题,从而更加深刻地理解教育现象的本质。可以说,这不仅有助于研究者认识和理解教育的多维复杂性,还能为教育实践提供坚实的理论基础,引导人们更加科学、有效地进行教学活动。

2. 验证和发展教育理论

通过实证研究,特别是量化研究,研究者可以收集到大量的教育现场数据,进而验证理论的适用性和有效性。同时,这些实践数据也可能揭示出理论的不足之处,为理论的修正和完善提供重要依据。此外,新的教育现象和问题也会不断涌现,需要研究者运用创新的研究方法去探索,从而推动教育理论的持续发展。

3. 指导教育实践

在日常的教学和管理过程中,人们常常会遇到各种问题和挑战。此时,人们可以借助研究方法,通过实证数据的收集和分析,找出问题的症结所在,进而提出有针对性的解决方案。例如,通过对学生学习成果的定量和定性分析,教育者可以调整教学策略,以满足不同学生的学习需求。

4. 提升研究者的科研素养

教育研究方法不仅关乎研究的准确性和有效性,更是培养研究者科研素养的重要途径。通过学习和运用研究方法,研究者可以学会如何科学地提出问题、设计研究、收集和分析数据以及如何基于实证证据得出结论。这一过程不仅锻炼了研究者的逻辑思维能力、批判性思维和创新能力,还培养了他们对科学研究的敬畏和尊重。科研素养的提升,将使研究者在未来的学术生涯中更加严谨、专业地从事教育科学研究工作。

5.促进教育决策的科学化

通过严谨的研究设计和数据收集,研究者可以为政策制定者揭示教育领域的现状和问题,并提出有针对性的政策建议。这不仅有助于政策制定者做出更加科学而合理的决策,还能增强政策的有效性和可持续性。同时,教育研究方法还能帮助政策制定者评估政策实施的效果和影响,为未来的政策调整和完善提供重要依据。

(二)教育研究方法的分类

从教育研究方法产生的过程来划分,通常我们可以将教育研究方法分为思辨研究、量化研究、质性研究和混合研究[①]。其中,量化、质性及混合研究属于实证研究的范畴。

1.思辨研究

思辨研究是研究者在个体理性认识能力及经验基础上,通过对概念、命题进行逻辑演绎推理以认识事物本质特征的研究方法[②]。思辨研究秉持理性主义的认识论,主张通过抽象、判断、逻辑和想象等理性认识能力去认知和解释事物的本质。思辨研究注重理论、概念和观点总结等"应然"问题,强调研究者运用辩证法等哲学方法,通过对事物或现象进行逻辑分析,阐述自己的思想或理论,主要包括理论思辨、历史研究、经验总结等具体方法。思辨研究方法有着独特的本体论价值和突出的认识论价值,这决定了它在人文社会科学领域甚至自然科学领域始终居于重要地位[③]。

2.实证研究

实证研究是通过对研究对象进行观察、实验或调查,对收集到的数据或信息进行分析和解释,以事实为证据探讨事物本质属性或发展规律的研究方法。实证研究更加关注"实然"问题,基于收集和分析数据信息来推论研究结果[④]。实证研究包括量化研究、质性研究以及混合研究等方法。

(1)量化研究。量化研究是以数字和量化数据为基础的研究方法。在教育研究中,量化研究主要通过调查问卷、实验法等量化手段来收集数据,并通过统计分析来揭示教育现象中的数量关系、规律和趋势。例如,在教育评估中,研究者可能会通过调查问卷,收集大量的学生调查数据,然后通过统计分析来评估教学效果或学生满意度。量化研究的优势在于其客观性、精确性和可重复性,其局限性主要在于可能忽略了人的主观性和复杂性。

(2)质性研究。质性研究是以研究者本人作为研究工具,通过在自然情境下采用多种资料收集方法,对教育现象进行整体性探究的一种研究方法。它通常采用访谈、观察以及收集实物

---

① 张绘.混合研究方法的形成、研究设计与应用价值:对"第三种教育研究范式"的探析[J].复旦教育论坛,2012,10(5):51-57.

② 姚计海.教育实证研究方法的范式问题与反思[J].华东师范大学学报(教育科学版),2017,35(3):64-71.

③ 彭荣础.思辨研究方法:历史、困境与前景[J].大学教育科学,2011(5):86-88.

④ 姚计海.教育实证研究方法的范式问题与反思[J].华东师范大学学报(教育科学版),2017,35(3):64-71.

等质性方式来收集研究数据,并通过归纳和解释来构建理论或理解现象。质性研究的优点在于其能够深入探究被研究者的主观体验和观点,从而提供更丰富、更深入的理解。在教育研究中,质性研究常被用于了解教育实践中的复杂问题和情境以及探究教育现象中的意义和价值。质性研究的优势在于其能够深入揭示被研究者的内心世界和想法,但其结果可能受到研究者主观性的影响。

(3)混合研究。混合研究融入了量化研究和质性研究的优点,旨在通过收集、分析和解释不同类型的数据,以获得更加全面而多样化的研究结果。例如,在教育政策评估中,研究者可以先通过调查问卷收集大量量化数据,分析政策实施的效果,然后再通过访谈和观察等质性方法来了解政策受益者的真实体验和反馈。混合研究的优势在于其能够兼顾量化研究和质性研究的各自优势,从而提供更加全面而深入的理解[1]。可以说,混合研究能够帮助研究者获得更加全面和完整的研究结果,为教育实践和政策制定提供强有力的支持。

可以说,量化研究、质性研究和混合研究在实证研究中各有其独特的地位和作用。研究者应根据研究问题和目标选择合适的方法,以求最大限度地揭示教育现象的本质和规律。

三、当前我国教育研究方法的发展趋向

随着社会的不断进步,教育研究方法也在不断演变和创新。为了更好地探索教育现象、解决教育问题,并推动教育实践的发展,我们有必要了解当前我国教育研究方法的发展趋向。

(一)实践导向和问题解决的研究取向

当前,教育研究更加关注教育实践中的具体问题和挑战,以求通过实证研究来寻求现实问题的解决方案。这意味着教育研究要重视教育实践中遇到的实际问题,并通过科学研究来寻求问题的解决方案。可以说,这种研究取向使得教育研究更加贴近实际,更加接地气。例如,针对当前教育领域中的"减负"问题,研究者深入学校实地调查,了解学生的实际课业负担,提出针对性的改进策略,以促进学生健康发展。

(二)研究方法的多元化与跨学科融合

随着教育研究的不断拓展和深化,传统的研究方法已不能满足复杂多变的教育现象。因此,研究方法正朝着多元化方向发展,并且还融合了多学科的理论和工具。例如,在教育心理学领域,研究者不仅运用问卷调查和访谈等传统方法,还借鉴了认知科学、神经科学等领域的先进技术,如眼动追踪、脑电监测等,以更全面、深入地揭示学习过程中的心理机制。

(三)量化与质性研究的互补与整合

量化研究与质性研究不再是孤立存在的,而是逐渐走向互补与整合,以求更加全面地揭示教育现象。量化研究能够提供客观、精确的数据支持,而质性研究则能深入探究被研

---

[1] 张绘.混合研究方法的形成、研究设计与应用价值:对"第三种教育研究范式"的探析[J].复旦教育论坛,2012,10(5):51-57.

究者的内心世界和真实想法。将两者结合起来,既可以把握整体趋势,又可以深入了解个体差异,为教育改革和实践提供更科学的依据。例如,在教育评价中,研究者先通过量化分析得出学生的学习成绩分布,再通过质性访谈了解学生的学习态度和动机,从而更全面地评价教育效果。

(四)大数据技术的广泛应用

随着大数据技术的不断发展,其在教育研究中的应用也越来越广泛。大数据技术的崛起为教育研究也带来了新的机遇。通过收集和分析大量的教育数据,研究者可以更加深入地了解学生的学习情况和需求,了解教学资源的利用率和教师的教学效果,为优化教育资源配置和改进教学方法提供依据。例如,利用大数据分析学生的学习行为和学习成绩,可以为个性化教育提供有力支持。

(五)国际化视野与本土特色的结合

随着全球化的深入发展,教育研究呈现出国际化与本土化相结合的趋势。在全球化背景下,教育研究既借鉴国际先进理念和方法,保持与国际社会同步;又立足我国特定的文化背景和教育实际,保持本土特色。可以说,这种结合使得教育研究更具全球视野和本土适应性。例如,在研究中国传统文化教育时,研究者既需要参考国际上的文化教育理论,又要充分考虑中国的文化背景和教育实际,从而提出符合中国国情的教育策略和建议。

第二节 思辨研究

在教育研究的广阔领域中,思辨研究占据着举足轻重的地位。它不同于实证研究的数据驱动,而是依赖于深入的思考和逻辑推理,来探寻教育现象背后的本质和意义。在本节中,我们将深入讲解思辨研究的内涵、方法及其在教育领域的应用价值,以期使大家对思辨研究能有一个相对清晰的认识。

➤ 一、思辨研究的概念

(一)思辨研究的含义

思辨研究是研究者在个体理性认识能力及直观经验基础上,通过对概念、命题进行逻辑演绎推理以认识事物本质特征的研究方法[1]。它侧重于通过理性分析和推理,来探究教育现象的本质、规律和价值。思辨研究强调对教育理论和实践进行深入的反思和批判,以揭示蕴藏其中的逻辑关系和内在矛盾。可以说,思辨研究的核心在于通过逻辑推导来进行纯理论、纯概念的探讨,侧重于理性的思考和推理,而并不依赖于具体的实验数据或实地观察[2]。

---

[1] 彭荣础.思辨研究方法:历史、困境与前景[J].大学教育科学,2011(5):86-88.
[2] 王卫华.教育思辨研究与教育实证研究:从分野到共生[J].教育研究,2019,40(9):139-148.

(二)思辨研究的内涵

思辨研究融合了直观经验、逻辑推理和对本质的探求,构成了一种独特而严谨的研究路径。相对实证研究来说,思辨研究具有以下几方面的独特内涵[①]。

1. 思辨研究以研究者的理性认识能力为基础

理性是人类思维的高级形式,它使研究者能够超越感性经验,通过逻辑推理、分析综合等方式,洞察事物的内在联系和规律。在思辨研究中,理性认识能力如同航海家的指南针,指引着研究者穿越复杂的思想海洋,去探寻真理的彼岸。

2. 思辨研究以研究者的直观经验为研究出发点

直观经验是研究者与世界的直接接触,是获取第一手资料的重要途径。在思辨研究中,研究者通过直观经验感受事物的表象,进而运用理性思维剖析其背后的本质。这种从具体到抽象的研究方法,使思辨研究更具实证性和说服力。

3. 思辨研究的研究方式是对概念、命题进行逻辑推理

逻辑推理是思辨研究的核心方法,它要求研究者从已知的前提或假设出发,通过严密的推理过程,得出新的结论或观点。在逻辑推理的过程中,研究者需要遵循逻辑规则,确保推理的合法性和有效性。这种研究方式不仅考验研究者的逻辑思维能力,也是思辨研究科学性和严谨性的重要保障。

4. 思辨研究以认识事物的本质属性为目的

事物的本质属性是其最核心、最稳定的特征,是区分不同事物的关键所在。思辨研究通过深入剖析事物的内在联系,以揭示其本质属性和发展规律。这种对本质的探求不仅有助于我们更好地理解世界,也为解决实际问题提供了有力的理论支撑。因此,认识事物本质属性是思辨研究的终极目标和价值所在。

综上所述,思辨研究是一种以研究者的理性认识能力为基础,以直观经验为研究出发点,通过对概念、命题进行逻辑推理来深入探究事物本质属性的研究方法。

➢ 二、思辨研究的特点及价值

(一)思辨研究的特点

1. 抽象性

思辨研究不仅仅关注具体的事物或现象,更是从这些具体中抽取出一般的、本质的特征或规律。思辨研究者通过对具体经验的提炼和升华,形成抽象的概念、命题或理论,以此来解释和理解世界。这种抽象性使得思辨研究能够超越具体的时空限制,探究更为普遍的真理。

2. 逻辑性

思辨研究不是随意的想象或猜测,而是建立在严密的逻辑推理之上。研究者通过概念、判

[①] 彭荣础.思辨研究方法:历史、困境与前景[J].大学教育科学,2011(5):86-88.

断、推理等逻辑形式,构建出严谨的理论体系。这种逻辑性保证了思辨研究的科学性和准确性,也使得研究结果更具说服力。同时,逻辑推理还帮助研究者从已知的前提或假设中推导出新的结论,进一步拓展和深化对事物的认识。

3. 普遍性

由于思辨研究是从具体经验中抽象出一般规律或本质特征,因此其结论往往适用于更广泛的情境和对象。这种普遍性使得思辨研究具有更强的解释力和预测力,能够为人们提供更为普遍和深入的见解。同时,普遍性也意味着思辨研究的结论可以跨越不同的文化和历史背景,具有更广泛的适用性。

4. 批判性

思辨研究不仅仅满足于接受现有的知识和观点,更是对其进行深入的反思和批判。思辨研究者通过运用理性思维和逻辑推理,对现有理论和观点进行审视和评价,指出其中的不足和缺陷,并提出新的见解和理论。这种批判性使得思辨研究能够不断推动知识的进步和发展,为人们提供更深入、更全面的认识。

(二)思辨研究的价值

1. 深化对教育本质的认识

思辨研究通过逻辑推理和深入分析,致力于探寻事物的本质。它不仅仅满足于表面现象的观察,更是通过系统的思考和推理,挖掘出隐藏在现象背后的本质属性和规律。这种挖掘过程,使研究者能够更加深入地理解世界的运作方式,从而增进对教育现象的根本性认识。

2. 促进理论构建与创新

思辨研究通过对现有理论进行批判性的反思和评估,发现其中的不足和局限性,进而推动理论的创新和发展。思辨研究者不满足于现有理论,而是勇于挑战旧有观念,提出新的假设或理论模型。这种理论构建活动,为学科知识发展注入了源源不断的动力。

3. 培养批判性思维能力

思辨研究要求研究者具备批判性思维,对现有知识和观点保持质疑和反思的态度。通过思辨研究,研究者可以学会如何对现有知识进行批判性的审视,发现其中的问题和不足,进而提出自己的见解和解决方案。

4. 为实证研究提供指导

思辨研究可以为实证研究构建理论框架和研究假设,从而确保实证研究的科学性和有效性。同时,思辨研究还可以帮助研究者更加深入地理解实证数据背后的意义,从而对研究结果进行更加准确的解释和分析。

➤ 三、思辨研究在教育研究中的运用

(一)思辨研究在教育研究中的运用程序

思辨研究不仅仅是对知识的简单探索,更是一种对既有观念、理论和现象的深度反思与批

判性分析。它要求我们跳出传统的思维模式,以全新的视角审视问题,通过严谨的逻辑推理和批判性思维,挖掘出隐藏在表面现象背后的本质和规律[①]。接下来,我们将引导大家详细探讨思辨研究的应用程序,这些步骤将引导我们走向更加深入而全面的学术研究之路。

1. 确定研究主题和问题

确定研究主题和问题是思辨研究的起点。在该步骤中,研究者需要经过全方面论证,选择一个既有学术价值又有现实意义的研究主题。除此之外,研究问题应该具有明确性、创新性,能够引领研究者深入挖掘主题的内在逻辑和深层含义。

2. 文献回顾与背景研究

文献回顾有助于研究者发现已有研究的不足和空白,为自己的研究提供创新点和突破口。在该阶段,研究者需要系统地搜集、整理和分析与研究主题相关的文献资料,包括专著、学术论文、研究报告等。通过文献回顾,研究者可以了解前人的研究成果,避免重复劳动,从而为自己的研究找到合适的切入点。

3. 提出初步观点

在该步骤,研究者需要基于文献回顾和个人理解,对研究问题提出一个或多个初步的看法。这些观点应该具有创新性,能够为后续研究提供理论指导。同时,研究者也要保持开放的心态,在后续研究中随时注意修正和完善自己的学术观点。

4. 收集与分析证据

在这一步骤中,研究者需要通过多种途径获取支持或反驳自己观点的证据。这些证据可以来源于实证研究数据、专家意见、历史案例等。在收集到证据后,研究者需要运用科学的方法进行分析和评估,以验证其真实性、可靠性和有效性。

5. 逻辑推理与论证

研究者需要运用逻辑推理方法,如演绎推理和归纳推理,对收集到的证据进行组织和整合,构建出一个清晰、连贯的论证结构。这一步骤要求研究者具备严谨的逻辑思维能力和良好的表达能力,能够将复杂的观点和证据以简洁明了的方式呈现出来。同时,研究者还需要通过逻辑推理来发现和解决研究中可能出现的矛盾和问题。

6. 批判性分析

在该步骤中,研究者需要对自己的观点和证据进行深入的审视和反思,识别出其中可能存在的偏见、假设或逻辑漏洞。同时,研究者也要对他人的观点和论证进行批判性分析,比较不同观点的优劣和合理性。可以说,这一过程非常有助于研究者形成全面而客观的认识和理解,从而提高研究的可信度和说服力。

7. 综合判断与得出结论

在综合判断与得出结论阶段,研究者需要根据前面的分析和逻辑推理做出一个全面的判

---

① 余清臣.论教育思辨研究的时代挑战与应对[J].教育学报,2018,14(5):13-21.

断,并给出明确的研究结论。值得注意的是,这个结论应该是基于充分的分析和论证而得出的,既要符合逻辑,又要具有说服力。当然,若有必要,研究者还可以指出研究的局限性和未来可能的研究方向,为后续的研究提供参考和借鉴。

8. 撰写研究报告或论文

在该阶段,研究者需要将整个研究过程和研究结论以书面形式呈现出来。撰写过程中,要注意论文的结构合理性、逻辑严密性和语言表达准确性。同时,要规范引用相关学术文献,以避免学术不端行为的发生。

(二)思辨研究在教育研究中的具体方法

思辨研究往往依赖于一系列具体而严谨的研究方法。这些方法不仅是收集和分析数据的工具,更是深入理解问题、挖掘潜在规律、构建新知识的桥梁。接下来,我们将简要介绍几种在思辨研究中常用的具体方法,以及它们各自具有的独特功能和价值。

1. 归纳与演绎

归纳是从个别事例中推导出一般规律或原则的逻辑分析方法。在教育研究中,归纳法常被用于总结教学经验。例如,某教师在多个班级的教学实践中发现使用游戏化教学法能显著提高学生的参与度。通过归纳,他得出结论:游戏化教学法对提升学生的学习兴趣和参与度有积极影响。

与归纳相反,演绎则是从一般原则或规律推导出特殊情况的逻辑分析方法[①]。例如,如果我们知道所有有效的学习方法都能提高成绩,而合作学习法被证实是有效的,那么可以演绎得出使用合作学习法也将提高学生的成绩。

2. 分析与综合

分析是将复杂的事物或观念分解成更简单的部分或元素,以便深入研究。分析在教育研究中常被用于深入剖析教育现象或问题。例如,分析学生学业成绩不佳的原因时,可以从教学方法、学生动机、家庭环境等多角度进行分析。

综合则是在分析的基础上,将各个部分或元素重新组合成一个完整整体,以形成更加全面而深入的理解。例如,在制定教育政策时,需要综合考虑经济、文化、社会等多方面因素,以确保政策的全面性和有效性。

3. 抽象与概括

抽象是从具体事物中提取出共同的、本质性的特征或属性,而舍弃非本质特征的过程。抽象侧重于分析和提炼,帮助研究者从复杂的事物中识别出核心、本质的特征。例如,从多个成功的创新教育案例中抽象出"创新教育需要注重学生的主体性和实践性"这一普遍原则。

概括则是在抽象的基础上,把抽象出来的共同的本质特征结合在一起的过程。它侧重于归纳和综合,将抽象出的特征推广到更广泛的范围。例如,根据多个创新教育案例的抽象结

[①] 刘良华. 教育研究方法[M]. 上海:华东师范大学出版社,2021:217-218.

果,研究者可以概括出"在各类教育中,都应注重培养学生的创新意识和实践能力"。

4. 类比推理

类比推理是通过比较不同对象之间的相似性来推导结论的一种研究方法。类比推理在教育学中常用于借鉴其他领域或情境中的有效策略来解决当前问题。例如,将企业管理中的"团队建设"理念类比应用到班级管理中,通过增强班级凝聚力来提高学生的学习效果。

5. 历史分析法

历史分析法是通过研究历史资料和数据来理解和解释当前教育现象的一种研究方法。在教育研究中,历史分析法常被用来揭示教育现象的发展脉络和运行规律。例如,研究中国古代教育制度变迁的历史,可以帮助我们理解现代教育制度的形成和发展过程以及未来可能的发展趋势。

6. 比较分析法

比较分析法是通过比较不同情境、地区或时间点的社会实践、政策或成果来揭示它们之间的相似性和差异性。比较分析法在教育研究中常被用于对比不同教育体系、政策或实践的效果和优劣。例如,通过比较不同国家的基础教育制度,可以发现各自的优势和不足,为我国教育改革提供借鉴和参考。可以说,该方法有助于识别教育中的最佳实践,发现不同教育系统的优势和劣势,从而探索本土的教育实践创新。

▶ 四、思辨研究在教育研究中的局限性与面临的挑战

任何研究方法都有其局限性,思辨研究也面临一些现实的挑战和限制。接下来,我们将简要介绍一下思辨研究在教育研究中的局限性与面临的挑战,以期大家能更加全面而客观地认识这一研究方法[①]。

(一)侧重于理论探讨,忽视教育实践中的具体问题和现实情况

思辨研究往往更侧重于理论层面的探讨和构建,可能会忽视教育实践中的具体问题和现实操作的复杂性。可以说,该种研究方法得出的研究结论在理论层面上可能非常完美,但在实际应用中可能会遇到各种现实挑战。因此,如何将理论与实践相结合,使思辨研究的成果能够真正指导实践,是思辨研究面临的一大挑战。

(二)对逻辑思维能力要求较高,需要具备深厚的哲学素养和理论功底

思辨研究对逻辑思维能力有着相当高的要求,它需要研究者具备深厚的哲学素养和理论功底。哲学素养能够帮助研究者从更深层次上理解问题,探索事物的本质;理论功底则为研究者提供了分析和解决问题的工具。然而,具备这样的学术素养并非可以一蹴而就,需要在长期的学习和实践中不断积累和提升。

---

① 彭荣础.思辨研究方法:历史、困境与前景[J].大学教育科学,2011(5):86-88.

(三)容易受到研究者个人观点和偏见的影响,研究结论主观性较强

思辨研究容易受到研究者个人观点和偏见的影响,研究结论往往具有较强的主观性。思辨研究在很大程度上依赖于研究者的主观分析和解读,研究者的个人经验、信仰、价值观等不可避免地会渗透到研究过程中,进而影响对问题的理解和结论的得出。这种主观性可能导致研究结论具有较强的个人色彩,影响研究的科学性和公正性。

(四)教育现象的错综复杂性,使思辨研究面临严峻挑战

由于教育现象的复杂性和多变性,思辨研究往往难以全面把握其深层次的结构和动态变化。同时,教育实践中存在的问题也常常没有简单的答案,需要研究者进行深入的思考和分析。因此,教育现象的错综复杂性给思辨研究带来了较大的挑战。

为了应对思辨研究的局限性,我们需要采取多方面的举措。一是要通过实地观察和深入交流,将理论与实践紧密结合,以确保思辨研究能够解决教育实践问题。二是要注意通过专业培训和个人持续学习来提升研究者的逻辑思维能力、哲学素养和理论功底。三是研究者应保持价值中立,尽可能减少个人观点和偏见的不利影响。四是面对教育现象的复杂性,研究者需综合运用多种研究方法,尤其是实证研究方法,并借鉴其他学科的理论,进行跨学科研究,以更加全面而深入地剖析教育现象。

第三节 量化研究

近年来,量化研究在科研领域中的影响力日益扩大,其重要性不容忽视。作为一种以数据和统计分析为基础的科学研究方法,量化研究能够帮助我们更精确地揭示社会现象中的规律和趋势,为决策提供科学依据。本节我们将探讨量化研究的概念、特征、实施步骤及几种常见的量化研究方法。

一、量化研究的概念

(一)量化研究的含义

量化研究是一种通过将复杂现象或问题转化为可测量的指标或数据,并运用数学、统计学等量化手段进行分析,从而揭示其规律、关系和趋势的一种研究方法[1]。量化研究的基础是实证主义,它以自然科学为典范,断言所有社会现象都可以还原为代表真实的经验指标。外在的事实不依赖于人的客观存在,研究者完全可以以超脱对象以及具体情景的方式,利用精确的统计技术和工具获得唯一的"真值"[2]。这种方法的核心在于数据的量化处理和分析,旨在以客观、系统的方式探究社会、心理、经济等领域的各种现象,从而为理论构建、假设验证或决策制

---

[1] 胡中锋,黎雪琼.论教育研究中质的研究与量的研究的整合[J].华南师范大学学报(社会科学版),2006(6):94-100.

[2] 阎光才.教育研究中量化与质性方法之争的当下语境分析[J].教育研究,2006(2):47-53.

定提供科学依据。简言之,量化研究就是通过数量化的方法和手段来研究和分析问题的一种研究方法。

可以说,量化研究有一套完备的操作技术,包括抽样方法(如随机抽样、分层抽样、系统抽样、整群抽样)、资料收集方法(如问卷法、实验法)、数据统计方法(如描述性统计、推论性统计)等。量化研究正是通过这种测量、计算和分析,以求达到对事物本质的把握。从某种程度上来说,量化研究是运用一定的数学方法,通过变换来判断研究对象诸因素的关联,最后用数值来表示研究的结果。这种方法的关键在于将复杂的现象或行为转化为可以测量的指标或变量,从而能够进行客观、系统的分析。

(二)量化研究的内涵

1.基于数量化的数据分析

顾名思义,量化研究是以数量化的数据为基础进行的研究。该种研究方法的核心在于将抽象、复杂的社会现象或研究问题,通过特定的量化手段转化为可以度量和计算的数字或指标。这样做的好处是数字具有直观性和可比性,能够为我们提供更精确、更客观的描述和解释。例如,研究者可以通过收集学生的考试成绩、学习时间、课外活动参与度等数据,运用统计分析方法来探究这些因素与学生学业成就之间的关系。

2.严格的研究设计和假设检验

在进行量化研究之前,研究者通常会提出明确的研究假设,这些假设往往是关于两个或多个变量之间的关系。接着,研究者会设计一个能够验证这些假设的实验或调查方案,这个过程中需要严格控制相关变量,以确保研究结果的有效性。通过收集和分析数据,研究者可以验证或推翻最初的假设,从而得出科学的结论。假设我们想研究某种新的教学方法是否能有效提高学生的阅读能力,研究者首先会提出一个明确的假设,即这种新方法能够显著提升学生的阅读能力。然后,设计一项实验,将学生分为实验组和对照组,分别采用新方法和传统方法进行阅读教学。最后,通过对比两组学生的阅读成绩变化来验证或推翻最初的假设。

3.客观的测量工具和方法

量化研究的工具和方法通常是标准化的,能够在不同的研究者和研究对象之间提供一致的结果。例如,心理学领域常用的各种量表就是客观的测量工具,它们能够精确地测量出受试者的某种心理特质或行为倾向。同时,量化研究还采用各种统计方法来分析数据,这些方法也是客观的,不受研究者主观偏见的影响。例如,为了评估学生的阅读能力,我们可以使用标准化的阅读能力测试。这些测试经过严格设计,具有良好的信度和效度,能够客观、准确地测量学生的阅读能力。

4.追求普遍规律和结论

量化研究通常并不关注个别案例或特定情境下的现象,而是希望通过大量的样本数据来推导出总体的特征和规律。可以说,这种追求普遍性的研究方法使得量化研究的结果具有更广泛的适用性,能够为理论构建和实践应用提供有力的支持。例如,研究者可能通过分析全国范围内的大量学生数据,来探究家庭背景、学校资源、教师质量等因素对学生学业成就的影响。这不仅有助于研究者理解教育现象中的普遍规律,还能为教育政策制定和实践提供科学依据。

5. 价值中立的研究态度

量化研究要求研究者保持价值中立的研究态度,避免个人主观意见和偏好的影响,以客观、公正的态度对待研究对象和数据。这种价值中立的研究态度是确保量化研究结果客观性和公正性的重要保障。为了实现价值中立,研究者通常会采用标准化的测量工具和方法来收集和分析数据,以确保数据的客观性和可靠性。同时,在研究过程中也需要严格遵守科学研究的伦理规范,确保研究对象的权益得到充分保障。

(三)量化研究的特征

1. 客观性

量化研究的客观性体现在其数据收集和分析过程中。量化研究使用标准化的工具和程序来收集数据,如问卷调查、实验设计等,这些工具能够确保数据收集的客观性。同时,量化研究还采用严格的统计方法来分析数据,这些方法基于数学和统计学原理,不受研究者主观偏见的影响。因此,量化研究能够提供相对客观的研究结果。

2. 可重复性

由于量化研究使用标准化的研究方法和程序,故其他研究者可以很容易地复制或重现原有研究。这意味着如果其他研究者按照相同的方法和程序进行研究,他们应该能够得到相类似的研究结果。这种可重复性增强了量化研究的信度和效度,使得研究结果更加具有可靠性[1]。

3. 大样本

通过收集和分析大量样本的数据,量化研究能够更准确地揭示总体的特征和规律。当然,大样本也有助于减少个别异常值对研究结果的影响,提高研究的稳定性和可靠性。同时,大样本还为研究者提供了更广泛的视角,有助于发现不同群体之间的差异和共性[2]。

4. 普遍性

由于量化研究使用大样本和标准化的研究方法,故其研究结果往往具有普遍性。这意味着研究结果不仅适用于特定的研究样本,还可以推广到更广泛的群体或情境中。这种普遍性使得量化研究在揭示社会现象和规律方面具有独特的优势。

5. 中立性

在量化研究中,研究者应以客观、中立的态度对待研究对象和数据,尽量避免个人主观偏

---

[1] 陆宏. 量化研究的理论、方法与案例[J]. 现代教育技术,2010,20(4):20-23.
[2] 佟庆伟. 论量化研究方法在教育科研中的应用[J]. 教育探索,2004(11):24-25.

好的影响[1]。这种中立性有助于保证研究结果的客观性和公正性,使得研究结果更加可靠。为了实现中立性,量化研究通常采用标准化的测量工具和方法来收集和分析数据,以确保数据的客观性和可靠性。

二、教育研究中常用的几种量化研究方法

(一)问卷调查法

问卷调查法是量化研究中最为常用的数据收集方法。通过调查问卷,研究者能够迅速获取大量被试对于特定问题的回答。在教育研究中,问卷调查法常被用于了解学生的学习习惯、学习态度、家庭背景等。例如,为了探究学生的学习动机与学习成绩之间的关系,研究者可以设计一份包含学习动机和学习成绩相关问题的问卷,然后发放给学生填写。通过对回收的问卷进行统计分析,研究者可以得出学习动机与学习成绩之间的相关性。问卷调查法的优势在于其标准化程度高、数据收集效率高,并且能够覆盖大范围的被试群体,从而提供具有代表性的研究结果。

(二)实验法

实验法是通过对实验组和对照组实施不同的处理,以探究某一变量对另一变量的具体影响。在教育领域,实验法常被用于检验新的教学方法、教材或教育技术的有效性。例如,研究者可以选取两个平行班级,其中一个作为实验组接受新的教学方法,另一个作为对照组维持原有教学方法。经过一段时间的教学后,通过对两组学生的学习成绩进行对比分析,可以验证新的教学方法是否有效提高了学生的学习效果。实验法的优势在于其能够严格控制变量,从而准确地揭示变量之间的因果关系,为教育实践提供科学依据。

(三)测量法

测量法是通过使用特定的量表、问卷或仪器来精确测量被试的某种心理特质或能力水平。在教育领域,测量法广泛应用于评估学生的学习成果、智力水平或特定技能。例如,为了了解学生的阅读理解能力,研究者可以设计一份标准化的阅读理解测试卷,要求学生在规定时间内完成。通过对学生的答题情况进行评分和分析,可以客观地评估学生的阅读理解能力水平。测量法的优势在于其能够提供客观、可比较的量化数据,有助于教育者更准确地了解学生的学习状况和需求,从而制定有针对性的教育措施。

三、教育研究中量化研究的实施步骤

在实施量化研究时,通常需要研究者遵循一套系统而严谨的研究步骤,以确保研究的可靠性和有效性。接下来,我们将详细论述量化研究的实施步骤[2]。当然,不同的量化研究方法,

---

[1] BLACK T R. Doing quantitative research in the social sciences:An integrated approach to research design,measurement and statistics[M]. London:Sage Publications,1999:13-16.

[2] 范明林,吴军,马丹丹. 质性研究方法[M]. 上海:格致出版社,2018:24.

在实施上具有一定的差异性，需要研究者灵活地进行把握。

（一）提出研究问题

在量化研究时，首先需要研究者提出一个明确而具体的研究问题。例如，研究者可能会提出这样的问题："多媒体教学对提高学生阅读理解能力的影响如何？"该问题聚焦了一个具体的教学方法和一个可测量的学习成果。通过明确问题，研究者就能够更有针对性地设计研究方案。

（二）进行文献回顾

在确定研究问题后，研究者需要系统地回顾已有的相关研究。比如，研究者可以搜索和阅读与多媒体教学和学生阅读理解能力相关的学术论文、专著和研究报告。通过深入的文献回顾，研究者不仅可以发现已有研究的不足之处，还能为自己的研究工作找到合适的理论支撑和研究方向，进而确立自己的研究起点。

（三）建立研究假设

基于文献回顾，研究者可以建立一个或多个研究假设。例如，研究者假设"多媒体教学能够显著提高学生的阅读理解能力"。这个假设是具体的、具有可操作性的，并且与研究者的研究问题紧密相关，可以为后续研究提供方向。

（四）确定研究变量

在这一步，研究者需要明确研究中的关键变量。以上述研究为例，自变量是多媒体教学，因变量是学生的阅读理解能力。此外，研究者还需要识别并控制可能干扰结果的其他变量，如学生的年龄、性别、先前的阅读能力等。

（五）选取研究对象

选取合适的研究对象对于研究工作至关重要。为了确保研究的代表性和可靠性，研究者可以选取不同学校、不同年级的学生作为研究对象。在选取样本时，需要考虑学生的学科背景、学习基础等因素，以确保样本的多样性和广泛性。

（六）开发研究工具

为了收集数据并验证研究假设，研究者需要开发合适的研究工具。为了评估学生的阅读理解能力，研究者需要开发一套标准化的测试题。这套题目应该涵盖阅读理解能力的各个方面，并且具有良好的信度和效度。同时，研究者还需要设计一份详细的多媒体教学方案，以确保所有学生接受相同的教学干预。

（七）收集研究数据

在研究过程中，研究者将使用开发的测试题对学生的阅读理解能力进行评估，并记录他们的得分。同时，研究者还会收集关于多媒体教学的详细数据，如教学时长、教学内容、学生的互动情况等。可以说，这些数据将为研究者接下来的数据分析奠定基础。

（八）分析研究数据

收集完数据后，研究者将使用统计软件对数据进行处理和分析。例如，研究者可以计算实验组和对照组在阅读理解能力得分上的平均差异,并使用适当的统计方法如 T 检验来检验这种差异是否显著,这将帮助研究者验证或否定当初的研究假设[①]。

(九)得出研究结论

基于数据分析的结果,研究者可以得出结论。例如,如果实验组学生的阅读理解能力得分显著高于对照组,那么研究者可以认为多媒体教学对提高学生的阅读理解能力有积极影响。这样的结论可以为教育实践提供有价值的指导。

(十)修正研究假设

如果研究结果与最初的研究假设不符,研究者需要修正假设并进行进一步的研究。例如,如果研究发现多媒体教学并没有显著提高学生的阅读理解能力,研究者可能需要重新考虑教学方法、教学内容或评价方式等因素,以提出新的研究假设并进行验证。可以说,这是一个不断迭代的过程,需要不断地提出并验证研究假设。

四、量化研究在教育研究中的局限性及应对

量化研究以其客观性、准确性和可重复性受到广泛推崇。然而,任何一种研究方法都不可避免地存在局限性。量化研究在追求精确测量的过程中,也存在一些问题和限制。下面我们来探讨量化研究的几个主要局限性。

(一)过度"数学化"倾向

量化研究倾向于使用数学模型和统计方法来分析和解释社会现象。然而,过度"数学化"可能导致研究者忽视了社会现象的复杂性和多维性。在追求数学精确性的同时,可能牺牲了对社会现象深入理解的机会。例如,在教育领域,学生的学习动机、态度和情感等关键因素往往难以用单一的数学模型来准确描述。

(二)数据的"表层化"

量化研究依赖于可量化的数据,这些数据通常只能反映教育现象的表层特征。对于深层次的社会结构、文化意义或个体经验,量化数据往往难以触及。在教育研究中,这种表层化倾向可能导致对教育质量、学生学习体验等方面的片面理解[②]。

(三)容易陷入"数据泥沼"

在量化研究中,研究者可能会沉迷于收集和处理大量数据,而忽视了对数据的合理解读和分析,这种情况被形象地称为"数据泥沼"。当研究者过于关注数据细节和统计显著性时,可能会忽略数据的实际意义和研究问题的本质,甚至导致对教育现象的误解或片面认识[③]。

---

① 陆宏.量化研究的理论、方法与案例[J].现代教育技术,2010,20(4):20-23.
② 蔡红红.在教育研究中运用量化研究方法的问题与反思[J].中国高教研究,2020(9):61-65.
③ 杜丽丽,方平.量化研究与质性研究的认识论、方法论比较:兼论研究生研究能力的全面培养[J].研究生教育研究,2015(2):28-33.

(四)对动态信息捕捉不足

量化研究通常更关注静态的、横断面的数据,而对于随时间变化的动态信息和关系则难以有效捕捉。在教育领域,学生的学习过程、教师的教学工作等都是动态变化的,仅仅依靠量化数据可能无法全面反映这些过程的复杂性和多样性。因此,量化研究在探索动态教育现象时存在一定的局限性。

针对量化研究的上述局限,研究者应采取恰当的研究策略。首先,要避免教育研究的过度数学化,重视质性和量化研究的结合,以确保能够全面深入地理解教育现象。其次,为了克服数据的表层化,研究者需要通过深度访谈、参与式观察等方法来补充研究数据,从而揭示教育现象的深层含义。再次,当面对海量的研究数据时,研究者应聚焦研究问题,避免陷入"数据泥沼",合理利用研究数据,并注重对数据的分析与讨论。最后,为了更好地捕捉教育现象中的动态变化,研究者可以结合纵向研究设计以及利用先进的技术手段如学习分析等,来追踪和分析教育过程中的动态变化。通过这些策略,研究者可以更加有效地利用量化研究方法,同时克服其局限性,从而推动教育研究工作的顺利开展。

第四节 质性研究

质性研究作为一种深入挖掘社会现象本质和意义的研究方法,可以帮助研究者揭示参与者的真实体验与情境背后的深层含义,为复杂教育现象提供丰富解释和深刻见解。接下来,我们将引导大家一起来探讨质性研究的概念、特征、类型、实施步骤及其与量化研究的关系。

➤ 一、质性研究的概念

(一)质性研究的含义

质性研究是一种在社会科学领域中广泛使用的研究方法。什么是质性研究呢?质性研究又称为质化研究,是指以研究者本人作为研究工具,在自然情境下采用多种资料收集方法对社会现象进行整体性探究,使用归纳法分析资料和形成理论,通过与研究对象互动对其行为和意义建构来获得解释性理解的一种研究方法[1]。它侧重于通过深入、详细的观察和描述,来理解和解释社会现象、人类行为以及个体或群体的经验。质性研究的核心在于挖掘并理解被研究对象的内在意义、主观体验和情境脉络[2],而非关注数量化的数据或普遍性的规律。

具体来说,质性研究通常采用自然主义的探究方式,即研究者会深入被研究者的实际生活环境中,通过参与观察、深度访谈、文档分析等多种方法,来收集一手的数据资料。通常这些资

---

[1] 陈向明.质的研究方法与社会科学研究[M].北京:教育科学出版社,2002:12.
[2] SALDANA J. Fundamentals of qualitative research[M]. Oxford:Oxford University Press,2011:4-5.

料往往是描述性的、解释性的,能够反映出被研究者的真实想法、感受和经验。

(二)质性研究的特征

1.以研究者本人作为研究工具

质性研究以研究者本人作为研究工具,这与量化研究中研究者相对客观和超然的立场不同。质性研究者通过自己的观察、理解和解释来构建知识,他们的个人经验、前设和直觉都成为研究过程中的重要资源。研究者需要不断反思自己的立场和偏见,以确保研究的真实性和可信度。可以说,质性研究能够深入探索被研究者的内心世界和真实体验,但也可能因研究者的主观性而影响研究的客观性。

2.强调在自然情境中进行研究

质性研究强调在自然情境中进行,而不是在人为控制的实验环境中。这意味着研究者要深入被研究者的日常生活和工作环境中去观察和理解他们的行为。质性研究能够捕捉到被研究者在真实环境中的真实行为和反应,从而提高研究的生态效度[①]。然而,自然情境下的研究也可能受到外部环境的干扰,因此,研究者需要谨慎处理这些情境因素。

3.研究者与被研究者的主体间性关系

在质性研究中,研究者与被研究者是一种主体间性的关系。质性研究强调从当事人的角度看待问题,重视研究者与被研究者之间的互动[②]。可以说,这种主体间性非常有助于消除传统研究中研究者与被研究者之间的隔阂,使研究者能够更加深入地理解被研究者的经验、感受和需求,为深入探究教育现象和教师、学生行为提供有力支持。

4.通常采用归纳法进行资料分析

质性研究与量化研究有所不同,通常采用自下而上的归纳法进行资料分析,即从具体的个案中提炼出一般性的结论或规律[③]。归纳法能够使研究者从复杂的现象中发现新的概念、范畴或理论模型,从而推动知识的创新和发展。然而,归纳法也可能受到研究者主观性和样本选择偏差的影响。

5.主要目的在于获得对被研究现象的解释性理解

质性研究的主要目的在于获得对被研究现象的解释性理解,而不仅仅是描述性的知识。它试图揭示被研究者的行为、态度和情感的深层次原因和意义,从而为实践提供有价值的指导和启示。质性研究能够深入洞察教育现象和人类行为,但也可能因为主观解释而导致理解的偏差或误解。因此,研究者需要不断反思自己的解释框架和偏见,以确保研究的信效度。

---

① 张立平,陈向明.质性研究的迷思与澄清[J].中国远程教育,2024,44(2):62-78.
② 李玉静.质性研究方法:内涵与应用[J].职业技术教育,2015,36(28):1.
③ CRABTREE B F,MILLER W L. Doing qualitative research[M]. London:Sage Publications,2023.

二、教育研究中常用的几种质性研究方法

质性研究的类型众多,每位研究者的看法也各不相同。下面,我们将简要地介绍在教育研究中常见的六种质性研究方法。

(一)扎根理论

扎根理论是一种由下而上的理论构建方法,它强调从实际数据中生成和构建理论。研究者通过深入实地收集数据,然后进行归纳、比较和分类,逐步构建出反映实际情况的理论框架。这种方法能够帮助研究者更深入地理解教育现象,并发现新的理论视角。

(二)叙事研究

叙事研究以个体的经历和故事为研究对象,通过深入访谈、观察等方式收集数据,再对这些故事进行解读和分析。这种方法能够揭示个体的生活经历、情感体验和认知过程,有助于研究者更加全面地理解教育行为和现象。

(三)个案研究

个案研究是对单一对象或事件进行深入、全面的研究。通过详细收集和分析个案的相关资料,研究者可以深入了解个案的内在逻辑、发展历程和影响因素。这种方法在探索新领域或解决复杂问题时具有独特优势。

(四)民族志

民族志是人类学的一种研究方法,它通过长期参与观察和文化解读来深入理解某一文化群体的生活方式、社会结构和价值观念。研究者需要深入被研究群体中,学习他们的语言、习俗和生活方式,从而获得对该文化的深刻洞见。

(五)现象学

现象学关注个体对现象的直接经验和感知。研究者通过深入访谈、参与观察等方式,探索个体对某一现象的主观体验和解释。这种方法有助于研究者理解人类对世界的感知和认知过程,揭示现象的本质和意义。

(六)行动研究

行动研究是一种实践导向的研究方法,它强调研究者在实践中发现问题、分析问题并解决问题。研究者与实践者紧密合作,通过反思和行动来不断改进实践。这种方法能够促进理论与实践的结合,推动实践的创新和发展。同时,行动研究还注重实践者的参与和赋权,有助于提高他们的自我反思和解决问题的能力。通过行动研究,研究者可以更加深入地了解实践中的问题和挑战,并探索有效的解决方案。

三、质性研究在教育研究中的运用

(一)质性研究在教育研究中的用途

近年来,质性研究已成为教育研究中的热门研究方法。总体来说,质性研究在教育研究领

域中主要有以下四方面的用途。

1. 探索性研究

质性研究在初步探索新领域或问题时具有显著优势。它允许研究者以开放、灵活的方式深入了解现象,不受限于预设的假设或框架。通过深度访谈、参与观察等手段,质性研究能够帮助研究者发现新的问题、观点或模式,为后续研究提供宝贵的初步数据和方向指引。

2. 意义诠释

质性研究强调对被研究者的观点和经验进行深入的诠释和理解。通过收集和分析被研究者的故事、观点和经验,质性研究能够揭示出这些经验和故事背后的深层含义以及参与者如何理解和赋予它们意义。这种诠释性的理解对于全面、深入地认识教育现象至关重要[①]。

3. 发掘深层的社会文化结构

质性研究是揭示教育现象背后深层社会文化结构的有力工具。通过深入探讨教育实践活动中的文化、价值观、信仰等因素,质性研究能够揭示出社会文化对教育的影响。这对于研究者分析复杂教育现象以及制定有针对性的教育策略具有重要意义。

4. 验证量化研究结果

质性研究能够通过深入访谈、实地观察等方法,捕捉到教育现象的丰富性和复杂性,收集到更具体、更细致的数据,并为其提供丰富的背景信息和解释。如此可以使研究者更加生动鲜活地理解教育现象,提高教育研究的信度和效度。

(二)质性研究在教育研究中的实施步骤

1. 明确研究问题

明确研究问题是任何研究的出发点。在这一步骤中,研究者需要清晰地界定想要探索的问题或现象。研究问题应该具有明确性、针对性和可操作性,能够指导整个研究的方向。对于质性研究而言,问题往往关注于理解人类行为、经验或社会现象的深层意义。因此,明确研究问题不仅是为了给研究定一个方向,更是为了深入挖掘那些量化研究难以触及的层面。

2. 文献综述

在开展正式研究工作之前,有必要对已有文献进行综述。这一步骤不仅可以帮助研究者了解前人的研究成果,避免重复劳动,还能为自己的研究找到恰当的切入点。文献综述应全面而系统,涵盖与研究问题相关的理论、方法和实证研究。通过文献回顾,研究者可以发现自己研究的创新点,也可以从中获取新的研究思路和方法。

---

① 陈向明,曲霞,张玉荣.教育质性研究概念框架的本土探索:以一项实习生与指导教师互动的研究为例[J].教育学术月刊,2014(4):3-10.

3. 进行研究设计

研究设计是质性研究中的关键环节，它涉及如何收集和分析数据以及如何确保研究的信度和效度。在设计阶段，研究者需要选择合适的研究方法如深度访谈、参与观察、实物收集等，并确定样本选择策略、数据收集工具和分析框架。同时，研究者还需要考虑研究伦理问题，确保研究过程不会对参与者造成任何伤害。

4. 招募与选择参与者

招募与选择参与者是一个需要慎重处理的问题。研究者需要根据研究问题来确定目标样本的特征，并通过适当的渠道进行招募。例如，如果研究者关注的是教师的课堂教学经验，那么就需要选择具有丰富教学经验的教师作为参与者。同时，研究者还需要考虑参与者的代表性和多样性，以确保研究结果具有广泛的适用性和推广性。

5. 收集资料

在该阶段，研究者需要运用之前设计好的方法来收集数据资料。当然，为了确保研究数据的真实性和丰富性，研究者需要与参与者建立良好的人际关系，并在收集过程中保持必要的敏感性。同时，研究者还需要详细记录收集到的数据，以便后续的分析和解读。

6. 整理与分析资料

在该阶段，研究者需要对收集到的数据进行整理和编码，以便于后续的主题分析或内容分析。整理过程中需要注意数据的完整性和准确性，确保没有遗漏或误解任何重要信息。分析过程中，需要运用归纳和演绎等方法来识别数据中的模式、主题和趋势。通过深入的数据分析，研究者可以全面地理解教育现象背后的深层意义和结构。

7. 研究结果解释与分析

在完成数据分析后，研究者需要对研究结果进行解释和分析。在该步骤，研究者需要将数据分析的结果与文献综述中的观点相比较，以比较其异同，并给出合理的解释。通过结果解释与分析，研究者可以更加深入地理解教育现象，并为教育实践提供有益的启示和建议。

8. 撰写研究报告

在撰写研究报告时，研究者需要清晰地阐述研究问题、研究方法、数据分析与讨论以及研究结论等部分。研究报告应该具有逻辑性、条理性和可读性，以便让读者能够清晰地了解整个研究过程和结果。同时，研究报告还需要讨论研究的意义、限制以及对教育实践的启示等方面的内容。

9. 质量评估与反思

在该阶段，研究者需要对整个研究过程进行回顾和总结，评估研究的信度、效度和可推广性等方面。同时，研究者还需要反思自己在研究过程中的表现和不足之处，以便为未来改进提供经验借鉴。通过反思，研究者可以不断提升自己的教育研究能力，从而为今后的研究工作奠定良好的基础。

四、质性研究与量化研究的区别与联系

(一)质性研究与量化研究的区别[①]

1. 研究的理论基础不同

质性研究主要以逻辑学、历史学等为基础,它侧重于通过归纳的方法,从具体的、个别的实例中推导出一般的原理和规律。量化研究则是以概率论、社会统计学为基础,通过演绎的方法来验证或推翻假设,从而得出普遍性的结论。

2. 研究目的不同

质性研究的主要目的是深入理解和解释研究对象的内在经验、观点、感受和意义。它试图从被研究者的角度揭示社会现象的本质,而不仅仅是停留在表面现象的描述上。量化研究的主要目的是通过数据和统计分析来验证理论假设,探究变量之间的关系以及对社会现象进行预测和控制。量化研究侧重于对总体规律的探索和预测,追求的是对普遍规律的揭示[②]。

3. 研究情景不同

质性研究通常在自然情境下进行,强调对研究对象真实生活场景的理解,研究者会深入实际环境中去观察、体验和记录,以获取更真实、更丰富的数据。量化研究则通常在实验或调查等控制条件下进行,以便更好地操作和测量变量,确保数据的准确性和可靠性。

4. 研究的抽样方法不同

质性研究通常采用目的性抽样或理论抽样来选择具有代表性的个案进行深入研究,更加注重对特定现象或群体的深入理解。量化研究则通常采用随机抽样来确保样本的代表性和广泛性,注重对总体规律的揭示和预测。通过随机抽样,可以减少样本选择偏差,提高研究的信度和效度。

5. 对现象与本质关系的看法不同

质性研究将世界看作是一个复杂多元的"洋葱",现象与本质之间是紧密相连、互为影响的,研究更注重对现象本身的深入理解和解释。量化研究则更倾向于将世界看作是一个可以通过数据和统计分析来揭示其规律的"核桃",现象是表面的"壳",而本质是隐藏在内部的"核",研究的目的在于透过现象看本质。

6. 研究资料搜集方法不同

质性研究主要通过深度访谈、参与观察、实物分析等方法来收集定性的数据,侧重于对研

[①] 杜丽丽,方平. 量化研究与质性研究的认识论、方法论比较:兼论研究生研究能力的全面培养[J]. 研究生教育研究,2015(2):28-33.

[②] MEHRAD A, ZANGENEH M H T. Comparison between qualitative and quantitative research approaches:Social sciences[J]. International Journal for Research in Educational Studies,2019,5(7):1-7.

究对象的描述和解释。量化研究则主要通过问卷调查、实验设计等量化方法来收集数据,这些数据可以进行统计分析,以揭示变量之间的关系。

7. 研究过程不同

质性研究的研究过程更加灵活,允许研究者在研究过程中根据实际情况调整研究方向和方法,特别适合进行探索性和解释性研究。量化研究则遵循标准化的研究程序,包括假设提出、数据收集、数据分析和假设检验等步骤,更加适合验证性和预测性研究。

8. 研究者与研究对象关系不同

质性研究的研究者与研究对象之间关系更为紧密和互动,研究者也需要与被研究者建立信任关系,以便获取更加真实而深入的研究资料。量化研究的研究者与研究对象之间关系较为疏远,研究者更倾向于保持中立和客观的态度,以确保研究数据的客观性和准确性。

9. 研究结论表述形式不同

质性研究的结论多以文字描述为主,通过详细的叙述和解释来展现研究结果,这使得其结论更加具有深度和丰富性。量化研究的结论则主要通过数据、图表等形式来进行表达,更加直观和简洁,便于人们进行统计分析和比较。

(二)质性研究与量化研究的联系

1. 互补性

质性研究和量化研究在研究目的、情景、结果等方面存在着显著差异,然而正是这种差异使得它们能够相互补充。质性研究通过深度访谈、观察等手段深入探索个体的主观经验和解释,为理解社会现象的复杂性和多样性提供了丰富的定性数据。而量化研究则通过问卷调查、实验等获取大量的量化数据,揭示事物之间的因果关系和一般规律[①]。这两种方法的结合,使得研究者能够既获得深入的个体经验理解,又能进行宏观的统计分析和推断,从而更全面地认识教育现象。

2. 三角验证

三角验证是一种通过多种方法或数据来源来验证研究结果的有效策略。在质性研究和量化研究中,三角验证的应用能够显著提高研究的信度和效度。具体而言,研究者可以通过比较质性研究和量化研究的结果,检验其一致性和稳定性。如果两种方法得出的结论相互支持,那么研究的可信度将得到增强。当然,如果质性研究和量化研究的结果出现偏差,三角验证也可以帮助研究者识别并纠正可能存在的偏差。

3. 整合分析

整合分析是指将质性研究和量化研究的结果进行综合考量,以得出更加全面而准确的结论。这种分析方法有助于发现新的研究问题、提出新的理论观点或完善现有的理论体系。通

---

① 宋萑. 质性研究的范式属性辨[J]. 全球教育展望,2018,47(6):56-66.

过整合分析,研究者可以充分利用质性研究和量化研究的优势,从多个角度全面审视社会现象。同时,整合分析还有助于推动跨学科的研究合作,促进不同领域的知识交流和融合。

第五节 混合研究

随着教育研究的深入推进,传统单一的量化或质性研究方法已无法满足探究复杂教育问题的需要,混合研究作为一种融合了量化和质性研究优势的研究方法应运而生。混合研究能够更好地理解和解决教育研究中的复杂问题,推动教育研究工作的持续创新与发展。本节我们将引导大家探讨混合研究的含义、特征与价值,并介绍混合研究的几种常见设计类型,然后分析混合研究在教育研究中的实际运用,希望能对大家运用混合研究有所启发。

➤ 一、混合研究概述

(一)混合研究的含义

混合研究的出现,源于社会科学研究的深入与复杂化。在早期,研究者往往只采用单一的定性或定量研究方法。然而,随着研究问题的日益复杂,单一方法往往难以全面揭示现象的本质。例如,在田野调查中,人类学家可能通过观察和访谈收集定性数据以理解某一社区的文化特征。但研究者同时也意识到,为了更加准确地描述和理解这些文化特征,还需要定量的研究数据来提供更为客观、可比较的数据[1]。因此,混合研究应运而生,它融合了量化和质性研究的优势,以便更加全面而深入地探讨研究问题。

顾名思义,混合研究是一种结合了量化研究和质性研究的研究方法。它不仅仅是两种方法的简单叠加,更是根据研究问题的需要,有针对性地选择和整合量化与质性研究这两种研究方法[2]。混合研究旨在通过多角度、多层次的数据收集和分析,以获取更全面、更丰富的研究结果。混合研究的优势在于其灵活性和综合性,研究者可以根据研究工作中的实际,适时调整研究策略和方法,以求最大限度地揭示研究对象的本来面目。

(二)混合研究的特征

1. 研究方法的多样性和互补性

混合研究最为显著的特点就是其研究方法的多样性,它同时采纳了质性和量化两种研究方法。这两种方法各具特色,质性研究能够深入挖掘现象背后的意义,量化研究则能精确度量变量之间的关系[3]。它们的结合使用,不仅丰富了研究手段,还使得研究结果更加全面和深入。此外,这两种方法之间存在互补性,质性研究为量化研究提供理论背景和假设,而量化研

---

[1] 臧雷振.政治社会学中的混合研究方法[J].国外社会科学,2016(4):138-145.
[2] 尤莉.第三次方法论运动:混合方法研究60年演变历程探析[J].教育学报,2010,6(3):31-34.
[3] ÖSTLUND U, KIDD L, WENGSTRÖM Y, et al. Combining qualitative and quantitative research within mixed method research designs: A methodological review[J]. International Journal of Nursing Studies, 2011,48(3):369-383.

究的结果又能验证质性研究的发现,两者相辅相成,共同构成了混合研究的坚实基础。

2. 研究数据的三角验证

混合研究强调通过多种来源和方法收集数据,进行三角验证,以提高研究的信度和效度。这意味着除问卷调查、实验数据等量化数据外,还包括访谈记录、观察笔记等质性研究数据[①]。这些数据之间可以相互印证,以确保研究结果的准确性和可靠性。从某种程度上来说,三角验证犹如从多个角度去审视同一个教育现象,每个角度都提供了对教育现象的不同理解,综合这些理解,研究者就可以得到一个更加全面而深刻的认识。

3. 研究过程的动态性和灵活性

混合研究具有动态性和灵活性的特点,研究者可以根据研究的实际情况,随时调整研究策略和方法,以应对可能出现的新情况。例如,在质性研究中发现的新情况,可能会导致研究者调整量化研究设计,以便更加精确地测量相关变量。这种动态性和灵活性使得混合研究能够更好地适应复杂多变的研究环境,从而得出更加准确的研究结论[②]。

4. 研究结果的整合性分析

混合研究需要研究者将通过质性和量化研究方法收集到的数据进行综合分析,以得出全面而深入的研究结论。整合性分析不仅要求研究者具备扎实的理论基础和丰富的实践经验,还需要他们具备跨学科的知识和视野。通过整合性分析,研究者可以更加全面地理解研究现象,揭示其背后的深层机制。

(三)混合研究的价值

1. 提高研究的全面性和深度

混合研究融合了量化与质性研究方法,从而能够更全面地探索教育现象。例如,在研究学生学习动机时,质性访谈可以深入了解学生的内心想法和感受,而量化分析则能揭示学习动机与学习成绩之间的具体关系。这种综合方法不仅让研究者知道学生为什么学习,还能准确测量学习动机对学业成就的影响,从而更全面地理解学习动机的重要性。

2. 增强研究的信度和效度

混合研究通过多种方法收集数据,实现数据间的相互验证,进而提升研究的信度和效度[③]。以评估教育政策效果为例,量化调查可以广泛收集大量学生的反馈,而质性访谈和观察则能深入揭示政策实施过程中存在的实际问题和面临的挑战。两者结合,不仅能反映政策的普遍效果,还能揭示其背后的复杂性和多样性,使研究结果更具说服力。

---

① MCKIM C A. The value of mixed methods research: A mixed methods study[J]. Journal of Mixed Methods Research,2017,11(2):202-222.

② 姚计海.教育实证研究方法的范式问题与反思[J].华东师范大学学报(教育科学版),2017,35(3):64-71.

③ WATKINS D, GIOIA D. Mixed methods research[M]. Oxford: Oxford University Press,2015:17-26.

3. 适应复杂多变的研究环境

教育环境是复杂多变的,混合研究的灵活性能更好地适应这种环境。比如,在研究在线教育效果时,质性的个案研究和量化的数据分析可以结合使用。个案研究能深入理解不同学生的学习体验和面临的挑战,而数据分析则能揭示在线学习的普遍效果和影响因素。这种灵活性使得研究能够更准确地反映在线教育在多变环境中的实际效果[1]。

4. 推动跨学科的研究融合

混合研究有助于融合不同学科的理论和方法,为跨学科研究提供支持。以教育心理学和教育技术学的交叉研究为例,研究者可以通过混合研究,同时运用心理学的理论和方法来深入探讨学生的学习过程和认知发展以及运用技术学的知识来设计和优化教育工具。

二、混合研究的几种常见设计类型

(一)解释性设计

解释性设计通常先使用量化研究方法来收集和分析数据,以揭示变量之间的关系和趋势。然后,再使用质性研究方法来深入理解和解释量化研究结果背后的意义[2]。这种设计类型能够帮助研究者既获得宏观的统计数据,又能够捕捉到参与者的主观体验和观点。

例如,假设研究者想要了解某种新的教学方法对学生学习成绩的影响。研究者首先可能会通过量化研究,比如一个大规模的实验或问卷调查,来测量学生在使用新方法前后的学习成绩变化。然后,研究者会进行质性研究,如深入访谈或课堂观察以理解学生对新方法的接受程度、学习态度变化以及教师在教学中遇到的挑战等。

(二)探索性设计

探索性设计通常先使用质性研究方法进行初步的探索,然后基于质性研究的结果,设计和开展量化研究,以进一步验证和深化理解。可以说,这种设计类型特别适用于那些尚未完全明确或新兴的研究领域和问题。

例如,假设研究者对一种新的教育理念感兴趣,研究者可能会首先通过质性研究,如与教师和学生进行深入交流,以了解他们对这一理念的看法、实施中可能遇到的困难等。基于这些质性研究数据,研究者可以构建出一个教育理念影响因素的初步模型,然后通过后续的量化研究如问卷调查来优化和验证该模型。

(三)聚敛式设计

聚敛式设计是质性和量化研究同时进行,相互补充,从而达到全面、准确地理解研究现象的目的。可以说,在聚敛式设计中,质性和量化研究是同时进行的,而非像序列设计中那样有

---

① 张绘.混合研究方法的形成、研究设计与应用价值:对"第三种教育研究范式"的探析[J].复旦教育论坛,2012,10(5):51-57.

② 张立平,陈向明.质性研究的迷思与澄清[J].中国远程教育,2024,44(2):62-78.

明显的先后顺序①。

例如,假设研究者想要全面了解某种新的教学方法对学生学习效果的影响。采用聚敛式并行设计,研究者可以同时进行质性访谈和量化问卷调查。首先,通过访谈了解学生对新方法的直观感受、学习过程中的挑战等;而通过问卷调查则可以广泛地收集学生的学习成绩、学习态度等数据。其次,将这两种研究的结果进行有机整合,从而得出更全面、准确的研究结论。

(四)嵌入式设计

嵌入式设计是指在混合研究中,某一类型的资料扮演主要角色,另一类型的资料则提供支持型、次要角色的设计②。嵌入式设计分为两种情况:一种是以量化研究为主,嵌入质性研究;另一种是以质性研究为主,嵌入量化研究③。

例如,为了评估一项新的在线学习平台对学生学习效果的影响,研究者采用了嵌入式设计。研究者以量化研究为主,通过随机对照试验收集实验组和对照组学生的成绩数据,利用统计软件进行客观分析。同时,为了更深入地了解学生对平台的真实体验和看法,研究者还嵌入了质性研究,选择实验组中的代表性学生进行访谈。这种设计不仅提供了宏观的学习成绩提升证据,还揭示了学生在使用平台过程中的具体体验和感受,为教育技术的改进提供了有益的反馈。

三、混合研究在教育研究中的运用

(一)混合研究在教育研究中的几种应用场景

混合研究在教育研究中的应用场景较多,下面简要地列举几种常见的应用场景。

1.复杂性教育问题的深入探讨

当面临复杂的教育问题时,如学生学习积极性下降、教育资源分配不均衡等,这些问题往往涉及多方面的因素,既有客观的条件制约,也有主观因素的影响。在此情况下,混合研究可以综合质性和量化两种研究方法,深入剖析此类教育问题的本质。例如,通过质性访谈了解学生、教师和家长的真实想法,再结合大规模的问卷调查,用数据揭示问题的普遍性和严重性。这种综合方法能够更全面地理解和解决复杂性教育问题④。

---

① 刘冬.质性、量化方法论融合对社会工作的意义[J].哈尔滨工业大学学报(社会科学版),2019,21(4):72-78.
② 徐建平,张雪岩,胡潼.量化和质性研究的超越:混合方法研究类型及应用[J].苏州大学学报(教育科学版),2019,7(1):50-59.
③ 张绘.混合研究方法的形成、研究设计与应用价值:对"第三种教育研究范式"的探析[J].复旦教育论坛,2012,10(5):51-57.
④ 刘冬.质性、量化方法论融合对社会工作的意义[J].哈尔滨工业大学学报(社会科学版),2019,21(4):72-78.

2.开发新的测量工具

在教育研究中,混合研究在开发新的测量工具时发挥着重要作用。首先,通过质性研究,如焦点小组讨论或深度访谈,收集目标群体的意见和反馈。其次,基于这些信息,设计出初步的测量工具。再次,运用量化研究对研究工具进行大规模测试,验证其信度和效度。最后,根据量化研究的结果,对工具进行必要的修订和完善。

3.小群体研究成果的推广

在教育研究中,有时需要先对一个小群体进行深入研究,然后再将研究结果推广到更广泛的群体。混合研究可以提高这种推广的可靠性。通过对小群体进行深入的质性研究,研究者可以获取丰富而详细的信息。然后,结合量化研究,研究者可以测试这些发现在更大样本中的普遍性。可以说,这种方法使从小群体获得的研究结果具有了推及普遍的可能[①]。

4.验证和完善理论模型

质性研究可以帮助研究者深入理解模型中的各个构念以及它们之间的关系,而量化研究则可以通过大样本数据来检验模型的预测力和解释力。例如,在研究学生学习动机的理论模型中,质性研究可以揭示动机的来源和影响因素,而量化研究则可以验证这些因素对学生学习成绩的实际影响。

5.教育政策绩效评估

质性研究可以深入了解政策实施过程中存在的问题和面临的挑战以及政策受益者的真实感受和需求。量化研究则可以通过大数据分析来客观评估政策的实际效果和影响。例如,在评估一项旨在提高基础教育质量的政策时,质性研究可以揭示教师和学生对政策的态度和看法,而量化研究则可以分析政策实施前后学生学习成绩的变化情况。这种综合评估方法为政策制定者提供了宝贵的反馈信息,从而有助于评估和优化教育政策举措。

(二)在教育研究中进行混合研究的注意事项

1.明确混合研究的目的与设计

混合研究的独特性在于它结合了质性和量化两种研究方法,从多角度、多层次全面地探索教育现象。因此,在研究设计之初,就要明确混合研究的目的,即为什么要采用混合方法以及期望通过这种方法得到哪些单一方法无法获取的信息。同时,研究者需要精心设计研究方案,确定质性和量化研究的比例、顺序和实施方式,以确保两者能够相互补充,共同揭示教育研究问题的本质。

2.保持方法的连贯性和整合性

在混合研究中,质性和量化方法不是简单的相加,而是需要有机的融合。这就要求研究者在研究过程中要确保质性和量化数据在收集、分析和解释上能够相互印证、互为补充。同时,

---

① 朱迪.混合研究方法的方法论、研究策略及应用[J].社会学研究,2012,27(4):146-166.

研究者还需要具备方法整合的能力，能够将不同来源、不同类型的数据进行有效的整合，从而得出更加全面和深入的研究结论。

3. 注重数据的质量与可信度

在收集研究数据时，研究者需要采用科学而规范的收集方法，确保数据的真实性和准确性。同时，在数据处理和分析过程中，也需要采用恰当的统计方法和分析工具，以提取有价值的信息，并减少误差和偏见的影响。

4. 关注研究的伦理与道德问题

在混合研究过程中，研究者应尊重参与者的知情权和隐私权，避免对其造成不必要的困扰或伤害。同时，研究者还需要对研究结果进行客观、公正的报告和解释，以避免误导公众或产生不良的社会影响。

复习与思考题

1. 请简述教育研究方法的概念，并讨论它在教育研究中的重要性。
2. 教育研究方法有哪些主要功能？请列举并解释。
3. 思辨研究在教育研究中有何应用价值？请谈谈你的看法。
4. 量化研究和质性研究有何区别？请简述它们各自的特点和适用场景。
5. 什么是混合研究？它在教育研究中有哪些常见的设计类型？
6. 质性研究在教育研究中有哪些常用的方法？请列举并简要说明。
7. 谈谈你对当前教育研究方法发展趋向的理解，并预测未来可能的变化。
8. 在进行教育研究时，如何选择合适的研究方法？请给出你的建议。
9. 混合研究在教育研究中有哪些应用场景？请结合实际案例进行讨论。
10. 量化研究和质性研究在教育研究中各有哪些局限性，如何应对这些局限性？
11. 请比较解释性设计、探索性设计、聚敛式设计和嵌入式设计这四种混合研究设计的异同。
12. 在教育研究中进行混合研究时，需要注意哪些事项？请详细说明。
13. 结合本章内容，谈谈你对教育研究方法选择和应用的理解。

第六章

教育观察法

 内容提要

在教育研究中,教育观察法能够真实而自然地捕捉教育现场的实际情况,为研究者提供丰富的实证数据。同时,通过观察学生的行为和学习过程,有助于教师和教育者深入理解学生的需求,进而优化教学方法,提升教育质量。本章我们将引导大家来学习教育观察法。首先,我们将探讨教育观察法的概念、类型及其优缺点。然后,我们将引导大家来了解教育观察法的实施步骤。在此过程中,我们会重点介绍几种常用的教育观察记录方法,如描述性观察法、取样观察法和评定观察法等。希望通过本章的学习,能提高大家运用观察法进行教育科学研究的能力。

学习目标

1. 准确理解教育观察法的概念及其在教育研究中的重要性。

2. 明晰教育观察法的类型,包括自然观察与实验室观察、系统观察和局部观察等,理解每种类型的适用场景。

3. 深入了解教育观察法的优势和局限性,以便在实际应用中做出恰当选择。

4. 熟悉教育观察法的实施步骤,包括观察前的准备、实施现场观察、观察资料的整理与分析以及观察研究报告的撰写等。

5. 掌握描述性观察法、取样观察法和评定观察法等几种常用的教育观察记录方法,并能根据实际需求选择合适的记录方法。

6. 通过实例学习,了解观察法在教育研究中的实际运用,提升研究者运用观察法进行教育研究工作的能力。

情境案例

李老师是N市一所小学的老师,她发现学生在课堂上的参与度差异很大,有的学生积极参与,而有的学生则显得较为被动。为了更加深入地了解学生在课堂上的行为表现,弄清楚这些行为背后的潜在原因,李老师决定采用观察法进行研究。

李老师选择自然观察法,在不干扰学生正常学习的情况下,对学生的课堂行为进行记录。她特别关注学生的参与度、互动程度、注意力集中程度等方面的情况。通过几天的观察,李老师收集到了大量的实证研究资料。

在观察过程中,李老师发现了一些有趣的现象。比如,当课堂内容比较有趣时,学生的参与度会明显提高;而当课堂内容枯燥或难以理解时,学生的注意力就容易分散。同时,她还注意到,学生之间的互动对参与度具有显著影响。

基于这些观察结果,李老师对自己的教学方法进行了反思和调整。她开始更加注重课堂内容的趣味性和互动性,以激发学生的学习兴趣。同时,她尝试鼓励学生之间进行合作与交流,以提高学生整体的课堂参与度。

经过一段时间的实践,李老师发现学生的课堂参与有了明显提升,学生的学习效果也随之得到改善。

评析:本案例展示了观察法在教育实践中的重要作用。通过自然观察,李老师在真实、自然的学习环境中捕捉到了学生在课堂上的行为表现,也发现了其行为背后的潜在原因。这为李老师提供了宝贵的实证数据,帮助她更加准确地把握了学生的学习状态和原因所在。

这一案例不仅体现了观察法在教育研究中的重要性,也展示了教师在教学实践中如何运用观察法来优化教学效果和提升学生学习体验。本案例启示我们,在教育研究中,教育观察法作为一种常用的研究方法,能够帮助我们更加深入地理解教育现象和问题,也为教育实践的改进和创新提供了强有力的支持。

第一节 教育观察法概述

教育观察法在教育研究中扮演着至关重要的角色,它能够真实、自然地记录教育现场,为研究人员提供丰富的实证数据,从而更深入地理解学生行为、学习环境以及教学方法的有效性,为教育改进和创新提供科学依据。那么,什么是教育观察法呢?教育观察法有哪些常见类型?其有何优势和局限性呢?下面,让我们带着这些问题,来学习本节内容。

➤ 一、教育观察法的概念

(一)教育观察法的含义

教育观察法是指教育研究者运用自己的感官或借助仪器设备,在自然条件下,有目的、有计划地对研究对象进行全面、系统的考察、记录和分析,以获取有关研究对象的事实资料,并在此基础上开展教育研究工作的一种研究方法。

可以说,教育观察法需要研究者借助自己感官或其他辅助工具,在自然条件或特定情境下,对研究对象进行细致、系统的观察和记录。这种方法的核心在于"观察",即研究者以一种非干预的方式,捕捉并记录被观察对象的行为、状态或变化。教育观察法在实施过程中强调自然性和客观性,即研究者应尽量避免对被观察对象产生干扰,以保证观察结果的真实性和可靠性。同时,教育观察法也要求教育研究者具备敏锐的观察力和扎实的记录能力,以便准确捕捉并记录研究对象的每一个细节变化。通过这些细致的观察和记录,教育研究者可以进一步分析、解读研究对象的行为模式和预测其发展趋势,从而为教育决策提供科学依据。

在教育研究中,教育观察法常被用于深入了解学生的学习行为、教师的教学方式以及课堂的互动模式等,从而为教育理论构建和实践改进提供实证依据。通过教育观察法,研究者可以获取真实、自然的教育现场数据,从而揭示教育现象背后的规律和影响因素。

(二)教育观察法的特征

1. 自然性

教育观察法强调在自然状态下进行研究,即不对被观察对象施加额外的人为干预或控制。这种自然性保证了观察结果的真实性和生态效度,使得研究者能够了解到被观察对象在实际情况下的真实表现和行为模式[①]。

2. 系统性

教育观察法要求研究者进行全面而系统的观察,这不仅包括对被观察对象的行为、语言、情绪等进行全面记录,还需要关注其与环境、他人的互动情况。系统性观察有助于揭示被观察对象的整体特征和规律,为后续的数据分析和理论构建提供丰富的实证材料。

3. 客观性

教育观察法强调观察的客观性,即研究者应尽可能减少个人主观偏见对观察结果的影响。这要求研究者在观察过程中要保持中立态度,严格遵循预定的观察计划和程序进行记录和分析。可以说,客观性有助于提高教育研究工作的信效度,使得观察结果更加具有说服力。

4. 直接性

教育观察法允许研究者直接接触被观察对象并获取第一手资料。直接性使得研究者能够直观地了解被观察对象的实际情况和问题所在,为后续的深入研究提供有力支持。在教育研究中,直接观察学生的学习行为和教师的教学实践对于理解和改进教育过程具有重要意义。

5. 灵活性

教育观察法可以根据研究目的和实际情况进行调整和优化。例如,在教育研究中,研究者可以根据不同的研究对象、研究环境和研究目标选择合适的观察工具、观察时间和观察方式等。这种灵活性使得观察法能够更好地适应复杂多变的教育实践和研究需求。

▶ 二、教育观察法的类型

教育观察法的类型较多,根据不同的划分标准,教育观察法可以分为不同的类型。下面我们将介绍几种最常见的类型。

---

① 茹荣芳.学前教育研究方法[M].北京:清华大学出版社,2021:58.

(一)根据观察的情境和条件进行分类

根据观察的情境和条件,教育观察法可以分为自然观察与实验室观察[①]。

自然观察通常是指被观察者处于自然情境中所进行的有系统、有计划的观察,往往不需要对被观察者的行为进行人为干预或控制。例如,观察者可以在被观察者日常生活的家庭、工作场所、学校等环境中进行观察,记录他们的行为、语言、情绪等。自然观察的优点在于能够获取到被观察者在真实生活中的自然表现,从而获得更加真实可靠的数据。然而,自然观察也可能会受到环境噪音、时间限制、观察者主观偏见等因素的影响[②]。

实验室观察则是在经过人为设定的实验条件下所进行的观察。研究者会通过控制实验的变量,设计特定的实验情境,以激发被观察者的特定行为或反应。例如,在教育心理学研究中,研究者可能会将被观察者置于一个特定的实验室内,通过给予不同的刺激或任务,观察他们的反应和行为表现。实验室观察的优点在于能够更好地控制实验条件和变量,从而更加准确地测量和研究特定行为或反应[③]。然而,实验室观察也可能会受到实验环境与现实生活脱节、被观察者在实验中表现出的压力和焦虑等因素的影响。

(二)根据观察的范围与焦点进行分类

根据观察的范围与焦点进行分类,教育观察法可以分为系统观察和局部观察。

系统观察强调全面而整体地了解所观察的研究对象,需要预先制订周密的计划,并可能需要经过一个较长时间的观察。这种观察方法目的在于获取关于研究对象各个方面的全面信息,包括其组成部分、相互关系以及在不同情境下的表现。系统观察通常需要研究者对所观察的对象或现象有深入的了解,并可能需要进行详细的记录和分析。

局部观察侧重于了解研究对象的某个特定方面或局部情况,以获得有关局部问题的认识。这种观察方法更加关注深入、细致地了解研究对象的某个特定方面。局部观察可能涉及对研究对象的一部分或某个特定方面进行深入、细致的考察,例如对其行为、言语、情感反应等方面的观察。

可以看出,系统观察和局部观察的区别在于它们的关注点和范围不同。系统观察追求全面、整体地了解研究对象,而局部观察则侧重于深入、细致地了解研究对象的特定方面。选择哪种观察方法,取决于研究者的目的和研究设计。

(三)根据观察者融入情境的差异进行分类

根据观察者融入情境的差异,教育观察法可以分为参与式观察和非参与式观察两种。

参与式观察(participant observation)是指研究者深入研究对象所处的教育生活情境中,在实际参与研究对象日常生活的过程中所进行的隐蔽性观察。在这种方法中,研究者不仅作为观察者存在,更是积极地参与到被观察对象的日常生活和教育教学中。研究者成为环境的

[①] 茹荣芳.学前教育研究方法[M].北京:清华大学出版社,2021:57-58.
[②] 侯怀银.教育研究方法[M].2版.北京:高等教育出版社,2018:100.
[③] 王彩凤,庄建东.学前教育研究方法[M].北京:北京师范大学出版社,2011:72.

一部分,与研究对象积极进行互动,从而深入地了解研究对象的文化、习惯和行为模式。例如,研究者可以作为助教或实习教师进入课堂,与学生一起参与课堂活动,观察并记录师生互动、教学方法、课堂氛围等情况。通过这样的深入参与,研究者可以获得关于教学过程、学生学习态度、教师教学策略等方面的真实数据。

相应地,非参与式观察(non-participant observation)是指观察者不介入观察对象的活动,不干预其发展变化,以局外人和旁观者的身份所进行的观察。这种方法的优势在于客观性和中立性,由于观察者并不直接参与被观察者的活动,因此能够更为公正和准确地记录和解读所观察到的现象[1]。然而,这种方法的局限性在于观察者往往只能获取表面的、较为浅显的信息,而难以深入了解被观察对象的内心世界和深层次的行为动机。

(四)根据是否通过中介物进行分类

根据是否通过中介物进行分类,教育观察法可以分为直接观察和间接观察两种。

直接观察是指观察者直接通过感官对研究对象进行观察,例如通过目视、耳听、手摸等方式获取信息。这种方法不需要借助任何中介物,观察者直接与研究对象接触,因此可以获得真实、直接的感受和体验[2]。直接观察的优势在于能够获得一手研究资料,但观察者可能会受到主观偏见、时间限制等因素的影响。

间接观察则是指观察者通过借助一定的中介物对研究对象进行观察,例如通过仪器设备、录像设备等方式获取信息。这种方法可以利用某些设备进行观察,能够获得更加全面、准确的观察结果。间接观察的优势在于可以克服时间、空间等限制因素。

(五)根据观察是否有严格设计进行分类

根据观察是否有严格的设计,教育观察法可以分为结构性观察和非结构性观察。

结构性观察是指对观察的内容、程序、记录方法等都进行了比较细致的设计和考虑,观察时基本上都按照设计的步骤进行,观察的记录结果也适合进行量化处理。这种观察多用于验证性研究,通常采用量化的方法进行数据处理和分析,以便进行比较和量化研究。

非结构性观察事先没有严格的设计,比较灵活,可以根据观察过程中发现的现象进行选择性观察,而不必受设计的条条框框限制,但是其结果往往难以进行量化处理,适合于教师获取日常教育、教学等方面的信息和对儿童身心发展各种特点的认识,通常用于定性研究或探索性研究。

(六)根据观察记录方式进行分类

根据观察记录方式的不同,教育观察法可以分为描述性观察法、取样观察法、评定观察法。

描述性观察法是一种对被观察者行为进行全面而深入描述的观察方法。它侧重于记录被观察者的具体行为,包括其言语、行为、情感等各方面的表现[3]。该方法特别强调对被观察行

---

[1] 茹荣芳.学前教育研究方法[M].北京:清华大学出版社,2021:57.
[2] 侯怀银.教育研究方法[M].2版.北京:高等教育出版社,2018:100.
[3] 张艳.中小学教师怎样进行课题研究(六):教育科研方法之教育观察法[J].教育理论与实践,2008(17):39-41.

为的详细记录,以便进行后续分析和解释。它通常用于质性研究中,主要包括日记描述法、轶事记录法和实例描述法等三种类型。

取样观察法是指在特定时间段内,对被观察者的特定行为或事件进行观察和记录的一种观察方法,包括时间取样观察法和事件取样观察法两种。它侧重于对被观察者的代表性行为或事件进行观察和记录,以便对其行为特征和规律进行分析。取样观察通常采用随机抽样的方式,以增加观察结果的客观性和科学性。

评定观察法是一种对被观察者的行为进行评估和判断的观察方法,主要包括等级评定法和检核表法两种,常用于量的研究中。它侧重于根据一定的评价标准,对被观察者的行为进行评估和判断,以便对其行为特征和规律进行分析。评定观察法通常需要制定明确的评价标准,并根据这些标准对被观察者的行为进行评估和判断。

三、教育观察法的优势与局限性

(一)教育观察法的优势

1. 资料来源真实、直接

通过实地观察,研究者能够直接接触到被观察对象,无须经过中间环节或第三方转述。这种直接的观察方式保证了资料的原始性和真实性,避免了信息传递过程中的失真或误解。观察所得的资料往往能够更准确地反映实际情况,为研究者提供可靠的第一手资料。

2. 收集资料的功能强大

教育观察法不仅可以记录被观察对象的外在行为,包括动作、表情、语言等,还能捕捉到环境细节、非语言行为以及情感反应等。这种方法的全面性和深入性,使得研究者能够获得丰富、多维度的数据,从而更全面地了解被观察对象。

3. 适用范围广泛

无论是研究学生的学习过程、行为习惯,还是评估教师的教学方法和课堂互动,观察法都发挥着不可或缺的作用。通过深入教育现场,研究者可以真实、直接地观察和记录教育现象,从而更好地理解学生的学习需求和教师的教学风格。同时,观察法还能帮助教育者发现教学实践中存在的问题,为改进教学方法和提升教育质量提供有力的依据。

4. 启发新的研究思路

教育观察法有时能让研究者发现一些预先未考虑到的问题或现象,这些新发现可能与研究者的初始假设不符,但却可能为后续研究提供新的思路或方向。观察法的这种启发性使得研究者能够不断拓宽研究视野,发现新的研究问题,推动科学研究的深入发展。同时,这也要求研究者具备敏锐的观察力和开放的研究态度,以充分利用观察法的这一优势。

(二)教育观察法的局限性

1. 样本容量较小

观察法往往需要研究者花费大量时间进行深入的观察和研究,以便获取真实、可靠的资料。因此,观察法的样本容量往往较小,从而影响了研究结论的普遍性和推广性。

2. 易受时间和观察对象等方面限制

通常,某些事件的发生是有一定时间限制的,过了这段时间就难以再观察到。同时,观察法也需要观察对象的配合;否则,会降低研究资料的可信度。如果观察人员进入现场不受欢迎或有其他障碍,则无法使用。

3. 存在观察者效应和观察者偏差

教育观察法容易受到观察者感情色彩和"先入为主"的成见的影响,观察者的主观偏见可能会影响到观察结果的客观性。实际上,观察者的感知能力、认识能力、文字表达能力等各方面均会对观察法产生一定的影响。

4. 无法观察人的内部心理过程

教育观察法主要关注可观察的行为和环境因素,但无法直接观察到被观察者的内部心理过程,如思考、感受或意图等,这限制了观察法在探究深层次心理或认知过程中的应用。

第二节 教育观察法的实施步骤

在教育研究中,教育观察法的实施需要按照一系列精心设计的步骤才能完成。从观察前的准备工作,到实施现场观察,再到观察资料的整理与分析,最后到撰写观察研究报告,每一步都要求研究者要严谨细致,以确保所收集信息的准确性和研究结论的可靠性。

➢ 一、教育观察前的准备工作

(一)明确观察问题

在教育研究中,研究者首先需要明确想要通过观察了解的具体问题。明确观察问题有助于我们聚焦研究目标,避免收集到无关或冗余的数据。通常来说,观察问题往往是由研究问题所决定的,然而研究问题往往涉及的是一组行为表现与相关事件,因此,研究者首先要对观察的问题进行操作性定义,把它分解为一系列可以观察到的行为事件。下面是研究者对幼儿攻击性行为的操作性定义,如表 6-1 所示。

表 6-1 幼儿攻击性行为

序号	类别	行为表现
1	身体攻击	推搡、拳击、脚踢、拉扯、掐捏或用其他物体伤害他人
2	言语攻击	辱骂、嘲笑、威胁或使用贬低性语言对他人进行攻击
3	占有攻击	抢夺或霸占他人的玩具、食物或其他物品,拒绝分享
4	排斥行为	孤立、排挤或拒绝与其他幼儿一起玩耍或合作
5	破坏行为	故意损坏他人物品,破坏公共设施或环境

通常来说,只有当研究者对所要观察的行为进行详细分类并对每个具体行为或事件进行全面而详尽的描述后,研究者才能准确地把握观察问题的核心,从而确保研究工作的顺利开展。此外,在某些研究中,根据研究目标的要求,研究者不仅需要关注观察对象的行为类型,还需要深入探讨这些行为在水平或程度上的差异。因此,研究者在对观察问题各个类别提供操作性定义的同时,还需要对同一类别的观察问题进行等级划分,并给出相应的操作性定义,以便其更加精准地分析和理解被观察对象的行为表现。

(二)选择合适的观察方法和途径

在选择合适的观察方法和途径时,观察者应充分考虑研究目的、观察对象的特性以及自身的条件和观察环境。这些因素共同决定了采用何种观察方法以及通过什么途径来进行观察。

首先,根据研究目的的不同,观察方法也会有所差异。如果研究是探索性的或理论建构的,那么观察者可能更倾向于采用定性的、非结构的、开放的观察方法。此类方法灵活性高,能够捕捉到更多细节和深层次的信息。相反,如果研究目的是验证性的或理论证明的,那么定量的、结构的、封闭的观察方法可能更为合适,它们能够提供更加精确和可量化的数据。

其次,观察者的身份和条件也是选择观察途径的重要考虑因素。例如,如果观察者是研究团队的一员,并且能够与观察对象建立亲密关系,那么参与式观察可能是一个不错的选择。通过深入参与观察对象的活动,观察者可以获得更加真实而自然的数据。如果观察者无法与观察对象建立这种亲密关系或者观察环境不允许长时间的参与,那么非参与式观察可能更为合适。非参与式观察可以在不影响观察对象自然行为的情况下收集研究数据。

最后,在选择观察方法时,必须充分考虑观察对象的特性。例如,若观察年幼儿童,其注意力容易分散且行为多变,则适合采用参与式观察以更自然地融入其活动并捕捉真实行为;而对于年龄较大的学生,他们的行为更为自主和复杂,可能更适合使用非参与式观察,以避免观察者效应。此外,若研究对象具有特殊需求或处于特定环境,还需考虑使用隐蔽观察或利用技术设备进行远程监控。可以说,选择观察方法要充分考虑观察对象的年龄、性格、行为习惯以及所处环境等因素,以确保观察的准确性和有效性。

(三)制订观察计划

在教育研究中,制订详细的观察计划是至关重要的。一份科学的观察计划能够确保研究的系统性、科学性和有效性,从而为后续的数据收集和分析奠定坚实基础。在制订观察计划时,研究者需要考虑多个方面,包括观察的目的、对象(如特定的学生群体或教师)、时间(如具体的日期、时间段或持续多久)、地点(如在哪个教室、学校或其他教育环境)、内容(如观察学生的参与度、互动频率等具体行为)、方法以及资料的整理和分析等。以下是一份有关"初中生课堂参与度"的观察计划示例(见表6-2)。

表 6-2　初中生课堂参与度观察计划

初中生课堂参与度观察计划

一、观察目的

通过观察初中生在课堂上的参与度，了解学生的学习态度和兴趣，为改进教学方法提供参考。

二、观察对象

某初中二年级学生。

三、观察时间

每周二和周四的上午第二节课。

四、观察地点

学生所在教室。

五、观察内容

1. 学生上课时的注意力集中情况。
2. 学生回答问题和提问的频率。
3. 学生参与小组讨论的活跃度。
4. 学生课堂笔记和作业完成情况。

六、观察方法

1. 参与式观察：作为教师助理参与课堂，近距离观察学生表现。
2. 非参与式观察：通过教室后方的单向玻璃进行观察。
3. 记录：使用录音笔和摄像机记录课堂情况，以便后续分析。

七、资料整理与分析

1. 对观察记录进行整理，提取关键数据。
2. 使用统计软件对数据进行量化分析。
3. 结合课堂录音和录像进行质性分析，深入理解学生的课堂参与度。

从上面这个初中生课堂参与度观察计划可以看出，观察计划是对观察研究进行的总体规划，对指导研究工作的顺利开展有着非常重要的意义。

(四) 培训观察者

在教育研究中，观察者的专业素养和观察能力对研究结果的准确性至关重要。因此，在观察开始前，需要对观察者进行全面培训。

首先，培训应着重于提高观察者的专业素养，使他们深刻理解观察研究的基本原则和方法论。这包括对观察目的、观察对象、观察环境以及数据收集和分析方法的全面了解。只有具备了这些基础知识，观察者才能在实地操作中做出准确的判断和记录。

其次，培训应强化观察者的实践技能。通过模拟观察场景，观察者可练习观察技巧，如快速记录、准确判断等。这种实践训练不仅能够帮助观察者熟悉操作流程，还能在实际观察中提升其应对各种突发情况的能力。

最后，培训还应注重培养观察者的职业道德和责任心。观察者需要明白，他们的每一次记录都可能对研究结果产生重大影响。因此,培训中要强调保持客观、公正和中立的态度,避免个人偏见和情感因素对数据收集和分析造成干扰。通过培训,研究者可以确保观察者以高度的专业素养和责任心投入观察研究中,从而保证研究结果的准确性和可靠性。

(五)准备观察工具和设备

准备观察工具和设备是进行实地观察前不可或缺的一步。这些工具和设备不仅能帮助观察者更加有效地记录和分析数据,还能提高观察的准确性和客观性。

一方面,要根据观察目标和内容,选择合适的观察工具,如记录本、录音笔、摄像机等。记录本用于随时记录观察中的关键信息和初步分析结果,而录音笔和摄像机则可以捕捉现场的声音和画面,为后续深入分析提供素材。在选择这些工具时,要考虑到它们的便携性、耐用性以及易用性,以确保在复杂的实地环境中能够正常工作。另一方面,除了基本的记录工具,还可能需要一些特殊的设备,如望远镜、显微镜或专业测量仪器,以便更精确地观察和分析特定对象或现象。

(六)进行预观察

预观察是在正式观察之前进行的一次或多次试验性观察,其目的在于检验观察计划、工具和设备的有效性以及识别并解决可能出现的问题。预观察是确保正式观察能够顺利进行并获取有效数据的关键步骤。

首先,通过预观察,观察者可以实地检验观察计划和流程的合理性与可行性,帮助观察者发现计划中可能存在的漏洞或不合理之处,从而及时进行调整和完善。

其次,预观察是检查观察工具和设备是否合适的重要机会。在这一阶段,观察者可以测试录音笔、摄像机等设备的性能,确保其在实际环境中能够正常工作,同时检查设备的设置是否能够满足观察需求。如果发现问题,观察者可以在正式观察前进行更换或调整。

再次,预观察能帮助观察者熟悉观察对象和环境。通过实地走访和初步观察,观察者可以了解到观察场所的布局、光线、噪音等环境因素以及观察对象的行为模式和特点。这些信息对于制定更加科学的观察策略和记录方法至关重要。

最后,预观察还能帮助观察者调整自身的状态。实地操作可以让观察者早点进入角色状态,熟悉工作流程,从而在正式观察时更加从容和专注。

➤ 二、实施教育现场观察

(一)进入观察现场

进入观察现场是实施现场观察的首要步骤,这一环节对于整个观察过程的顺利进行至关重要。在进入现场之前,观察者需要做好充分的准备,包括了解现场的基本情况、明确观察目的与任务以及携带必要的观察工具和设备。

一旦进入观察现场,观察者应尽快适应环境,迅速与观察对象建立起良好的人际关系。这有助于观察者获取深入而真实的信息,同时避免不必要的误解和冲突。此外,观察者还应密切关注现场的氛围和动态,以便更好地融入其中[①]。

在现场观察过程中,观察者需要保持高度的警觉性和专注力,随时记录重要信息和关键事

---

① 侯怀银.教育研究方法[M].2版.北京:高等教育出版社,2018:107-108.

件,为后续的观察记录和分析奠定坚实的基础。同时,观察者还应遵循伦理原则,尊重被观察者的隐私和权益,确保观察活动的合法性和正当性。

(二)观察记录

1. 描述性观察法

描述性观察法是一种非实验性的观察方法,它侧重于在自然情境下收集数据,以描述研究对象的行为、特征和状况。在描述性观察中,观察者可以采用不同的记录方法,如日记记录法(持续记录被观察对象的所有行为)、轶事记录法(记录感兴趣且有价值的行为事件)和实况详录法(在一段时间内持续而详细地记录所有行为表现)。这些方法各有特点,适用于不同的研究需求和场景。例如,日记记录法适合于长期追踪研究,轶事记录法适合捕捉特定事件,而实况详录法则能提供关于个体行为的详尽资料。

1)日记记录法

(1)含义。日记记录法,又称为日记描述法,是指研究者以日记的形式,对同一名或同一组观察对象进行长期而连续性的观察,并详细记录其行为表现的一种观察方法。这种方法强调在自然情境下进行长期而深入的观察,以揭示观察对象行为的变化发展过程。

(2)类型。日记记录法有两种类型,一种是综合性日记,另一种是主题日记。

综合性日记通常会全面、详细地记录观察对象在日常生活和学习中的各种活动和行为表现。这包括观察对象的言谈举止、情绪状态、社交互动等各个方面。综合性日记的优点是能够提供关于观察对象全面而丰富的信息,有助于全面了解观察对象的行为模式及特点。然而,这种方法的缺点是记录工作量大,需要观察者具备较高的观察力和记录能力。

与综合性日记不同,主题日记更加聚焦于特定的主题或行为。观察者会选择一个或几个特定的行为或主题进行观察记录,如观察对象的学习习惯、社交技能等。主题日记的优点是能够使研究者对特定行为进行深入研究和分析,更加针对性地了解观察对象在某一方面的表现和发展。然而,这种方法的缺点是可能会忽略观察对象在其他方面的行为表现。

(3)优缺点。日记记录法的优点:一是日记记录法允许研究者进行长期而连续性的观察,能够捕捉到观察对象行为的发展变化过程,从而有助于发现研究对象行为之间的关联和模式。二是由于观察是在自然情境下进行的,没有实验性干预,所收集的资料更加真实、可靠。这有助于研究者了解观察对象在日常生活和学习中的真实状态和行为。三是日记记录法可以根据研究者的需要和兴趣进行调整和修改。研究者可以选择关注不同的行为或主题,从而满足特定的研究目的。

日记记录法的缺点:一是不同观察者可能会对同一行为有不同的解释和理解,从而影响观察记录的客观性和准确性。二是长期而连续的观察需要研究者投入大量的时间和精力。这可能会增加研究者的负担,影响研究的进度和效率。三是由于日记记录法通常关注个别或少数观察对象,因此其研究结果的推广性可能会受到制约。事实上,这种方法更适用于个案研究或深入探索特定行为的研究,而不适用于大样本研究[①]。

以下是一篇关于幼儿社交行为发展的观察日记,如表6-3所示。

---

① 侯怀银.教育研究方法[M].2版.北京:高等教育出版社,2018:110-112.

表6-3 幼儿社交行为发展观察日记

> **观察对象**：小红（小班幼儿）。
> **观察时间**：一个月。
> **观察目的**：记录并分析小红的社交行为发展。
> **观察记录**：
> 　　第一阶段（第1周）：小红刚入园时显得比较害羞，不太愿意与其他小朋友交流。在老师的引导下，小红开始逐渐与其他小朋友互动，但主要是观察他人的活动，自己参与度不高。
> 　　第二阶段（第2周）：小红开始对集体游戏产生兴趣，会在一旁观看，偶尔会加入其中。在老师的鼓励下，小红开始尝试与别的小朋友分享玩具，但仍有所保留。
> 　　第三阶段（第3周）：小红的社交行为有了显著进步，她开始主动加入小组活动，与同伴一起玩游戏。在集体游戏中，小红学会了与同伴协商和合作，共同解决所遇到的问题。
> 　　第四阶段（第4周）：小红现在已经能够很好地融入班集体，与同伴建立良好关系。她开始主动邀请同伴一起玩游戏，分享自己的玩具和经验。当遇到冲突时，小红能够尝试用语言沟通来寻求解决问题，而不是直接哭闹或退缩不前。
> **观察总结**：
> 　　经过一个月的观察，我们可以看到小红的社交行为有了显著进步。她从一开始的害羞、观望，逐渐变为主动、合作，现在已经能够很好地与同伴互动和交流。这个过程中，老师的引导和鼓励起到了促进作用。同时，我们也看到了小红在面对冲突时的成长和进步。

2）轶事记录法

（1）含义。轶事记录法是一种观察并记录个体在自然情境下的典型行为或特殊事件的观察记录方法。它侧重于捕捉观察对象在自然状态下发生的、对研究有价值的行为或事件，如特殊的反应、言语、活动等。这种方法不要求对被观察者的行为进行事先编码、分类或量化处理，而是强调对实际发生的行为和事件进行翔实而客观的记录。通过轶事记录法，研究者可以深入了解被观察者在特定情境下的真实表现，从而为其行为分析提供丰富的实证材料。

（2）优缺点。轶事记录法的优点：一是灵活性高。轶事记录法不受特定时间、情境或步骤的限制，使得观察者能够在各种自然情境下进行观察和记录，无需对被观察者的行为进行人为干预或控制。二是内容丰富。轶事记录法能够捕捉到被观察者在自然状态下的真实行为和反应，为研究者提供生动而丰富的案例材料，有助于深入理解被观察者的行为模式和心理状态。三是操作简便。轶事记录法不需要复杂的设备或技术，只需观察者具备敏锐的观察力和记录能力，即可随时随地进行记录。

轶事记录法的缺点：一是主观性较强。由于记录的内容和方式在很大程度上取决于观察者的判断和选择，因此可能受到观察者主观偏见的影响，导致记录的内容不够客观。二是资料分析难度较大。记录的内容通常是非结构化的叙述性文本，后续的资料整理和分析可能较为复杂和耗时，需要观察者具备较高的数据处理和分析能力。三是代表性受限。所记录的"轶事"可能只是个别行为或事件的片段,难以全面反映被观察者的整体行为特征或发展趋势。

综上所述,轶事记录法作为一种简单易行的观察方法,在捕捉自然状态下的典型行为和事件方面具有独特优势。然而,其使用过程中也需要注意克服观察者的主观性、提高资料分析的准确性和效率以及确保所记录内容的代表性。

以下是一篇轶事观察记录示例,如表6-4所示。

表6-4 轶事观察记录

> **观察对象**:王晓晨。
> **观察时间**:××××年××月××日下午3时。
> **观察地点**:学校运动场。
> **观察者**:刘老师。
> **观察情况**:在体育课上,我注意到学生王晓晨在进行足球比赛时表现很出色。他作为队长,积极地指挥队友,并多次成功的传球和射门。在比赛过程中,他不仅注重个人表现,还经常鼓励队友,并与他们保持良好的沟通和协作。当比赛进入关键时刻,王晓晨果断地抢走了对方的传球,并成功地将球传给队友,最终帮助球队赢得了比赛。在比赛结束后,我看到他与队友们高兴地拥抱庆祝,并互相鼓励。他还主动与其他队员交流比赛经验和心得,显示出良好的团队合作精神和领导能力。
> **解释**:王晓晨在体育课上展现出了出色的足球技能和团队合作精神。他不仅能够独当一面,还能够积极地与队友沟通和协作,共同为球队的胜利贡献力量。这次观察使我认识到,王晓晨同学具备很好的领导能力和团队协作精神,这对于他的个人成长和未来职业发展都将是非常有益的。

上述轶事观察记录通过详细描述王晓晨在足球比赛中的表现,展现了他在团队合作和领导能力方面的优势,为教育者提供了宝贵的学生个性特点分析信息。

3) 实况详录法

实况详录法是一种在特定时间内(如一小时或半天),持续并尽可能详细地记录被观察对象所有行为表现的观察方法。这种方法强调记录行为及其环境的详尽信息,包括与环境及他人的相互作用和互动,而不作主观推断、解释和评价[①]。

实况详录法的主要目的是无选择地记录行为系列中的全部细节,以获得对这些行为详细而客观的描述。这种方法的特点在于其描述性和开放性。对于观察者来说,实况详录法的主要任务是取得详细而客观的行为记录,不仅记录行为本身,还包括行为发生的背景、情景和场所以及行为的先后顺序等。同时,实况详录法还要求观察者以描述性而非概括性的方式记录所有观察到的信息,具有明显的开放性特征。

不难发现,实况详录法可以提供详尽的个体行为及其发生环境的资料,可用于多种目的的分析。同时,观察记录可以长久保存,便于日后反复分析和研究。但是,实况详录法对记录技术要求高,需要专业的设备和人员。同时,资料分析过程比较复杂,耗时耗力。对于大样本的实况记录来说,实施难度较大。

---

① 刘晶波.学前教育研究方法[M].北京:人民教育出版社,2016:179.

实况详录法在多个领域都有应用，特别是在教育心理学领域。例如，它可以用于研究课堂上师生之间的互动行为或用于追踪儿童的气质、依恋发展等。这种方法也适用于记录儿童在家庭、幼儿园、学校等不同环境中的自然游戏和同伴互动。

在使用实况详录法时，需要注意以下几点。一是要注意保持记录的客观性和详尽性，避免个人主观意见的掺入。二是要选择合适的工具和设备进行记录，以确保记录的质量和准确性。三是在分析资料时，应采用多种分析方法以提取全面而深入的信息。四是对于涉及隐私的内容，应严格遵守伦理规范，确保被观察者的权益不受侵犯。

以下是一篇实况详录法的观察记录示例，如表6-5所示。

表6-5 小学语文课堂互动实况详录

观察对象：××小学×年级×班学生与语文教师。

观察时间：××××年××月××日上午10:00—10:45。

观察地点：××小学×年级×班教室。

观察事件：小学语文课堂教学互动情况。

10:00—10:10

课堂开始，老师首先进行课堂导入，介绍了本节课要学习的课文内容。学生们坐姿端正，注意力集中，对老师的导入内容表现出浓厚的兴趣。

10:11—10:20

老师开始讲解课文，其间不断提问，引导学生思考。学生们积极举手发言，课堂氛围活跃。老师对学生的回答给予及时的反馈和评价，鼓励学生深入思考。

10:21—10:30

老师组织学生进行小组讨论，探讨课文中的某个关键问题。学生们在小组内积极发言，互相交流观点。老师在各小组之间走动，同时给予指导和帮助。小组讨论结束后，各小组派代表上台汇报讨论成果，其他同学认真倾听并提出补充意见。

10:31—10:40

老师对本节课的知识点进行总结，并布置课后作业。学生们认真记录作业要求，并表现出对下一节课的期待。

10:41—10:45

课堂结束前，老师询问学生是否有疑问或需要进一步讲解的内容。几位学生提出自己的疑问，老师耐心解答，并鼓励其他同学也要勇于提问和表达自己的见解。

观察总结：本节课中，老师注重与学生的互动，通过提问、小组讨论等方式激发学生的学习兴趣。课堂氛围活跃，学生们积极参与课堂互动，表现出较高的学习热情和主动性。同时，老师也注重给予学生及时的反馈和评价，鼓励学生不断进步。该种教学方式有助于培养学生的自主学习能力和批判性思维，提高学生学习效果。在未来的教学中，老师可以进一步优化课堂互动方式，让更多的学生参与到课堂活动中来。

2. 取样观察法

取样观察法是依据一定标准，抽取研究对象的某种特定行为进行观察和记录，从而获得对研究对象行为进一步认识和理解的一种观察方法。取样观察法主要包括时间取样法和事件取样法两种。

1）时间取样法

（1）含义。时间取样法要求观察者事先确定好观察的时间段，即时间样本，并在这个特定的时间段内记录目标行为是否出现以及出现的频率。该方法的核心在于选择特定的时间段来系统地观察和记录目标行为，从而收集数据进行分析。时间取样法特别适用于研究那些频繁发生且持续时间较短的外显行为，它可以帮助研究者高效地收集客观数据并进行量化分析[①]。

（2）关键步骤。时间取样法要注意把握好以下三个关键步骤。

第一，确定观察的行为并下操作性定义。在时间取样法的第一步中，研究者需要明确界定要观察的行为，并给出这些行为的操作性定义。这意味着要具体描述出行为的可观察、可测量的特征。例如，要观察学生的课堂参与度，可以定义"学生主动回答问题"或"学生与同伴进行讨论"等具体行为作为参与度的指标。

第二，要确定观察时间的分配。研究者需要确定观察时间的具体分配，这包括确定总的观察时长以及如何将这些时间分配给不同的观察时段。例如，如果研究者计划在一周内观察学生的课堂参与度，那么需要确定每天观察的时间段以及每个时间段的持续时间。这样可以保证研究数据的全面性和代表性。

第三，设计记录表格。在设计记录表格时，研究者需要考虑如何有效地记录观察到的行为。表格应包含必要的信息，如日期、时间、行为类型、行为发生的次数和持续时间等。例如，在观察学生课堂参与度时，可以设计一个表格来记录每个学生在不同时间段内的具体参与行为，如回答问题、参与讨论等。

以下是一个关于时间取样法的实例，如表 6-6 所示。

表 6-6　中学生在自习课上学习专注度的时间取样

观察目标：观察中学生在自习课上的学习专注度。
观察对象：目标学生（TS）。
观察时间段：自习课的 45 分钟。
时间取样：每 5 分钟观察并记录一次目标学生的行为。
记录表格设计：

时间	目标学生行为	学习专注度评级（1～5）
14:00—14:05	TS 正在认真阅读课本，偶尔做笔记	4
14:06—14:10	TS 看向窗外，然后迅速回神继续看书	3
14:11—14:15	TS 与同桌小声交谈，然后再次投入学习	2
14:16—14:20	TS 专心做题，未受周围环境影响	5
…	…	…

实施观察：在自习课开始时，观察者开始计时，每 5 分钟记录一次目标学生行为。根据学生的学习状态，给予 1～5 的学习专注度评级，其中 1 表示完全不专注，5 表示非常专注。

[①] 侯怀银.教育研究方法[M].2版.北京：高等教育出版社，2018：116-117.

(3)优缺点。时间取样法的优点在于其能够高效地收集数据,减少观察者主观性,便于量化分析,适用于频繁发生的短暂行为研究。然而,其缺点在于可能不适用于罕见或长时间行为的研究,且对观察者的时间管理能力要求较高,同时难以直接推断行为间的因果关系,并可能遗漏预设观察时间外的信息。

2)事件取样法

(1)含义。事件取样法是以特定行为或事件的发生作为观察样本的一种记录方法。这种方法专注于记录下某些预先确定的行为表现或事件的完整过程[①]。事件取样法常被用于观察有特定行为倾向的个体,比如在教育心理学领域,常用于观察有反社会行为倾向的儿童,如脾气暴躁、攻击他人等。

事件取样法的目的是全面记录下所有相关事件,包括事件发生之前和之后的现象。通过这样的记录,研究者可以发现事件发生的规律和模式,进而制定有针对性的策略。在儿童行为研究中,这可以为矫正儿童的反社会行为提供重要的帮助和指导。

(2)优缺点。事件取样法的优点在于它能够针对性地观察和记录特定事件或行为,为研究者提供详细而深入的数据,有助于揭示事件发生的规律和模式。然而,其缺点在于可能无法全面了解事件发生的整体背景和情境,从而导致对事件的全面理解有所欠缺。

以下是一则事件取样法的运用实例,如表6-7所示。

表6-7 幼儿合作与分享行为观察记录的事件取样

观察日期:××××年××月××日上午9:00—12:00。
儿童姓名:XW。
年龄:4岁8个月。
环境:幼儿园活动室。
目的:观察XW在小组活动中的合作与分享行为。
目标:记录XW在小组活动中所有的合作与分享行为事件,分析事件发生的前因后果。
关于幼儿合作与分享行为的观察记录如下:

时间	事件	之前发生的事	之后发生的事	评论
9:15	XW主动分享自己的彩笔	小组活动开始,孩子们自由绘画	其他孩子表示感谢,与XW一起画画	XW表现出积极的分享态度,促进了小组氛围
9:40	XW与另一名孩子争抢画纸	画纸不足,孩子们开始争抢	教师介入,平息争抢,重新分配画纸	XW在资源紧张时表现出争抢行为,需引导
10:10	XW帮助一名孩子涂颜色	该孩子涂色困难,寻求帮助	两人合作完成了一幅画	XW展现出合作精神,愿意帮助他人
10:45	XW拒绝与一名孩子共享玩具	该孩子想要玩XW的玩具	XW紧紧抱住玩具,不愿意分享	XW在分享方面还有待提高,需要教育引导

---

① 侯怀银.教育研究方法[M].2版.北京:高等教育出版社,2018:117-119.

续表

时间	事件	之前发生的事	之后发生的事	评论
11:30	XW提议大家一起搭建积木	小组活动接近尾声	孩子们积极响应,共同完成任务	XW再次表现出合作精神,提出建设性意见

结论:XW在小组活动中表现出一定的合作与分享行为,但也存在争抢和拒绝分享的情况,他需要更多的引导和教育来培养更好的合作与分享习惯。

评价:XW作为一个4岁多的孩子,在合作与分享方面已有初步意识,但还需要成人的进一步指导和鼓励,以促进其社会性发展。

建议:教师可以通过故事、角色扮演等方式,加强XW对合作与分享重要性的认识。同时,在小组活动中,教师可以适时介入,引导XW学会与他人合作和分享。

3. 评定观察法

评定观察法是指观察者根据预设的评价标准,对被观察者的行为进行量化评估和判断的一种观察方法。这种方法通过制定具体的评价标准或行为清单,来系统地记录、分析和解读被观察对象的行为特征和规律,以帮助研究者全面、客观地了解被观察者的行为表现。评定观察法主要包括检核表法和等级评定法两种,通常用于量的研究中。

1)检核表法

(1)含义。检核表法又称为检查清单观察法或核查清单法,是指将要观察的行为整理成一个清单或表格,然后通过现场观察,以检查这些行为是否出现,一旦出现,就立刻进行标记的一种观察方法。

检核表法首先需要将观察和评估的行为或项目详细列出,以形成一个清晰的清单或表格。在实际应用中,观察者会对照此清单进行现场观察,当清单上的某一行为或项目出现时,观察者会立即进行标记[①]。这种方法特别适合了解被观察者(如新入幼儿园的儿童)在特定环境(如幼儿园)中的行为表现和能力状况。通过检核表法,教师可以有效地了解和评估儿童的能力,为后续的教学和关怀提供有针对性的指导。

(2)优缺点。检核表法的优点在于其结构化和系统性。通过事先制定详细的检查清单,观察者能够全面、有序地观察和记录目标对象的行为表现。可以说,这种方法能够帮助观察者避免遗漏重要信息。同时,检核表法还便于进行数据整理和分析,其观察结果更加客观和容易量化。

然而,检核表法也存在一定的缺点。首先,它依赖于事先制定的清单,可能导致观察者过于关注清单上的内容而忽视其他未列在清单上的重要信息。这种机械化的观察方式可能限制了观察者的灵活性和主观判断能力。其次,制定检核表需要扎实的专业知识和经验,否则可能导致关键信息被遗漏或误判。最后,检核表法在处理复杂、多变的行为或现象时可能显得不够灵活,难以捕捉到被观察对象的细微变化和深层次特征。

---

① 侯怀银.教育研究方法[M].2版.北京:高等教育出版社,2018:120.

以下是一则检核表法的运用实例,如表 6-8 所示。

表 6-8 认知发展检核清单

观察日期:××××年××月××日—××月××日。

观察对象:幼儿 Z。

年龄:5 岁 6 个月。

观察目的:评估一名 5 岁半儿童在认知能力方面的发展情况,确定其是否达到相应年龄段的发展标准。

背景:在某幼儿园担任实习生,负责协助老师进行教学活动并记录儿童的发展情况。认知发展检核清单如下:

序号	幼儿发展的"常模"	是否达标	评语及观察记录
1	能够理解并执行包含三个步骤的指令	是	Z 能够准确理解并执行老师给出的三个连续步骤的指令,如"先拿起书,再翻到第×页,然后读出来"
2	能够识别并描述物体的主要特征	是	在观察不同物体时,Z 能够清晰地识别和描述它们的主要特征,例如指出汽车的轮胎、方向盘等
3	能够进行简单的分类和排序活动	是	Z 能够根据颜色、形状等标准对物体进行分类,并按照大小、高矮等特征进行排序
4	能够理解时间顺序的概念,如昨天、今天和明天	是	当询问 Z 关于时间的问题时,他能够清楚地理解和回答关于昨天、今天和明天的活动
5	能够理解并解释简单的因果关系	是	在故事讲解中,Z 能够理解并解释事件之间的因果关系,如"因为下雨了,所以地面变湿了"
6	能够使用基本的逻辑推理来解决问题	否	在面对需要逻辑推理的问题时,Z 表现出一定的困难,未能成功运用逻辑推理找到答案,需要老师进一步引导和帮助

根据以上表格化的检核清单观察记录,可以看出 Z 在大部分认知能力上都达到了 5 岁半儿童的发展标准。但在逻辑推理方面仍需加强,建议老师在教学活动中增加逻辑推理相关的练习,以提升其这方面的能力。

2)等级评定法

(1)含义。等级评定法是根据预先设定的评价标准,对被观察对象的行为、能力、绩效等进行评估并赋予相应等级或分数的一种观察方法[①]。可以说,这些等级或分数通常具有一定的层次性,能够反映出被评估对象在不同方面的表现水平。这种方法旨在量化观察结果,以便更加准确地了解和比较不同对象之间的表现。

在等级评定法中,观察者需要根据预先设定的标准,将被观察对象分成不同的等级或层次。这些标准可以是客观的指标,如成绩、时间、数量等,也可以是主观的评价指标,如质量、满

---

① 刘晶波.学前教育研究方法[M].北京:人民教育出版社,2016:175-176.

意度、适用性等。在评估过程中,观察者会根据被观察对象在各个指标上的表现,作出相应的评价和判断,并将其归入相应的等级或层次。

(2)优缺点。等级评定法的优势在于其结构化和量化的特性。通过明确的评价标准,能够帮助观察者快速而准确地对被观察对象的行为或表现进行评估。这种方法使得评价更为客观,减少了主观臆断的可能性。同时,等级评定法还便于对多个被观察对象进行横向比较,有助于发现不同对象之间的优势和差距,为进一步改进提供依据。

然而,等级评定法也存在一些局限性。首先,它依赖于预设的评价标准,这些标准可能无法全面涵盖被观察对象的所有方面,从而导致评价结果的片面性。其次,等级评定法在一定程度上限制了观察者的自由裁量权,可能无法充分体现被观察对象的独特性和复杂性。同时,如果评价标准不够明确或观察者对标准的理解存在差异,可能导致评价结果的不一致性和主观性。最后,等级评定法可能过于关注表面的行为和成果,而忽视了被观察对象的内在动机和过程。

以下是一则等级评定法的运用实例,如表6-9所示。

表6-9 幼儿社交技能等级评定表

评定项目	等级		
	优秀	良好	待提高
与他人分享			
遵守轮流规则			
表达自己的感受			
聆听他人讲话			
与同伴合作完成任务			
尊重他人的意见			
解决与同伴的冲突			

注:使用此表时,要对每个评定项目的不同等级有明确的操作定义,以保证评定的准确性和客观性。

三、教育观察资料的整理与分析

在结束观察后,要对观察资料进行初步整理,如对笔录资料分门别类归类存放,对录音带、录像带和照片逐个登记和根据镜头做出卡片,以免事后因记忆模糊而造成资料混乱。

(一)对质性观察资料的整理与分析

1.反复阅读观察资料

反复阅读观察记录、访谈记录、笔记、日记等相关资料,了解观察情境中的各种信息和细节。阅读时要注意把握整体和局部的关系,同时要注意理解被观察者的情感和态度。

2.对资料进行分类和编码

对观察资料进行分类,将相似的观察事件或行为归为同一类别,并对每个类别进行标签化或命名。同时,对每个类别的特征和属性进行编码,以便更好的描述和分析。

3. 进行主题分析

通过深入分析每个类别的属性和特征，寻找潜在的主题或模式。这可能需要对资料进行反复阅读、比较和对照，以便揭示资料中的深层含义和意义。

4. 归纳和抽象

在主题分析的基础上，将观察资料中的主题或模式进行归纳和抽象，形成具有概括性和解释力的概念或理论。这些概念或理论可以是对现象的深入理解，也可以是对现象之间关系的探讨。

5. 验证和分析

通过与其他研究者或相关理论的比较和分析，验证所提出的概念或理论的合理性和有效性。如果需要，可以对研究方案进行调整和完善，以提高研究的可靠性和可信度。

需要注意的是，质性分析是一个相对灵活的过程，需要根据具体的研究问题和目的进行调整和修改。同时，质性分析需要研究者具有扎实的专业知识和经验，以便对观察资料进行深入而全面的分析和解释。此外，还要注意遵守研究伦理规范，保护被观察者的隐私和权益。

(二)对量化观察资料的整理与分析

1. 数据录入

将观察到的数据录入电脑中，确保数据的准确性和完整性。在录入数据时，要注意核对和验证数据，避免录入错误或遗漏。

2. 数据清理与整理

对录入的数据进行清理，包括处理缺失值、删除重复值、纠正错误值等，以确保数据的准确性和可靠性。同时，对数据进行整理，包括数据的分类、分组、汇总等，以便后续的数据分析。可以采用表格、图表等形式展示数据，以便直观了解数据的基本特征和分布情况。

3. 描述性分析

对数据进行描述性统计分析，如计算平均值、标准差、频数等，以了解数据的集中趋势、离散程度和分布情况。

4. 推论性分析

在描述性分析的基础上，使用统计方法对数据进行更加深入的分析和推论。例如，可以使用回归分析、方差分析等方法，探讨变量之间的关系。

5. 可视化呈现

将分析结果通过图表、图像等形式进行可视化呈现，以便更加直观地展示数据和分析结果。

6. 结果解释

对研究结果进行解释和说明，将研究结果与已有理论或研究进行比较和分析，得出研究结论和建议。在解释研究结果时，要注意逻辑清晰、条理分明，以便更好地表明自己的观点。

需要注意的是,定量分析需要使用统计学的方法对数据进行处理和分析,因此需要研究者具备相应的统计学知识。同时,在选择合适的统计方法进行分析时,需要根据研究目的和研究问题选择合适的方法,从而得出具有说服力的研究结论。此外,还需要注意数据的准确性和可靠性以及对分析结果的解释。

四、撰写教育观察研究报告

撰写教育观察研究报告是一个系统性、逻辑性的过程,它不仅仅是罗列数据和发现问题,更是通过深度的分析和解读,将观察过程中的所见所闻所感以书面的形式呈现出来。

首先是报告的开头部分,也就是引言,需要清晰地阐述研究的背景和目的。这部分内容旨在为读者提供一个宏观的视角,需要阐明研究的重要性以及价值。通过引言,可以引导读者进入研究的主题,激发他们的兴趣。

接下来是研究方法部分。在此部分,需要详细描述观察的具体方法,包括观察的时间、地点、对象以及使用的工具和设备等。同时,还要阐明数据的收集和处理方法,以确保研究的科学性和可靠性。可以说,这部分内容对于研究的严谨性和可信性至关重要。

然后进入观察结果部分,这是研究报告的核心部分。在该部分,研究者需要客观而详细地描述观察到的现象和数据。为了更加直观地展示观察结果,可以使用图表、图片等辅助形式。同时,要注意描述的客观性和准确性,避免研究者个人主观性的过多介入。

紧接着是分析与讨论部分。这部分内容旨在对观察结果进行深入的分析和解读,探讨现象背后的原因和机制。通过与已有研究或理论的对比,可以进一步讨论观察结果的一致性和差异性,从而提出自己的研究观点。

最后是研究结论部分。在此部分,需要总结观察研究的主要发现和结论,明确回答研究问题。同时,还要强调研究的重要性和实践意义,提出具体的建议或措施。可以说,结论部分是整个研究报告的精髓所在,它对于读者理解研究的整体意义和价值具有重要作用。

在撰写研究报告过程中,研究者需要注意逻辑性、客观性和规范性。报告的结构要清晰、逻辑要严谨,以确保读者能够轻松理解报告内容。同时,在描述观察结果和分析讨论时,要保持客观公正的态度,避免个人主观性的过多介入。此外,还要遵循学术写作规范,注意文字表达、标点符号等方面的准确性。

复习与思考题

1. 请简述教育观察法的含义及其主要特征。
2. 教育观察法有哪些主要类型?请根据不同的分类标准列举并解释。
3. 阐述教育观察法的优势与局限性,并讨论如何在实践中扬长避短。
4. 在进行教育观察前,需要做哪些准备工作?请详细说明。
5. 描述性观察法包括哪些具体方法?请简述它们的特点和适用场景。
6. 取样观察法有哪些?请解释时间取样法和事件取样法的实施步骤和注意事项。

7. 撰写教育观察研究报告时应注意哪些方面？请给出你的建议。

8. 结合实际案例，讨论教育观察法在教育研究中的应用及其效果。

9. 在使用教育观察法时，如何确保观察的客观性和准确性？请提出你的看法。

10. 谈谈你对教育观察法中观察者效应的理解以及如何减少其对观察结果的影响。

11. 在进行教育观察时，应如何保护被观察者的隐私和权益？请给出你的建议。

12. 结合本章内容，设计一个简单的教育观察研究方案，并说明其实施步骤和预期目标。

第七章

访谈法在教育研究中的运用

内容提要

在教育研究中,访谈法通过与受访者进行深入的对话与交流,能够直接触及他们的思想、观点和经验,从而为研究者提供真实而深入的洞察。本章我们将引导大家一同来探讨访谈法。首先,本章将全面介绍访谈法的概念、类型及其优势和局限性。其次,本章将深入讲解访谈法的实施步骤。最后,本章还将详细阐述访谈记录的整理与分析方法。希望通过本章的学习,大家能够熟练掌握访谈法在教育研究中的应用技巧,从而为教育实践提供更有价值的洞见。

学习目标

1. 准确理解访谈法的含义及其在教育研究中的作用。
2. 理解和掌握访谈法的各种常见类型。
3. 了解访谈法的优势与局限性,以便在实际应用中扬长避短。
4. 熟练掌握访谈法的实施步骤,包括访谈前的准备、进入访谈现场、正式访谈以及访谈结束等各个环节的要点和技巧。
5. 学会有效地进行访谈记录,并对访谈资料进行必要的整理与分析,以确保研究数据的准确性与完整性。
6. 通过应用场景举例,提升大家在教育研究中运用访谈法的能力。

情境案例

张老师是 S 市一所初中的数学老师,她发现学生在数学学科上表现出明显的差异性。为了深入了解学生的数学学习态度、困惑及需求,张老师决定采用访谈法来开展研究。

张老师挑选了几位在数学成绩和学习态度上具有代表性的学生作为访谈对象。她制订了详细的访谈计划,并准备了访谈提纲。在访谈过程中,张老师采用半结构化的访谈方式,既确保问题能够涵盖她想要了解的各个方面,又给予学生足够的空间来表达自己的想法。她耐心倾听每位学生的回答,时而点头,时而用笔记下关键信息,以鼓励学生继续分享。

访谈中,张老师发现了一些意想不到的观点。有的学生表示,他们觉得数学很枯燥,难以理解;有的学生则认为数学很有趣,喜欢解决数学问题的过程。还有学生提到,他们希望老师在课堂上能够更多地联系生活实际,让数学变得更加有趣和实用。

通过访谈,张老师不仅了解了学生对数学学习的真实态度和需求,还获得了一些改进教学的宝贵建议。她决定在今后的教学中更加注重激发学生的学习兴趣,并结合生活实例来讲解数学知识,以提高教学效果。经过一段时间的尝试和调整,张老师发现学生的数学学习兴趣和成绩都有了显著提升。她深感访谈法在教育研究中的重要性,并计划在以后的工作中继续运用这一方法来更好地了解学生的需求和困惑,以不断优化自己的教学方法。

评析:本案例展示了访谈法在教育研究中的独特价值。通过与学生的深入交流,张老师得以了解学生的真实想法和需求。访谈不仅揭示了学生对数学学科的不同态度和看法,还提供了改进教学的具体建议。

张老师通过访谈了解到学生对数学的多样感受,这反映了教育过程中个性化需求的重要性。同时,学生的建议也指出了数学教学与生活实际结合的必要性。此外,本案例还凸显了教师在教育研究中运用访谈法的重要性。通过与学生的对话,教师能够准确地把握学生的学习状态,及时调整教学策略,从而提升教学质量。这种以学生为中心的研究方法,有助于构建更加贴近学生需求的教学环境,促进学生全面发展。

可以说,本案例不仅展示了访谈法的重要性,也强调了教师在教育研究中要更加注意倾听学生的声音,以实现教育教学的不断优化和创新。

第一节 访谈法概述

访谈法作为教育研究中的一种重要方法,能够通过深入的对话和交流,直接触及受访者的思想、观点和经验,为研究人员提供真实、深入的研究材料。通过访谈法,我们可以更好地理解学生的需求、教师的挑战以及教育政策的实施效果,从而为教育实践提供科学指导。那么,什么是访谈法?它有哪些常见类型?它在教育研究中有哪些优势和局限性呢?接下来,就让我们一起走进访谈法的世界,来探寻这些问题的答案。

➢ 一、访谈法的含义及价值

(一)访谈法的含义

访谈法是研究者根据研究目的,选择一定的研究对象,通过谈话的方式了解被研究者对某个人、某件事情、某种行为或现象的看法和态度的一种调查研究方法。访谈法往往根据特定研究目的,通过与访谈对象进行口头交谈来收集第一手资料。这种方法明显有别于日常谈话,因为它具有明确的目的性和规范性。在访谈过程中,研究者通过提问和倾听,深入了解被访谈者对特定人、事、行为或现象的看法和态度。可以说,这不仅是一个信息收集的过程,更是一个双方互动、共同构建"事实"和"行为"理解的社会交往过程。

访谈法的核心在于建立双方的信任和合作关系,以确保所收集资料的客观性和可靠性。

与日常谈话相比,访谈法更注重形式的正式性、目的的明确性以及追问和补充说明的必要性。访谈法在量的研究和质的研究中都有广泛应用,尽管两者在访谈数据的分析上存在差异,但都依赖于访谈过程中严谨的程序和技巧来确保研究的有效性。因此,访谈法不仅是一种数据收集手段,更是一种科学探索和社会理解的重要工具。

(二)访谈法的价值

访谈法的价值主要体现在以下几个方面。

1. 能够深入探索受访者的内心世界和真实想法

通过交流,访谈者可以直接询问受访者关于特定问题的看法、态度和感受,从而获得更为详细和真实的信息。这种深度探索有助于研究者更加准确地理解受访者的观点和经验,为研究提供丰富的实证数据。在访谈过程中,访谈者还可以通过追问和澄清,进一步挖掘受访者的潜在想法和动机,从而更好地把握研究问题的本质。

2. 能够适应不同的研究需求和情境

与其他研究方法相比,访谈法可以根据研究目的和受访者的特点进行灵活调整,这使得访谈法能够广泛应用于各种研究领域。通过访谈法,研究者可以针对具体研究问题设计访谈提纲,引导受访者进行深入的讨论和思考,从而获得更为全面和准确的研究结果。

3. 有助于建立研究者和受访者之间的互动与信任关系

在访谈过程中,研究者与受访者进行面对面的交流,通过倾听和回应受访者的言论和情感,建立起一种互动和信任的关系。这种关系有助于受访者更加自由地表达自己的看法和经验,从而提高研究的可信度和有效性。同时,通过与受访者的深入交流,研究者还可以获取更多关于研究问题的背景信息和相关因素,为后续的数据分析和解释提供有力支持。

4. 可以为其他研究方法提供补充和验证

在量化研究中,访谈法可以用于解释和补充问卷调查或实验研究的结果,提供更加深入的理解。在质性研究中,访谈法则可以作为主要的数据收集方法,通过深入探索受访者的经验和观点,揭示研究问题的本质和意义。

➢ 二、访谈法的类型

(一)根据研究者对访谈结构的控制程度进行划分

根据研究者对访谈结构的控制程度,访谈法可以分为结构性访谈、无结构性访谈和半结构性访谈等三种类型[①]。

1. 结构性访谈

结构性访谈是一种标准化程度较高的访谈方式。在结构性访谈中,访谈者会依据预设的

---

① 刘晶波.学前教育研究方法[M].北京:人民教育出版社,2016:188-189.

详细问卷或指南进行提问,确保每个受访者都回答相同的问题,且回答格式统一。这种方式便于后续的数据整理和分析,尤其适合量化研究。然而,其局限性在于可能无法捕捉到受访者的深层次想法或感受,因为问题的设定相对固定,缺乏灵活性。

2. 无结构性访谈

无结构性访谈,又称为自由式访谈,该种访谈赋予访谈者极大的自主性,没有固定的问卷或问题列表,访谈者只是根据一个大致的主题或方向,与受访者进行自由而深入的交流。这种方式能够更真实地捕捉到受访者的观点、情感和经验,适用于探索性或解释性的研究。但其缺点是数据整理和分析的难度较大,且结果可能难以量化。

3. 半结构性访谈

半结构性访谈也称半开放性访谈,这种访谈形式介于结构性访谈和无结构性访谈之间。研究者对访谈的结构有一定的控制,但同时也会根据受访者的回答进行适当的追问和深入探讨。通常,研究者会提前设计好问卷或提纲,但不会严格遵循问卷或提纲进行提问,而是根据受访者的回答灵活调整问题。这种方式既保证了访谈有一定的结构和方向,又不失灵活性,能够深入探讨受访者的观点和经验。然而,这种方式对访谈者的访谈技巧要求较高,需要他们能够在标准化和灵活性之间找到平衡。

在教育研究中,结构性访谈、无结构性访谈和半结构性访谈各有其适用的场景和用途。结构性访谈,因其标准化和一致性的特点,常被量的研究所采用。当研究目的是收集可量化的、具有可比性的数据时,结构性访谈是最佳选择。相比之下,质的研究更注重对个体经验的深入理解和解释,因此更倾向于使用无结构性和半结构性访谈。无结构性访谈在研究初期尤为有用,因为它允许受访者自由地表达自己的观点和经验,从而帮助研究者了解受访者对研究问题的看法和想法。这种灵活性使得无结构性访谈成为探索性研究或初步了解研究现象的有力工具。随着研究的深入,半结构性访谈则显示出其独特的优势。在已经对研究现象有一定了解的基础上,半结构性访谈可以就前面访谈中出现的重要问题进行深入追问,同时保持一定的灵活性以适应不同受访者的特点和需求。半结构性访谈能够确保研究者在关键问题上获得详细的信息,又能够捕捉到受访者的独特观点和体验。

总体来说,结构性访谈适用于量化研究,以收集统一、可量化的数据;无结构性访谈适用于研究初期或探索性研究,以深入了解受访者的观点和经验;半结构性访谈则适用于研究的中后期,以深入追问并理解研究现象。

(二)根据受访者人数进行划分

根据受访者人数的多少,访谈法可以分为个别访谈和集体访谈两种类型[①]。

1. 个别访谈

个别访谈是研究者通过与受访者一对一的深入交流,来了解受访者的思想、感受、经历和

---

① 王彩凤,庄建东.学前教育研究方法[M].北京:北京师范大学出版社,2011:103-104.

看法的一种访谈方法。该方法特别适合于探讨那些敏感或私人的话题,因为个别访谈为受访者提供了一个相对安全而又保密的环境,使他们能够自由地表达自己的想法和情感。此外,个别访谈的灵活性也使得研究者能够根据受访者的回答进行即时追问,从而更加深入地挖掘信息。例如,在探讨学生的学习动机时,个别访谈可以帮助学生详细地表达他们的学习目标和动力来源,为教育者提供更加个性化的教学策略。

2. 集体访谈

在教育研究中,集体访谈常用于了解教师、学生或家长对某一教育政策、课程或教学方法的看法。通过邀请多位受访者同时参与讨论,研究者可以观察到群体内部的共识和分歧以及不同观点之间的碰撞和交融。这不仅有助于研究者更加全面地了解教育现象,还能为政策制定和教学实践提供有价值的参考。例如,在探讨新的教育理念时,集体访谈可以帮助教育者了解不同群体对该理念的接受程度和看法,从而做出更加明智的决策。

(三)根据访谈的接触方式进行划分

根据访谈的接触方式进行划分,访谈法可以分为直接访谈和间接访谈两种类型。

1. 直接访谈

直接访谈是研究者与受访者面对面交流的访谈方式。这种访谈类型允许研究者直观地观察受访者的情感反应和非言语行为,从而更加深入地理解受访者的想法和感受。通过面对面的互动,研究者可以即时追问、澄清问题,确保信息的准确性和完整性。可以说,直接访谈不仅有助于研究者与受访者建立信任关系,还能提供丰富的数据和信息。

2. 间接访谈

间接访谈是通过电话、邮件、视频等通信工具与受访者进行交流的访谈方式。这种方式的优势在于灵活性和便利性,能够跨越时空限制,为研究者提供更加广阔的访谈范围。同时,它也为受访者提供了更加私密的交流环境,有助于收集敏感或私人信息。然而,间接访谈可能无法全面捕捉受访者的非言语信息,需要研究者通过语言交流来更加深入地理解受访者的观点和感受。尽管如此,随着通信技术的发展,间接访谈在教育研究中的应用也日益广泛。

可以说,直接访谈和间接访谈各有利弊。在选择访谈方式时,应根据研究目的、可用资源和实际情况进行权衡。虽然间接访谈在时间和费用上具有优势,但质的研究更倾向于直接访谈,因为它能提供更丰富、更真实的信息。随着通信技术的不断进步,电话访谈和网络在线访谈等间接访谈形式也将迎来更广阔的发展空间。

(四)根据访谈次数进行划分

根据访谈次数进行划分,访谈法可以分为一次性访谈和多次性访谈。

1. 一次性访谈

顾名思义,一次性访谈是指与受访对象只进行一次交流的方法。这种方式的优势在于其高效性,能够快速收集到受访者的基本信息和观点。通常它适用于那些需要快速获取大量数据或初步了解受访者看法的情况。然而,由于时间限制,一次性访谈可能无法深入探讨某些问题,容易停留在表面。同时,一次性访谈也无法追踪到受访者的变化和发展,因此在某些需要深入了解或长期观察的研究中存在一定的局限性。

2. 多次性访谈

多次性访谈是指与同一受访对象进行多次交流的方法。通过反复交流,研究者可以逐步深入了解问题,挖掘受访者的深层观点和感受。可以说,这种访谈方式有助于建立长期的信任关系,使受访者更加愿意分享真实想法和经历。同时,多次访谈还允许研究者观察受访者的变化和发展,从而更加全面地理解其态度和行为。然而,多次访谈需要较多的时间和资源投入,且可能受到受访者流失等因素影响。

在质的研究中,研究者倡导进行多次性访谈。按照美国学者塞德曼的观点,深度访谈至少应进行三次。第一次访谈主要了解受访者的基本情况和背景以及其对某问题的初步看法;第二次访谈可以进一步深入探讨问题,了解受访者的具体经验和感受;第三次访谈则着重于了解受访者对问题的反思和解释以及对自身经验的诠释[①]。

(五)根据访谈的正式程度进行划分

根据访谈的正式程度进行划分,访谈法可以分为正式访谈和非正式访谈[②]。

1. 正式访谈

正式访谈是一种高度结构化的访谈形式,它通常遵循预先设定的访谈提纲和问题,以确保数据的系统性和可比性。在正式访谈中,研究者和受访者在特定的时间和地点进行会面,以深入探讨某一特定主题或问题。这种访谈形式的特点在于其严谨性和深度,允许研究者通过一系列封闭式或半开放式问题,精准地收集受访者的观点和经验。

2. 非正式访谈

非正式访谈是一种较为灵活和随意的交流方式。在非正式访谈中,研究者通常在日常生活中与受访者进行自然而然的对话,不依赖固定的访谈提纲或问题。这种访谈形式更侧重于建立研究者和受访者之间的信任和亲密关系,以便更加深入地了解受访者的内心世界和真实想法。可以说,非正式访谈旨在探索受访者的主观感受、情感体验和日常生活实践。通过非正式访谈,研究者可以获得更为丰富、生动的质性数据,从而更加全面地理解教育现象。不难发现,非正式访谈的优势在于其灵活性和自然性,能够使受访者在轻松愉快的氛围中自由表达,从而为研究工作提供宝贵的原始资料。

三、访谈法的优势与局限性

(一)访谈法的优势

访谈法在教育研究中具有显著的优势,主要体现在以下几个方面[③]。

---

① 刘晶波.学前教育研究方法[M].北京:人民教育出版社,2016:190.
② 侯怀银.教育研究方法[M].2版.北京:高等教育出版社,2018:133.
③ 侯怀银.教育研究方法[M].2版.北京:高等教育出版社,2018:138.

1. 灵活性

访谈法允许研究者根据实际情况灵活调整问题，有利于捕捉和了解新的信息。这种灵活性使得访谈法能够适应不同受访者的特点和需求，从而更加深入地了解受访者的观点和经验。

2. 广泛适用性

访谈法可用于探索各种不同的问题，并且广泛适用于各种类型的个体或群体，包括那些可能不擅长书面表达的人群。在教育研究中，这意味着它可以广泛收集不同背景、年龄和层次的学生、教师或家长的观点和体验。

3. 便于深入了解

访谈法可以提供比其他数据收集方法更加深入了解研究对象的机会。通过面对面的交流，研究者可以更好地理解研究对象的观点、感受和行为以及背后的原因和动机，可以获得研究对象最直接、真实的反馈，对于理解人们的内心世界和真实想法非常有益。

4. 有助于建立融洽关系

可以说，访谈法有助于建立主客双方融洽的关系。在面对面的交流中，研究者可以通过倾听和回应来建立信任和共鸣，从而更加准确地理解受访者的真实想法和感受。

(二)访谈法的局限性

然而，访谈法也存在一些局限性，特别是在教育研究中需要注意以下几个方面。

1. 样本量限制

由于访谈法通常需要投入大量的时间和资源，因此样本量往往较小，这可能影响研究的代表性和普遍性。在教育研究中，这意味着研究结果可能难以推广到更加广泛的群体。

2. 主观性强

访谈结果可能受到研究者主观偏见的影响。同时，受访者的回答也可能受到研究者提问方式、语气和态度等因素的影响，这可能导致数据的准确性和客观性受到一定程度的质疑。

3. 成本较高

访谈需要投入人力、时间和资金等资源，成本相对较高。对于大规模的访谈研究，需要投入大量的人力和物力资源，这可能会增加研究的成本和难度，从而影响研究的范围和深度。

4. 数据处理的复杂性

访谈数据的处理和分析相对复杂，需要专门的技能和方法。尤其是对于非结构化或半结构化的访谈数据，分析和解释的难度可能更大，这无疑增加了研究的不确定性和主观性。

不难看出，访谈法在教育研究中具有独特的优势，能够提供深入、灵活且广泛的信息收集方式。然而，研究者也需要清醒地意识到访谈法的局限性，以确保研究结论的准确性和可靠性。在实际应用中，可以结合其他研究方法来弥补访谈法的不足之处。

第二节 访谈法的实施步骤

访谈法的实施并非一蹴而就,而是需要严谨且周到的步骤来确保研究的科学性与有效性。从访谈前的细致准备,到访谈现场融洽氛围的营造,再到正式访谈中的提问、倾听、追问与回应,每一个环节都至关重要。那么,究竟如何有条不紊地展开这些步骤,以确保访谈的顺利进行并获取宝贵的研究资料呢?接下来,就让我们一起来学习访谈法的实施步骤。

一、做好访谈前的准备工作

访谈前的准备工作至关重要,它涉及选取访谈对象、制订访谈计划、设计访谈提纲、准备访谈工具、进行模拟访谈以及做好访前沟通等诸多方面。这些环节对于确保访谈的顺利进行和获取高质量的研究资料具有重要影响。

(一)选取访谈对象

在选取访谈对象时,研究者必须首先明确研究问题和目标,以便确定研究对象的初步范围。在这个范围内,研究者需要进一步考虑受访者的特征,如性别、年龄、工作岗位等,这些特征有助于研究者更加精确地定位目标人群。同时,为了确保研究的全面性和深入性,研究者还要考虑到访谈对象的多样性,注意选择不同背景、经验和观点的受访者。

在确定访谈对象时,除了考虑其基本特征外,还需要关注访谈的实际操作性和可行性。例如,研究者需要评估受访者的可访问性,包括时间安排、地理位置等因素,以确保访谈能够顺利进行。同时,研究者可以采用一些具体的抽样方法,如随机抽样或目的性抽样,来选取合适的受访者。

(二)制订访谈计划

制订访谈计划是访谈过程中的重要一环,它可以确保访谈过程有条不紊进行。在计划制订之初,研究者首先要明确访谈的核心目的,是想了解受访者的具体经验、观点,还是想探究某一教育现象。明确了目的之后,研究者就可以根据这一核心去设计访谈的形式、时间和地点,以确保访谈能够在最有利于信息收集的环境下进行。

同时,访谈计划也包括对访谈内容的详细规划。研究者需要列出将要讨论的主题和问题,这些问题的设计既要能深入挖掘信息,又要注意提问的方式和顺序,以避免引导性或暗示性的问题,确保受访者能够自由、真实地表达自己的想法。此外,研究者还要在计划中考虑到可能出现的突发情况,并制定相应的应对措施,确保访谈的顺利进行。

最后,访谈计划中还应包括访谈后的数据处理和分析方法以及如何确保受访者的隐私安全等伦理问题。可以说,制订访谈计划的过程,实际上就是对整个访谈流程的全面预演和风险控制,它为访谈工作的顺利实施提供了坚实的保障。

(三)设计访谈提纲

设计访谈提纲是访谈准备中的关键环节,它为访谈者提供了一个清晰的路线图,确保访谈能够围绕研究问题有效展开。访谈提纲应确保访谈内容紧密围绕研究主题,避免信息遗漏或偏离主题。提纲作为访谈的蓝图,不仅为访谈者提供了清晰的方向,还能帮助受访者更好地理解访谈的目的和内容,从而促进信息的准确传递和深入交流。同时,访谈提纲还有助于合理分配访谈时间,提高访谈效率,为后续的数据整理和分析奠定坚实基础。

在设计访谈提纲时,首先,研究者要对研究问题进行深入分析,明确访谈的具体目标和期望获取的信息。其次,根据研究目标和受访者的特点,设计出既具有针对性又能激发受访者思考的问题。这些问题应涵盖研究的主要方面,同时保持适当的开放性和灵活性,以便在访谈过程中根据实际情况进行调整。再次,提纲中问题的顺序也需要合理安排,通常应从基础问题开始,然后逐步深入更加具体、专业的领域。最后,访谈提纲应在实际访谈前进行反复修改,以确保其科学性和实用性,从而为访谈工作的顺利进行提供有力保障。

例如,"乡村幼儿教师职业获得感提升策略研究"访谈提纲如表7-1所示。

表7-1 "乡村幼儿教师职业获得感提升策略研究"访谈提纲

1. 您是如何成为一名乡村幼儿园教师的?您的初衷是什么?
2. 在您的职业生涯中,有哪些重要的转折或事件影响了您的选择和坚持?
3. 您目前对自己的工作有哪些满意的地方?请具体说明。
4. 您在工作中遇到过哪些挑战和困难?这些挑战和困难对您的职业获得感有何影响?
5. 您认为哪些因素影响了乡村幼儿教师的职业获得感?请列举并简要解释。
6. 您对自己的职业发展有何规划?目前有哪些机会和资源支持您的规划?
7. 您认为现有的培训体系是否满足了您的职业发展需求?为什么?
8. 您希望参加哪些类型的培训或学习活动来提升自己?
9. 您所在的工作环境如何?有哪些方面可以提升您的工作满意度?
10. 您的同事和园领导对您的支持程度如何?他们对您的职业获得感有何影响?
11. 您认为幼儿园或教育行政部门可以采取哪些措施来增强幼儿教师的职业获得感?
12. 您认为提升乡村幼儿教师职业获得感的关键策略是什么?请列举并简要说明。
13. 针对当前的乡村幼儿教师职业获得感状况,您有哪些具体的提升建议或解决方案?

(四)准备访谈工具

准备访谈工具是访谈前的重要步骤,它关乎访谈的顺利进行以及数据收集的准确性与完整性。其中,录音设备尤为关键,它能确保访谈内容的完整记录,便于进行后续整理与分析。同时,笔记也必不可少,可用于随时记录关键信息和受访者的即时反应。这些工具的选择需综合考虑性能、易用性及备用方案,以应对可能发生的突发状况。

除了录音和笔记外,访谈前还需要准备访谈指南、名片、感谢信和保密协议等。这些材料在建立与受访者的专业关系、维护双方权益方面发挥着重要作用。特别是保密协议,它不仅是对受访者隐私的尊重,也是研究者遵循伦理规范的体现。

(五)进行模拟访谈

通过模拟访谈,研究者能预见并应对可能遭遇的挑战,确保正式访谈的顺畅进行。模拟访谈不仅有助于研究者深入了解受访者的需求和反应,还可检验访谈提纲与计划的可行性,及时发现并调整问题。

进行模拟访谈时,要注意访谈的真实性和有效性。首先,模拟访谈的环境和情境应尽可能接近真实的访谈场景,以便更好地预测受访者的反应和行为。其次,研究者应全身心投入,模拟自己在真实访谈中的表现和应对方式。在模拟过程中,可以邀请同事或朋友扮演受访者,根据访谈提纲进行模拟回答,以便更全面地检验访谈提纲的实用性和问题的针对性。模拟结束后,研究者应认真分析和反思模拟访谈中的数据和信息,总结受访者的需求和反应,发现可能存在的问题,并针对这些问题调整访谈提纲和计划。通过周密的准备和改进,研究者可以更加自信而从容地进行实际访谈,从而确保研究的质量和效果。

(六)做好访前沟通

通过访前沟通,访谈者能够向受访者清晰地传达研究的目的和内容,这有助于受访者更好地理解访谈的意图,从而提高他们的参与度和合作意愿。此外,访前沟通还能帮助访谈者了解受访者的需求和可能的反应,为正式访谈做好充分的准备。更重要的是,通过与受访者的预先交流,访谈者可以建立起与受访者的信任和亲近感,这对于访谈的顺利进行至关重要。

要做好访前沟通,首先,访谈者需要明确访谈的目的和内容,并向受访者详细解释,确保双方对访谈有共同的理解。其次,访谈者应确认访谈的时间和地点,以确保受访者能够在方便的时间和地点参与访谈。再次,访谈者还要与受访者互留联系方式,以便在需要时能够及时沟通。最后,访谈者还可以通过问卷或电话等方式,提前了解受访者的基本情况和需求,从而更好地调整访谈策略。

▶ 二、进入访谈现场

进入访谈现场之后,研究者需要完成几个关键任务,这些任务对于确保访谈的顺利进行至关重要。

(一)与访谈对象建立联系

在进入访谈现场后,研究者的首要任务是迅速与访谈对象建立有效的联系。这可以通过简单的问候和自我介绍来实现,以便让访谈对象对研究者产生信任和亲近感。在此过程中,恰当的称呼显得尤为重要,它不仅能够展现研究者对访谈对象的尊重和友善,还能够为后续的深入交流奠定基础。同时,向访谈对象提供必要的信息,如自己的身份和研究目的,可以消除其猜疑和好奇,促进双方之间的透明沟通。

(二)创设融洽的气氛

在开始正式访谈之前,研究者需要采取一系列措施来营造轻松、舒适的访谈环境。这可以通过谈论一些轻松的话题来实现,如家常、天气或周围环境等,这些话题能够拉近双方的心理距离,使访谈对象更加放松和自在。同时,研究者还要避免在访谈开始时就直接进入正题,应通过轻松的交谈来逐渐引导访谈对象进入状态,为后续的访谈创造一个良好的开端。

(三)做好访谈前的实际准备

除了与访谈对象建立联系和创设融洽气氛外,研究者还需要做好访谈前的实际准备工作。这包括选择舒适、安静的访谈环境,合理安排座位,以便进行面对面的深入交流。同时,根据访谈的需要准备好相应的记录工具,如录音笔、笔记本等。这些准备工作能够确保访谈内容的准确记录,并为后续的资料整理和分析提供便利。在开始录音或记录之前,务必征得访谈对象的同意,以尊重其隐私权和知情权。

三、正式进行访谈

正式访谈开始后,为了使访谈能够顺利推进,研究者需要运用一定的技巧来控制整个访谈过程,这就涉及访谈过程中研究者如何提问、倾听、追问和回应等。

(一)提问

1. 问题的类型[①]

在正式访谈中,提问是研究者控制访谈过程、引导访谈对象表达的关键技巧。提问的问题类型多种多样,每种类型都有其特定的用途和效果。以下是几种在访谈中常见的问题类型。

第一,经验/行为问题是访谈中常用的一类问题。这类问题旨在引导访谈对象描述他们的实际经验或行为。例如,在教育研究中,可以询问教师:"您在教学过程中通常如何激发学生的学习兴趣?"这样的问题能够帮助研究者了解教师的实际教学方法和策略。

第二,意见/价值问题也是访谈中的重要问题类型。这类问题旨在探索访谈对象的观点、信念和价值观。例如,可以问教育者:"您认为当前教育体制中存在哪些问题,应该如何改进?"这样的问题能够揭示教育者对教育问题的看法和态度。

第三,情感问题在访谈中同样不可忽视。这类问题关注的是访谈对象在特定情境下的情感体验。例如,可以询问学生:"在学习过程中,你感到最快乐的事情是什么?"通过这样的问题,研究者可以深入了解学生的学习情感和态度。

第四,知识问题也是访谈中常见的一类问题。这类问题主要用来测试访谈对象对特定主题或领域的知识了解程度。在教育研究中,可以问访谈对象:"你对教育心理学有哪些了解?"这样的问题有助于评估访谈对象的专业知识水平。

第五,感觉问题也是访谈中的一个重要环节。这类问题要求访谈对象描述他们对周围环境的感知和体验。例如,可以问教师:"你觉得学生们对你的课程有什么反应?"这样的问题有助于研究者了解教师的教学效果以及学生的真实反馈。

第六,虽然背景问题通常在访谈前就应该了解清楚,但在访谈过程中有时也需要根据具体情况进行补充询问。这类问题主要关注访谈对象的基本信息和背景,如年龄、教育背景、职业

---

① 刘晶波.学前教育研究方法[M].北京:人民教育出版社,2016:196-197.

等。在教育研究中,这些背景信息对于理解访谈对象的观点和行为至关重要。

可以说,访谈中的提问问题类型多种多样,每种类型都有其独特的作用和目的。通过灵活运用这些问题类型,研究者可以更加深入地了解访谈对象的观点、经验和行为,从而为教育研究提供丰富的数据和深入的见解。

2. 提问的技巧

(1)提问时语言要清晰简洁。在访谈中,提问时的语言必须清晰简洁。这样做能确保访谈对象准确理解研究者的意图,避免因语言模糊而产生误解。同时,清晰简洁的问题也能帮助访谈对象快速理清思路,给出更加准确的回答。

(2)注意提问时的语调和语气。语调和语气在访谈提问中至关重要。友善、温和的语调能够营造轻松的氛围,使访谈对象更愿意分享信息。相反,过于严厉或冷淡的语气可能会让访谈对象感到紧张或做防备,从而影响信息的真实性和丰富性[1]。因此,研究者应根据访谈的实际情况,灵活调整自己的语调和语气,以建立良好的沟通关系。

(3)注意将研究性语言转化为口语。在访谈过程中,研究者应避免使用过于学术或专业的语言,以免给访谈对象造成理解困难。研究者应将研究性语言转化为通俗易懂的口语,以确保访谈对象快速准确地理解问题,并给出更加贴近实际的回答。

(4)提问问题应由易到难[2]。访谈中的提问应遵循由易到难的原则。开始时提出一些简单、易于回答的问题,这样有助于访谈对象快速进入状态,并逐步建立信任感。随着访谈的逐步深入,可以再提一些更加复杂、敏感的问题。这种循序渐进的提问方式能够降低访谈对象的防御心理,引导他们更加顺畅地分享想法和观点。

(5)多提问开放性问题。在访谈中,多提问开放性问题能够鼓励访谈对象提供更详细、深入的回答。开放性问题通常没有固定答案,能够激发访谈对象的思考。相比之下,封闭性问题往往只能得到简单的"是"或"否"回答,不利于获取丰富的信息。因此,研究者应精心设计开放性问题,以更好地了解访谈对象的观点和经验。

(6)必要时进行追问。在访谈过程中,研究者应善于捕捉访谈对象言语中的关键信息,并在必要时进行追问。追问有助于帮助研究者进一步深入了解访谈对象的观点、情感和经历,从而获取更全面、准确的数据。同时,追问也体现出研究者对访谈对象的关注和尊重,有助于建立更加深入的交流关系。但需要注意的是,追问应避免过于尖锐或敏感的问题,以免让访谈对象感到不适或产生防备心理。

(二)倾听

在访谈过程中,"倾听"不仅是收集信息的重要手段,更是一种与受访者建立深度连接的方式。有效地倾听不仅能够帮助研究者更好地理解访谈对象的观点和情感,还能够建立起与访谈对象之间的信任和共鸣,从而获取深入而真实的信息。在访谈过程中,对访谈者的倾听有以

---

[1] 侯怀银. 教育研究方法[M]. 2版. 北京:高等教育出版社,2018:135.
[2] 文军,蒋逸民. 质性研究概论[M]. 北京:北京大学出版社,2010:158-159.

下几点具体要求：

一是要展现出积极的倾听态度。这不仅包括保持眼神交流、点头示意等肢体语言，更要求访谈者全神贯注地投入与受访者的交流中。例如，当访谈一位资深教师关于其教学经验时，访谈者应通过积极的倾听，鼓励教师分享更多关于教学实践的见解和心得。

二是要保持开放的心态，避免先入为主的判断。可以说，每位教育者都有其独特的教学理念和方法。访谈者不应仅根据自己的经验或预期来解读受访者的言论，而应深入探究其背后的教育理念和实践智慧。例如，当一位教师提到她"以学生为中心"的教学方法时，访谈者应通过追问，了解这种方法在具体教学实践中的应用和产生的效果。

三是要学会设身处地地理解受访者的情感体验。在访谈中，学会共情非常有助于访谈者深入了解教育者的职业困惑、成就感以及与学生之间的互动情感。例如，当一位教师谈及在处理学生问题所遇到的挑战和收获时，访谈者应通过情感共鸣，体会教师的艰辛与喜悦，从而更全面地理解其教育实践和心路历程[①]。

四是要依据受访者的即时变化及时调整自己的访谈策略。在访谈中，访谈者需要具备敏锐的观察力和灵活的应变能力，能够捕捉到受访者言语和非言语信息中的细微变化，及时调整自己的提问方式和倾听策略。例如，当受访者在谈论某个敏感话题表现出犹豫或不安时，访谈者应通过温柔的语气和适时的鼓励，引导受访者继续分享其经历和见解。

可以说，倾听是一项综合性的艺术，它要求访谈者不仅在行为、认知和情感层面上与受访者建立深度连接，还需要具备敏锐的观察力和灵活的应变能力。通过掌握这种艺术，访谈者能够更加全面地揭示教育现象的本质，为推动教育理论和实践的发展提供宝贵的洞见。

(三)追问

追问是指访谈者就受访者前面所说的一个观点、概念、词语、事件、行为进一步进行探询，将其挑选出来继续向对方发问[②]。追问的目的在于更加深入地理解受访者的观点、经验和情感。它是对初步提问的深化和补充，有助于揭示受访者回答背后更深层次的意义。

1. 追问的时机

追问的时机至关重要。在访谈中，不是所有回答都需要或值得追问，选择何时追问、如何追问，是访谈者需要掌握的技巧之一。

追问通常发生在受访者的回答出现以下情况时：一是如果受访者的回答中存在逻辑不一致或自相矛盾的情况，追问可以帮助其澄清事实，以确保信息的准确性。二是当受访者的回答显得片面或不完整时，追问可以引导其提供更全面的信息。三是对于模糊或含糊其词的回答，追问有助于获得更明确的解释或定义。四是如果回答过于宽泛，缺乏具体细节，追问可以引导受访者给出更具体的例子或经历。五是访谈者可能由于各种原因错过或误解了某些关键信息，此时追问是获取准确信息的必要手段。六是当受访者提出与访谈者以往认知不同的观点

---

① 刘晶波.学前教育研究方法[M].北京：人民教育出版社，2016:199-200.
② 文军,蒋逸民.质性研究概论[M].北京：北京大学出版社，2010:159.

时,追问是探索这一新视角的重要机会①。

例如,在一次关于教育理念的访谈中,如果受访者提道"我觉得现在的教育太注重分数了",访谈者可以追问:"您能具体说说为什么您觉得现在的教育太注重分数了吗?这对学生的全面发展有哪些影响?"这样的问题不仅让受访者有机会详细阐述自己的观点,还能帮助访谈者更全面地了解受访者的教育理念和背后的原因。

2. 追问的方式

追问的方式主要有以下几种类别。

(1)直接追问和迂回追问。直接追问是指访谈者直接针对受访者未回答或回答不完全、不具体的问题进行进一步的询问,要求受访者给出更加详细或明确的回答。这种方式直接明了,能够快速获取所需信息,但有时可能会让受访者感到压力。迂回追问则是通过询问与原问题相关但角度不同的问题,来引导受访者回答原始问题中未涉及或未完全回答的部分。这种方式更为委婉,能够降低受访者的防御心理,引导其自然地提供更多信息,但有时可能需要更多的时间来达到访谈目的。

受访者:在我看来,教育不仅仅是传授知识,更重要的是培养学生的综合素质。一个优秀的教师应该能够激发学生的学习兴趣,引导他们主动探索和学习。

访谈者:你能否详细阐述一下,你认为教师应该如何激发学生的学习兴趣?(直接追问)

受访者:我认为教师可以通过设计富有挑战性的学习任务、使用生动有趣的教学材料,以及鼓励学生参与课堂讨论等方式来激发学生的学习兴趣。

访谈者:那你能否分享一下,你在实际教学中是如何应用这些方法的吗?或者有没有一个具体的案例可以分享?(迂回追问)

受访者:当然,比如我在教授科学课时,曾经设计了一个"探索自然"的项目。我将学生们分组,让他们在课外进行实地考察,观察和记录自然界的生物和现象,然后在课堂上分享他们的发现,并进行讨论。这个项目不仅激发了学生们对科学的兴趣,还培养了他们的观察力和团队合作能力。

在这个例子中,访谈者首先通过直接追问让受访者详细解释了如何激发学生的学习兴趣。接着通过迂回追问,访谈者引导访谈对象分享了一个具体的教学案例,展示了其在实际教学中如何应用这些方法。这不仅让访谈者更深入地了解了受访者的教学理念和方法,还使得访谈内容更加生动和具体。

(2)当场追问与事后追问。当场追问与事后追问是访谈中的两种追问方式,它们在实施的时间和目的上有所不同②。

当场追问是指在访谈进行过程中,访谈者及时对不懂或希望深入了解的内容进行追问。这种方式主要用于澄清受访者的表述,解决访谈者即时的疑惑,并确保访谈能够顺畅进行。当

---

① 刘晶波.学前教育研究方法[M].北京:人民教育出版社,2016:200.
② 刘晶波.学前教育研究方法[M].北京:人民教育出版社,2016:201-202.

场追问有助于访谈者更好地理解受访者的观点,防止误解或遗漏重要信息,同时也为受访者提供了进一步解释和阐述自己观点的机会。

事后追问则是在访谈结束后进行的追加提问。它主要有两种方式:一种是在访谈结束后,访谈者对于访谈中涉及的重要概念、观点或理论问题仍有疑问,可以记录下来,在后续的访谈或单独交流中再次追问;另一种是在访谈者整理记录时,发现还有一些问题需要向受访者确认或深入了解,此时可以再次联系受访者进行追问。事后追问的目的是对访谈内容进行更深入的挖掘和确认,以确保访谈结果的准确性和完整性。

简而言之,当场追问是访谈过程中的即时反应,用于解决即时的疑惑和澄清表述;事后追问则是在访谈结束后,为了更深入挖掘和确认访谈内容而进行的追加提问。两种方式都是为了确保访谈结果的准确性和完整性,只是实施的时间和目的略有不同。

3. 追问的基本要求

(1)追问要适时和适度。追问是深入了解受访者观点和感受的重要技巧,但追问必须适时和适度。如果追问过早或过于频繁,可能会干扰受访者的思路,打乱他们的回答。因此,研究者需要在适当的时候进行追问,通常是在受访者回答的基础上,根据回答的具体情况进行追问。同时,追问的频率也要适度,避免过于频繁,以免让受访者感到厌烦。

(2)追问要与受访者的回答相关。追问的问题应紧密围绕受访者的回答展开,以确保对话的连贯性和深度。无关的追问不仅会打断受访者的思路,还可能使访谈偏离主题,降低访谈效率。因此,访谈者在追问前应仔细聆听受访者的回答,从中捕捉关键信息,并据此设计出有针对性的追问问题,以引导受访者进一步阐述和解释。

(3)尽量用受访者的语言和概念来进行追问。使用受访者的语言和概念进行追问,有助于受访者更好地理解和回答问题,同时也有助于访谈者更准确地把握受访者的观点和态度。因此,访谈者在追问时应尽量采用受访者使用过的词汇和表达方式,以保持对话的一致性和流畅性。这样做不仅能够提高访谈的效率,还能够让受访者感到被理解和尊重。

(4)追问要保持价值中立。访谈者在追问过程中应保持客观中立的态度,避免将自己的主观意见或价值观插入问题中。为了实现价值中立,访谈者需要时刻保持警觉,避免在追问中流露出自己的主观倾向或判断。只有保持价值中立,才能确保受访者的回答不受访谈者个人偏见的影响,从而更真实地反映受访者的观点和态度。

(5)追问不应伤害受访者的感情。追问时应注重保护受访者的感情和隐私,避免提出过于敏感或侵犯个人隐私的问题。尊重和理解是建立良好访谈关系的基础,访谈者在追问过程中应始终保持友善和尊重的态度,以确保受访者能够在舒适和信任的氛围中分享自己的观点和经历。同时,访谈者还应注意观察受访者的情绪变化,及时调整追问方式和内容,以保持访谈的顺利进行。

(四)回应

在访谈过程中,访谈者的回应是至关重要的,它不仅体现了对受访者的尊重和关注,还能够鼓励受访者更深入地分享自己的经历和观点。

1. 回应的方式

在访谈中,访谈者可以通过言语或非言语方式来回应受访者,回应的基本原则是及时、自然且真诚[1]。

(1)表达认可。当受访者分享观点或经历时,访谈者可以通过简单的言语如"嗯""对"来表示自己在认真倾听,并通过点头或微笑等非言语行为来传递认可和鼓励。这种回应方式能够让受访者感到被接纳和理解,从而更愿意继续分享。

(2)重复、澄清与总结。访谈者可以通过重复受访者的话语来确保自己正确理解了对方的意思。例如,"所以你每天晚上都会加班到很晚,是这样吗?"这种方式有助于受访者进一步详细阐述[2]。同时,访谈者还可以用自己的话来澄清或总结受访者的观点。例如,"听起来,你感觉到目前的工作压力很大。"这样的回应既能帮助访谈者检验自己的理解,也能鼓励受访者继续深入交谈。

(3)分享相似经历。在适当的时候,访谈者可以分享一些与受访者相似的经历或感受。例如,如果受访者谈到工作压力,访谈者可以说:"我也曾经有过类似的经历,那时候我确实感觉压力很大。"这种自我暴露能够拉近与受访者之间的距离,使受访者感到更加被理解。同时,访谈者应注意不要过度分享,以免偏离访谈主题或让受访者感到不适[3]。

(4)提供解释与支持。当受访者对某些问题感到困惑或不解时,访谈者可以提供必要的解释和支持。例如,如果受访者提到某个专业术语或复杂概念,访谈者可以用更通俗的语言进行解释,以确保交流的顺畅进行。另外,当受访者没有听清访谈者所提问题或对问题理解有误的时候,访谈者需要做出恰如其分的解释。

(5)运用非言语回应。除了言语回应外,访谈者还可以通过面部表情、肢体语言、眼神交流等非言语方式来传递信息和情感。一个鼓励的微笑、一个认真的眼神交流,都能让受访者感到被关注和支持。同时,访谈者要注意自己的声音变化,避免使用过于生硬或冷淡的语调,以营造轻松、友好的访谈氛围。

2. 回应的基本要求

(1)应有助于访谈的深入开展。回应的首要任务是推动访谈的深入开展。访谈者的每一次回应,都应当是对受访者话题的延伸和深入探讨,旨在引导受访者提供更多详细的信息、观点或感受。有效的回应能够激发受访者的谈话兴趣,鼓励他们分享更多深层次的思考和经历,从而丰富访谈内容。

(2)把握恰当的回应时机。在访谈中,选择何时回应受访者是一个重要的技巧。访谈者需要敏锐地捕捉受访者的言语和非言语信息,判断何时是回应的最佳时机。过早的回应可能会打断受访者的思路,而过晚的回应则可能使访谈出现冷场。恰当的回应时机能够保持访谈的

---

[1] 刘晶波. 学前教育研究方法[M]. 北京:人民教育出版社,2016:202-203.
[2] 文军,蒋逸民. 质性研究概论[M]. 北京:北京大学出版社,2010:163-164.
[3] 王彩凤,庄建东. 学前教育研究方法[M]. 北京:北京师范大学出版社,2011:110.

流畅性,同时使受访者感到被理解和尊重。

(3)灵活调整回应策略。由于每个受访者的性格、经历和观点都不同,故访谈者需要根据实际情况灵活调整回应策略。对于健谈的受访者,访谈者可以更多地使用总结和澄清的回应方式;对于内向的受访者,认可和鼓励可能更为有效。此外,随着访谈的深入,访谈者还应根据受访者的反馈和话题的转变,灵活调整回应方式,以保持访谈的活力和深度。

(4)注意回应的语气和方式。回应的语气和方式对访谈的氛围和效果有着重要影响。访谈者应以友善、尊重和专业的态度进行回应,避免使用生硬、冷漠或质疑的语气。同时,回应的方式也应与受访者的风格和需求相匹配,以确保信息传递的准确性和有效性。温和的语气和恰当的回应方式能够营造轻松、舒适的访谈环境,从而有助于受访者更自然地分享自己的经历和观点。

四、访谈结束

访谈的终结同样重要,它不仅关系到整个访谈过程的完整性,还影响着受访者对访谈的整体印象。一个圆满的访谈结束应当营造和谐的氛围,并以自然流畅的方式画上句号。为确保访谈的完美收官,访谈者应着重关注以下几个方面。

(一)准确把握访谈的结束时机

通常而言,访谈的时长宜控制在1~2个小时之内。当访谈超出预定时间,或者观察到受访者显露出疲态、回应变得迟缓,又或是受到外部因素的干扰如有访客到来、电话铃声响起等,抑或是访谈者判断已收集到充足的信息,且受访者的回答开始重复时,就应适时地结束访谈。在此情形下,继续访谈只会增添受访者的疲惫与不安。

(二)向访谈对象表达诚挚感谢

访谈临近尾声时,访谈者应向受访者表达由衷的感激之情,肯定他们在访谈中的支持与合作。同时表明通过此次交流,访谈者获得了诸多宝贵的信息与洞见。即便是与儿童分享交流,访谈者也应秉持同等的尊重,对他们的参与和帮助致以真诚的谢意。

(三)重申对访谈资料的保密承诺

在访谈结束之际,访谈者应再次向受访者保证将严格遵守资料保密原则,这一点至关重要。这能够让受访者确信他们的个人信息和对话内容均得到妥善保护,从而增强他们对研究者的信任感,为未来可能的合作奠定良好的基础。

(四)明确后续联系相关事宜

若预期未来还需进行进一步的访谈,访谈者应提前向受访者说明情况,让他们对此有所准备。如果预计将来就某些问题仍需向受访者请教,访谈者也应明确告知,以保持沟通的连续性和有效性。

第三节 访谈记录及资料整理

访谈不仅在于过程的执行,更在于后续的记录与整理。一份详尽而准确的访谈记录,是数据分析和解读的基石;而对访谈资料的细致整理与深入分析,则是从庞杂信息中提炼研究价值的关键。那么,如何做好访谈记录?又如何对访谈资料进行整理和分析呢?本节将为大家详细阐述访谈记录的方式与要求以及访谈资料的整理与分析方法。

➤ 一、访谈记录

(一)记录方式

在教育研究中,为了确保受访者的每一句话都能被准确记录,通常会采用录音录像记录为主,辅以纸笔记录的方式。这种方式结合了两种记录方法的优点,既保证了记录的完整性和准确性,又方便了后续的资料整理和分析。

1. 录音录像记录

随着科技的发展,录音录像设备在访谈中的应用越来越广泛。通过录音录像,访谈者可以完整、准确地记录下受访者的每一句话和每一个动作。这种方式极大地提高了记录的效率和准确性,也使得访谈者可以更加专注于与受访者的交流。但需要注意的是,使用录音录像设备应事先征得受访者的同意,并确保其隐私权得到充分保护。

2. 纸笔记录

纸笔记录较为原始,其优点在于灵活性高,不受电源等外部条件限制。纸笔记录分为现场记录和访谈后记录两种。

(1)现场记录。现场记录是在访谈过程中即时进行的记录方式。它要求访谈者具备快速的书写能力和敏锐的捕捉能力,以便在受访者发言时能够迅速而准确地记录下关键信息。现场记录的优势在于即时性,能够捕捉到受访者的原始表述和情感反应,这对于后续的资料整理和分析具有极高的参考价值。然而,这种方式也对访谈者的专注力和记录速度提出了较高的要求,一旦错过某些重要信息,可能就无法再找回。因此,在进行现场记录时,访谈者需要保持高度的警觉和专注力,以确保能够完整地记录下受访者的每一句重要表述。

(2)访谈后记录。访谈后记录是在访谈结束后进行的补充记录。这种记录方式主要用于捕捉访谈者在访谈过程中的感受、困惑以及个人反思等信息。与现场记录相比,访谈后记录更加灵活,不受时间限制,可以让访谈者有足够的时间去回味和思考访谈过程中的每一个细节。通过这种方式,访谈者可以更加深入地挖掘受访者的潜在意图和情感反应,从而为后续的研究提供更加丰富的素材。同时,访谈后记录也是访谈者对自身研究方法和过程的反思与总结,有助于提升访谈者的研究能力和专业素养。

(二)记录的要求

1. 要逐字逐句详细记录

逐字逐句详细记录是访谈记录的基本要求。这意味着访谈者需要准确地记录下受访者的每一个字、每一个词,甚至是每一个停顿和语气词。这样可以保留受访者原始而真实的表述,避免信息的遗漏或曲解。

2. 要忠实记录受访者原话

忠实记录受访者原话是访谈记录的核心原则。访谈者不应加入自己的主观意见或修改受访者的表述。这样做可以确保记录的客观性和准确性,同时也是对受访者的尊重。忠实记录受访者原话有助于研究者更好地理解受访者的观点、态度和情感,为后续的研究提供可靠的依据。

3. 要标明访谈时间、地点和情境

标明访谈的时间、地点和情境对于访谈记录来说非常重要。这些信息为访谈内容提供了必要的背景,有助于理解受访者在特定环境下的表述和行为。同时,时间、地点和情境的标注也有助于后续对访谈资料进行归类和整理,提高研究的系统性和条理性。

4. 要注意记录的保密性

访谈者需要确保受访者的个人信息和对话内容不被泄露给无关人员。这既是出于对受访者的尊重和保护,也是维护研究伦理和信誉的必要举措。访谈者应采取适当的措施,如加密存储、限制访问等,以确保记录的保密性。

5. 及时整理和保存记录

访谈结束后,访谈者应尽快对记录进行整理,包括校对、分类和归档等工作。这样做可以防止记录的遗失或损坏,同时也有助于后续对访谈资料的高效利用和分析。

▶ 二、访谈资料的整理与分析

(一)访谈资料的整理

访谈结束后,对访谈资料进行细致的整理是确保研究质量的重要环节。整理工作应随着每次访谈的结束而及时进行,以确保资料的时效性和准确性。最好在访谈当天进行整理,如果时间紧迫,也务必在近期内完成,以免遗忘。

1. 将录音录像转录为文字稿

转录录音录像是访谈资料整理的首要步骤。这一过程要求研究者将访谈的原始声音或影像资料仔细且准确地转化为文字稿。这样做不仅为后续资料分析提供了便捷,更保证了研究的真实性和可信度。在转录过程中,研究者必须保持高度的专注,以确保不遗漏受访者的任何一句话,从而全面捕捉受访者的观点和态度。

2. 补充完善并校对访谈资料

在访谈过程中,由于时间限制或话题的转换,有些内容可能会被简化或省略。因此,在整理资料时,研究者需要根据访谈的上下文和自己的记忆,对这些内容进行补充和完善。同时,对整理好的资料进行仔细的校对也是必不可少的环节,这可以帮助研究者发现并纠正可能存在的错误或遗漏,从而确保资料的准确性和完整性。

3. 明确标注关键信息

通过仔细阅读转录的文字稿,研究者需要识别出受访者的关键观点、重要感受以及有价值的信息,并进行明确的标注。这样做不仅有助于研究者后续对这些关键信息进行深入的分析和研究,还能提高研究的工作效率,使研究者更快地定位和提取所需信息。

4. 记录非言语信息

除了言语信息外,受访者的面部表情、肢体语言、语调和语气等,都可能蕴含着丰富的信息和情感。在整理资料时,研究者需要敏锐地捕捉并记录这些非言语信息,以便更全面地理解受访者的真实态度和情感。这对于深入研究和分析访谈内容具有重要意义。

5. 对资料进行编号

为了方便后续查阅和分析,研究者需要根据访谈的时间顺序、受访者或其他相关标准进行编号。这样做不仅有助于研究者快速定位到特定的访谈资料,还能提高整个研究的条理性和系统性。

6. *存储与备份*

为了确保访谈资料的安全性和可访问性,研究者需要妥善存储资料,并做好备份工作。研究者可以选择将资料以电子版或纸质版形式储存,并考虑使用云存储等现代科技手段进行备份,以防止资料的丢失或损坏。同时,建立索引和目录也是提高整理效率和后续数据分析便利性的有效方法。

(二)访谈资料的分析

访谈资料分析是一个细致且深入的过程,它要求研究者从原始的、未经处理的访谈资料中提炼出有意义的信息,进一步理解受访者的观点、态度和行为以及它们背后的深层次含义。访谈资料的分析通常包括以下几个步骤:

1. *原始资料的初步阅读与理解*

在开始分析前,研究者需要对原始访谈资料进行初步阅读,以获得对资料的整体感知,了解受访者的基本观点和情感倾向。阅读时,研究者应保持开放和中立的态度,避免将个人的偏见或先入为主的观念带入资料的理解中。同时,这也是一个让资料"说话"的过程,即让研究者从受访者的叙述中听到他们的声音,感受到他们的情感和态度。

2. *资料的深入阅读与意义探寻*

在初步阅读之后,研究者需要进行深入的阅读,以探寻资料中的深层含义。这一过程中,研究者需要关注受访者的言语表达、情感反应和行为模式,从中发现隐藏的信息和线索。例如,受访者在谈论某个话题时的语气、语速和表情变化,都可能透露出他们对该话题的真实态度和感受。同时,研究者还需要注意寻找事件及概念之间的联系,以构建更为完整和连贯的故事线或主题。

3. *资料的登录与重新组合*

资料登录是将原始资料打乱后,根据新发现的意义进行重新组合的过程。在这一过程中,研究者需要运用自己的判断力和洞察力,从纷繁复杂的资料中找到关键的信息点,并将它们按照新的主题或类别进行组合。

4. 本土概念的挖掘与提炼

本土概念是受访者在叙述中自然流露出的、具有特定文化或群体特色的概念或表达方式。挖掘和提炼这些本土概念对于深入理解受访者的观点和行为至关重要。研究者需要仔细聆听受访者的叙述，捕捉那些能够反映其独特视角和感受的词语、短语或句子。这些本土概念不仅有助于丰富研究的内涵，还能提高研究的真实性和可信度。

5. 编码与归档

编码是将访谈资料中的关键信息和主题进行分类和标记的过程。通过编码，研究者可以系统地整理和组织资料，为后续的分析和撰写报告提供便利。归档则是将编码后的资料以有序的方式进行存储和管理，以确保研究过程中的数据安全和可追溯性。在编码和归档过程中，研究者需要保持清晰的思路和一致的标准，以确保资料的准确性和可靠性。

6. 深度分析与理论构建

在完成上述步骤后，研究者可以进行更为深入的分析和理论构建工作。这包括对已编码的资料进行进一步的解读和阐释，探究其中的意义、关系和模式。通过深度分析，研究者可以发现新的研究问题、提出新的假设或验证现有的理论模型。同时，这也是一个将实证数据与理论知识相结合的过程，有助于推动相关领域的研究进展。

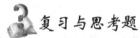

复习与思考题

1. 请简述访谈法的含义及其在教育研究中的应用价值。
2. 访谈法有哪些主要类型？请根据不同的分类标准对其进行列举和解释。
3. 阐述访谈法的优势和局限性，并讨论如何在实践中充分发挥其优势并克服其局限性。
4. 在进行访谈前，应做好哪些准备工作？请详细说明每个步骤的重要性和实施方法。
5. 如何与访谈对象建立有效联系并创设融洽的气氛？请给出你的建议。
6. 提问在访谈中扮演着重要角色，请谈谈提问的技巧以及如何有效地进行追问。
7. 倾听在访谈中同样重要，你认为应如何做到有效倾听，请给出你的看法。
8. 访谈记录有哪些方式？它们各有哪些优缺点？请进行比较分析。
9. 结合实际案例，讨论如何提高访谈的质量和效果，以及如何应对可能出现的困难。
10. 在进行访谈时，应如何确保受访者的隐私和权益得到保护？请给出你的建议。
11. 如何制订有效的访谈计划？请结合实际研究问题进行讨论。
12. 在访谈过程中，如何判断并把握访谈的结束时机？请分享你的经验或看法。
13. 结合本章内容，设计一个针对特定教育研究问题的访谈方案，并说明其实施步骤和预期目标。

第八章

问卷调查法在教育研究中的运用

内容提要

问卷调查法是教育研究中常用的一种方法,它通过问卷广泛收集受调查者的意见和反馈,为研究者提供大量可供量化分析的数据。本章将详细介绍问卷调查法的相关知识和应用技巧。首先,本章概述了问卷调查法的含义、特征及其优势与局限性。其次,本章深入探讨了调查问卷的基本结构,并详细阐述了如何编制一份科学有效的调查问卷。最后,本章还阐述了问卷调查法的实施步骤。通过学习本章,希望大家能够熟练掌握问卷调查法的操作要领和注意事项,为教育研究提供更为准确和全面的数据支持。

学习目标

1. 明确理解问卷调查法的含义、特征及其在教育研究中的重要性。
2. 理解问卷调查法的优势与局限性,以便更有效地运用该方法开展教育研究。
3. 熟悉并掌握设计和编制调查问卷的关键步骤和要素,包括问题的形式、语言和设问方式以及题目的排序等。
4. 全面了解问卷调查法的实施过程,从明确调查目的到呈现研究结果,每个步骤都能熟练把握。
5. 学会对收集到的问卷数据进行有效的整理和分析,以确保研究的准确性和有效性。
6. 通过实践应用,提升在教育研究中运用问卷调查法的能力,并能根据实际需求灵活调整问卷设计和调查策略。

情境案例

在T市高中,李老师为深入了解学生在英语学习方面的困难与需求,决定采用问卷调查法进行研究。她针对词汇、语法、阅读和口语等各方面,采用封闭式与开放式问题相结合的方式,设计了一份详尽的调查问卷,以期能全面了解学生在英语学习方面的真实想法。

问卷发放后,得到了学生们的积极回应。李老师最后通过数据分析,发现多数学生在词汇记忆和阅读理解上存在困难,并发现学生希望得到更多的帮助和训练。同时,学生们也提出了增加课堂互动和多媒体教学等建议。

基于这些数据，李老师迅速调整了教学策略，加强了词汇记忆技巧方面的教学比重，提升了阅读训练强度，并丰富了课堂教学方式。经过改进，李老师发现学生的英语学习兴趣和成绩都有了显著提升。

评析：本案例向我们展示了问卷调查法在教育研究中的应用和效果。通过一份精心设计的问卷，李老师快速而准确地捕捉到了学生在英语学习中的痛点和需求，这为后续的教学调整提供了有力的数据支撑。

问卷调查法的优势在于其覆盖面广，能够系统地反映学生群体的整体情况和需求。结合封闭式与开放式问题，不仅揭示了学生在英语学习中的普遍难点，如词汇记忆和阅读理解，还收集到了学生对教学方式的个性化建议。

李老师的快速响应和针对性的教学策略调整，体现了数据驱动教学的即时性和有效性。学生的英语成绩和学习兴趣的显著提升，是问卷调查法在教育研究中价值的直接体现。

第一节 问卷调查法概述

在教育研究的广阔天地中，问卷调查法以其独特的魅力和实用性，成为了解和研究教育现象的重要工具。通过精心设计的问题，问卷调查法能够广泛地收集信息，反映人们的观点、态度和行为，为研究者揭示教育领域的各种规律和趋势。那么，究竟什么是问卷调查法？它有哪些特征？它在教育研究中的价值如何？它有着怎样的优势和局限性呢？接下来，就让我们一起走进问卷调查法的世界，探寻其中的奥秘。

一、问卷调查法的含义

问卷调查法起源于19世纪末，由英国科学家弗朗西斯·高尔顿（Francis Galton）创立，现已成为教育研究中常用的一种调查研究手段。问卷调查法是指研究者根据研究目的和内容，精心设计和编制问卷，通过向特定调查对象发放问卷以系统地收集信息，并对回收的问卷进行数据整理和分析，从而得出科学结论的一种标准化的数据收集方法。

（一）问卷调查法是常用的量化研究方法之一

问卷调查法作为一种广泛应用的量化研究方法，通过编制标准化的问卷，系统地收集被调查对象的信息。量化研究强调对现象进行数量化的描述和分析，而问卷调查法正好能满足这一需求。通过问卷，研究者可以将复杂的现象转化为可测量的数据，进而利用统计方法进行分析，从而得出客观、精确的结论。因此，问卷调查法在量化研究中占有重要地位。

（二）问卷调查法主要用于事实性和主观性资料的获取

问卷调查法在收集资料方面具有独特的优势，它既可以获取被调查对象的基本情况、行为等事实性资料，也可以了解被调查对象的观点、态度、意愿等主观性资料。通过设计不同类型的问题，如选择题、填空题、李克特量表等，问卷调查法能够全面而系统地收集到丰富多样的信息,为研究提供充足的数据支持。

(三)问卷调查法有相对标准化的工作流程和程序

问卷调查法的实施过程遵循一套相对标准化的工作流程和程序。这包括问卷的设计、样本的选择、问卷的分发与回收、数据的整理与分析等步骤。每一个环节都需要严格按照科学的方法和规范进行操作,以确保数据的真实性和有效性。这种标准化的工作流程和程序不仅提高了研究的可重复性,也增强了研究结果的信度和效度。

(四)问卷调查法的实施关键在于调查问卷的设计

问卷设计是问卷调查法的核心环节,其质量直接关系到整个研究的成败。一个好的问卷需要具备明确的研究目的、合理的问题设置、清晰的选项表述以及适当的问卷长度等特点。同时,还需要考虑被调查对象的特点和需求,以确保问卷的针对性和可行性。只有精心设计的问卷才能有效地收集到真实、准确的数据,为研究提供有力的支持。因此,问卷调查法的实施关键在于调查问卷的设计。

➢ 二、问卷调查法的特征

(一)调查工具的统一性

在进行问卷调查时,所有被调查者接收到的问卷都是相同的。这种统一性确保了数据的可比性和一致性,使得研究者能够对不同被调查者的回答进行有效的对比和分析。统一的问卷设计还有助于减少调查过程中的误差和偏见,提高数据的准确性和可靠性。同时,统一的调查工具还方便了数据的整理和处理,提高了研究效率。

(二)调查方式的灵活性

问卷调查法可以通过多种渠道进行分发,如面对面递交、邮寄、电子邮件、在线平台等。这种灵活性使得问卷调查法能够适应不同的研究场景和被调查对象的需求。例如,对于难以接触到的被调查者,可以通过在线平台或电子邮件进行远程调查;对于需要深入了解的特定群体,则可以采用面对面的方式进行深入交流[①]。

(三)调查过程的匿名性

在问卷调查中,被调查者通常不需要透露自己的真实身份,这有助于减轻他们的顾虑和压力,从而更加真实地表达自己的观点和态度。匿名性不仅保护了被调查者的隐私,还提高了数据的真实性和可信度。当被调查者知道自己的回答不会被追溯到个人时,他们更可能坦诚地回答问题,而不是受到社会期望或偏见的影响。

(四)调查结果的量化性

通过问卷调查所获得的数据和结果可以很方便地转化为数字或数值形式,从而进行量化分析和统计。这种量化性为研究者提供了客观、精确的数据支持,使得研究结果更具说服力。

---

① 王彩风,庄建东.学前教育研究方法[M].北京:北京师范大学出版社,2011:97.

量化性的优势在于研究者能够运用统计学方法对数据进行处理和分析,比如计算平均值、标准差、相关性系数等,从而更准确地描述被调查群体的特征和行为模式。同时,量化数据还便于进行不同群体之间的比较以及进行时间序列分析或趋势预测。

三、问卷调查法的优势与局限性

(一)问卷调查法的优势

1. 节省资源且方便实用

问卷调查法采用书面形式来提出问题和收集答案,这种方式避免了研究者与每个调查对象进行面对面的交流。因此,它能够显著节省时间、人力和财力资源,特别适合于大规模或跨地域的研究项目。同时,书面形式的交流也使得数据收集过程更加标准化和方便实用。

2. 能够获得大容量样本

问卷调查能够在大范围内分发,不受时间和空间的限制。这意味着研究者可以根据研究需要,轻松地抽取大容量的样本,从而更好地代表总体情况。这种广泛的覆盖范围和代表性,使得问卷调查成为一种非常有效的数据收集工具。

3. 数据收集效率高

只要研究设计和问卷编制得当,问卷调查法就可以在相对较短的时间内收集到大量关于研究对象的信息,这种高效率的数据收集方式使得研究者能够迅速获取所需数据。

4. 具有高度结构化与标准化的数据格式

问卷调查通常具有高度的结构性和标准化程度。这意味着所有被调查者都将回答相同的问题,便于后续的数据整理、统计和定量分析。这种结构化和标准化的数据格式有助于提高数据的准确性和可靠性。

5. 具有匿名性与客观性

在问卷调查中,研究对象作答用时较短,并且通常不需要署名。这种匿名性有助于减少环境干扰,使被调查者更愿意提供真实的意见和反馈。因此,问卷调查法能够比较客观地反映被调查者的真实想法和态度。

(二)问卷调查法的局限性

1. 缺乏灵活性

问卷调查是研究对象独立作答的,当遇到误解或歧义时,研究者无法及时进行现场指导和说明。一旦调查结束后发现问题,也很难进行更改和补救。因此,缺乏灵活性可能会影响研究的信度和有效性。

2. 受研究深度的限制

问卷调查所收集的信息往往比较表面化,难以深入了解研究对象的内心真实想法和深层次的态度。与面对面访谈相比,问卷调查无法采用"追问"等方法来进一步挖掘信息,从而在一定程度上限制了研究的深度①。

3.存在回收率和研究效度的问题

由于研究者无法完全控制作答过程,故研究对象可能因为隐私保护、对问题的理解程度等原因,对某些问题选择不回答或提供不准确的信息。这种情况往往会影响问卷的回收率和研究效度,使得数据分析结果可能存在一定的偏差或误差。

第二节 调查问卷的基本结构及其编制

一份结构清晰且设计合理的问卷能够帮助研究者收集到准确且有价值的数据,为后续的研究和分析奠定坚实基础。接下来,我们将引导大家深入探讨调查问卷的基本结构及其编制方法。

➢ 一、调查问卷的基本结构

了解调查问卷的结构是科学设计一份调查问卷的前提条件。从醒目的标题到亲切的卷首问候,再到问题与答案设置以及最后的结语,每一个环节都承载着特定的功能与意义。接下来,我们将逐一剖析这些构成元素,以便更好地掌握如何设计一份完整且专业的调查问卷。

(一)标题

标题即问卷的题目,是对整个问卷调查目的和内容的集中反映,一份问卷必须有一个标题。标题作为问卷的"门面",不仅是问卷的标识,更是对问卷调查目的和内容的高度概括。一个精心设计的问卷标题能够迅速吸引目标受众的注意,提升他们的参与意愿,从而收集到更加真实、有效的数据。

在设计教育问卷的标题时,应充分考虑问卷调查的目的和内容,确保标题简洁明了,能够准确传达调查的主题。同时,为了避免对被调查者产生暗示或偏见,标题的语言应保持中性,不要过于具体或具有引导性。例如,如果研究者要调查学生对在线教育的接受度和效果,标题可以设计为"学生在线教育体验调查问卷",这样的标题既明确了调查的主题,又没有直接暴露调查的具体内容,给予被调查者一个相对客观、中立的回答环境。

此外,对于敏感或可能引发压力的主题,标题的设计更应注重策略性。以一项关于学生心理健康状况的调查为例,研究者可以将标题设计为"学生生活与学习状况调研问卷",而非直接命名为"学生心理健康调查问卷"。这样的命名方式能够降低学生的戒备心理,使被调查者更愿意提供真实、深入的回答,从而提高问卷的有效性和可靠性。因此,教育问卷标题的设计应紧密结合调查目的,既要清晰传达主题,又要考虑被调查者的心理感受,以确保调查结果的客观性和准确性。

---

① 侯怀银.教育研究方法[M].2版.北京:高等教育出版社,2018:132.

(二)卷首语

卷首语相当于调查问卷的"自我介绍信",是用来指导调查对象填写问卷的说明性文字,其作用是对填表的方法、要求、时间、注意事项等进行说明。卷首语通常放在问卷第一页的最上面,也即标题之下就是卷首语。通过卷首语,调查者可以向受访者清晰地传达问卷的目的和重要性,解释为何进行此项调查以及调查结果的用途。这不仅有助于提升受访者的参与意愿,还能确保他们提供准确而真实的信息。

卷首语一般包括以下七方面的内容:一是尊称及敬语。对填写问卷的人应有一个恰当的称呼,如"亲爱的同学们:大家好!"或"尊敬的老师:您好!"等,以示尊重。二是简要介绍本问卷调查目的。介绍时要注意言简意赅,尽量用一句话概括。三是要明确对调查对象的期望和要求,使得填写者了解他们在这次调查中的重要性和责任。四是要提供填写问卷的具体说明,指导填写者如何正确并完整地填写问卷。五是要重点强调调查的匿名性和保密性,要确保填写者明白他们的信息将会受到保护,并说明问卷的填写是否与其切身利益有关,从而鼓励他们如实填写。六是要向问卷填写者表达诚挚的感谢,使用"谢谢合作"等礼貌用语。七是要在卷首语末尾署名,包括你的名字或者课题组名称,并注明日期。

卷首语设计的总体要求是用礼貌、亲切、简洁的语言向填写者明确调查的目的、填写方法以及保密性,同时表达诚挚的感谢,以确保问卷能够得到填写者的理解、信任和有效回应。卷首语通常一段话就够了,一般五行左右,切忌太啰唆。

(三)问题和答案选项

问题和答案选项是问卷设计的核心环节,它们直接关系到调查结果的准确性和资料收集的质量。在设计问题时,应重点关注个人静态资料、行为描述以及态度评判等三个方面①。

1. 个人静态资料

这类问题用于收集被调查者的基本信息,如性别、年龄、学历等。这些信息对于理解被调查者的背景和特征至关重要,但需注意,只有当这些信息与研究目的相关时才应收集。

2. 行为描述

此类问题旨在了解被调查者的行为习惯。设计这类问题时,应将可能的行为描述出来,并让被调查者自行判断其行为的符合程度。例如,通过提供五级量表(如"很不同意"至"很同意"),让被调查者就其日常行为的描述选择最合适的选项。这种方法的有效性建立在被调查者的诚实回答基础上。

3. 态度评判

这类问题用于探究被调查者对特定行为或观点的看法。与行为描述类似,态度评判问题通常也采用五级量表的形式。可以说,这类问题的有效性往往依赖于被调查者对自身态度的准确认知。

---

① 胡中锋. 教育科学研究方法[M]. 2版. 北京:中国人民大学出版社,2023:104.

需要注意的是，在设计调查问卷时，并不要求同时包含上述三类问题，但通常至少会包含行为描述或态度评判中的一类，以便更加全面地了解被调查者。同时，所有问题的设计都应紧密围绕研究目的展开，尽可能避免涉及无关、敏感或隐私问题。

一般而言，个人静态资料在统计分析中提供有用的背景信息，而行为描述和态度评判则更直接地关联到调查的主题和目的。通过精心设计这三类问题，研究人员能够收集到全面而准确的数据，从而有效地支持其研究和分析工作。

（四）结语

结语通常有以下两种表达方式。

一是致谢并提醒检查。结语的首要任务是向被调查者表达诚挚的感谢。这种感谢不仅是对被调查者参与调查的认可，也是调查者礼貌和尊重的体现。同时，为了确保问卷的质量，可以在结语中提醒被调查者检查问卷，确保没有漏填或错填的情况。例如，"问卷到此结束，非常感谢您的参与和配合。请您再次核对问卷，确保没有漏答或错答的问题。"

二是提出开放性问题。除了感谢和提醒，结语还可以巧妙地提出一个与调查主题相关的重要问题，以开放性问题的形式呈现。开放性问题能够鼓励被调查者自由表达他们的观点、经验和建议，从而为调查提供更丰富的信息。例如，在关于教学方法的调查问卷中，可以在结语中提出："在使用这种教学方法的过程中，您有哪些改进建议？请在下方横线处填写。"

需要注意的是，结语应简洁明了，避免冗长和复杂的表述。简短的结语更容易引起被调查者的注意，也更容易被他们理解和接受。同时，结语的语言应亲切、友好，以营造一种轻松而愉快的氛围，让被调查者愿意提供更多而真实的信息。

➤ 二、调查问卷的编制

问卷编制是一项系统性且精细化的工作，需要充分的准备和设计。下面我们将围绕问卷编制的准备和设计两个方面来阐述如何编制一份高质量的调查问卷。

（一）问卷编制的准备阶段

1. 问卷编制前的探索工作

问卷编制前的探索工作是整个问卷设计流程中的首个重要环节，它为后续的问卷设计提供了方向和指导。这一阶段的目的是确保问卷的内容、结构和问题都能够精准地反映调查的目的和需求，同时确保问卷的科学性、有效性和实用性。探索工作主要包括以下几个方面：

一是明确研究目的和主题。在开始设计问卷之前，必须清晰定义研究的主要目的和目标。这涉及对研究背景的深入理解以及对研究主题的细致分析。通过明确研究目的，可以确保问卷中的问题都是围绕研究主题展开的，从而提高问卷的针对性和有效性。

二是进行文献回顾与资料收集。通过查阅相关领域的文献资料，了解已有的研究成果和观点，可以避免重复研究，并为问卷设计提供理论支持和参考。同时，收集与研究主题相关的各种资料，包括统计数据、案例研究等，有助于研究者更加全面地理解研究主题，并设计出更加具体而有针对性的问题。

三是初步确定调查对象和范围。根据研究目的和主题,初步确定问卷的调查对象和范围。这包括明确目标人群的特征、确定调查的地理区域以及了解潜在受访者的基本情况。

四是进行专家咨询与初访。在设计问卷之前,咨询相关领域的专家或资深研究人员是非常有必要的。专家可以提出宝贵的意见和建议,帮助研究人员构思问卷的内容和结构。同时,进行初步的访谈或调查,了解潜在受访者的看法和意见,也有助于研究人员设计出更加符合实际情况、更易于被受访者理解和接受的问卷。

五是要评估问卷实施的可行性。在此阶段,还需要对问卷实施的可行性进行评估。这包括考虑时间、经费、人力等资源是否充足以及是否存在其他可能影响问卷实施的因素。通过评估,可以及时发现并解决潜在的问题,确保后续调查问卷的顺利实施。

2. 问卷编制前的理论准备

理论准备是确保问卷设计科学性和有效性的重要环节。理论准备主要包括对核心概念的理论建构、确定问题的范围和逻辑归属关系等诸多方面。

首先,需要对核心概念进行理论建构。这涉及对调查主题相关文献的详细查阅和研读,特别是学术刊物上的文章,以获取全面的理论支持。通过与专家讨论,可以进一步论证问卷的初步构想和理论架构。以"教师职业承诺"为例,通过比较、归纳和逻辑推导,可以形成关于该主题的核心概念定义,这将成为问卷设计的基础。

其次,在确定核心概念后,需要明确问卷中应搜集或设计问题的范围。这要求围绕核心概念展开,确保问卷内容全面覆盖相关主题。在"教师职业承诺"的例子中,问卷内容应围绕"对教育工作的认同、意愿和原因"以及"对教育工作的投入和做出的努力"等方面来组织与展开。

最后,还需要确定问题之间的逻辑归属关系。这有助于将问题分组,形成具有内在逻辑联系的题库。例如,在"教师职业承诺"的例子中,可以将问题分为情感性承诺、继续性承诺和规范性承诺等三类,以确保问卷结构的清晰和合理性。

3. 问卷编制前的题项搜集

问卷编制前的题项搜集非常重要,它直接决定了问卷的内容和质量,进而影响问卷的有效性和可靠性。为了确保能够搜集到高质量的备选问题,我们可以采用以下几种方法:

一是可以搜集已有研究所采用的问卷题项。研究者可以查阅已有的相关研究,特别是那些采用问卷调查方式进行的研究。这些研究中往往会附有研究者编制或采用的问卷,研究者可以整理这些问题项目,进行初步归类,形成一部分备择问题题项。这种方法可以让我们站在前人的肩膀上,借鉴他们的经验和智慧,避免重复劳动和走弯路。

二是根据研究者自己的理解编制题项。根据自己的理解和研究目的,研究者可以自编一些题项。这需要研究者对研究问题有深入的理解,能够准确地把握住核心概念,并结合实际情况设计出具有针对性的问题。在编制题项时,研究者要注意问题的表述要清晰、准确,避免产生歧义,同时要考虑受访者的认知水平和回答能力。

三是可以求助于所研究领域的专家。研究者可以求助于该领域的专家,请他们提供一些题项。专家通常具有丰富的研究经验和专业知识,能够为研究者提供宝贵的意见和建议,帮助研究者完善问卷的内容和结构。通过与专家的交流和讨论，研究者可以发现问卷中存在的问题和不足，及时进行修改和完善。

四是通过深度访谈等方式搜集题项。研究者可以根据随机抽样原理从研究总体中选择一部分个体进行针对性询问，或者利用简单的开放性问卷来搜集可能的题项。这种方法可以让研究者直接接触到受访者的真实想法和感受，从而设计出更加符合实际情况、更易于被受访者理解和接受的问题。

(二)问卷编制的设计阶段

1.问题基本形式的选择

在问卷编制的设计阶段，选择合适的问题表述或呈现形式至关重要。这将直接影响问卷的有效性和可靠性以及后续数据处理的难易程度。下面我们将介绍三种常见的问题形式：开放式问题、封闭式问题以及半封闭式问题。

1)开放式问题

开放式问题通常允许被调查者自由表达自己的想法和见解，不受预设答案的限制。这种形式的问题常用于探索性研究，当研究者对研究问题或现象了解不多或者想要获取更丰富的信息时，开放式问题就显得特别有用。例如，在调查家庭教育情况或父母态度时，可以提出"您的孩子在家里做了您认为不对的事情，您会怎么办？"这样的问题，以了解家长的真实想法和处理方式。

开放式问题的优势在于能够收集到更加详细而深入的信息，有助于发现新的观点和问题。然而，其缺点也很明显，即数据处理起来相对困难，需要花费较多的时间和精力进行归纳、整理和分析。同时，由于被调查者的回答可能各不相同，开放式问题往往难以进行量化分析。

2)封闭式问题

封闭式问题又称为结构式问题，是问卷调查中常用的一种问题类型。在这类问题中，问卷设计者不仅要明确提出问题，同时还会提供一组可供选择的答案。这些答案通常是预先设定好的，调查对象需要从中选择一个或多个答案。这种选择往往是强制性的，意味着调查对象必须在给定的选项中进行选择。

封闭式问题的特点在于其结构化的形式。问卷中的问题都遵循一定的格式和逻辑，提供的答案也是有限的。这些答案可能是互斥的，即调查对象只能选择其中一个；也可能是可以并存的，允许调查对象选择多个答案。这种结构化的设计使得封闭式问题非常适合进行量化研究，答案可以很容易地转化为数字或分类数据。

可以说，封闭式问题在问卷调查中占据着非常重要的地位。它能够有效地收集到标准化的数据，为研究者提供有力的分析工具。然而，它也有其局限性，比如可能限制了调查对象自由表达的空间。因此，在实际应用中，封闭式问题通常需要与其他类型的问题如开放式问题结合使用，以获得更加全面而深入的研究结果。

封闭式问题可以分为是否式问题、选择式问题、排序式问题、等级式问题、矩阵式问题等几种。

(1)是否式问题。是否式问题(也称为是非式问题)是封闭式问题的一种特殊形式,其特点是答案只有肯定和否定两种选择,即"是"与"否"或者"对"与"不对"等。这种问题类型在问卷调查中比较常见,特别是在需要快速了解被调查者对于某个观点或行为的态度时。

是否式问题的优点在于其简洁明了,易于理解和回答,同时也方便了数据的整理和分析。通过这类问题,调查者可以迅速将被调查者划分为两个对立的群体,从而了解大众对于某一问题的基本态度。此外,由于答案选项明确,避免了开放式问题中可能出现的模糊性和歧义性,使得数据更加客观和具有可比性。

然而,是否式问题也存在一定的局限性。它提供的信息量相对较少,无法深入探讨被调查者的具体想法和感受。同时,对于某些复杂或多维度的问题,简单的"是"或"否"可能无法准确反映被调查者的真实想法。此外,这种问题形式也可能忽略了那些处于中间态度或持有混合观点的人群。

例1:您赞成小学的课后延时服务吗?

赞成⊙　　　不赞成⊙

例2:您是否支持在学校开设性教育课程?

是⊙　　　否⊙

(2)选择式问题。选择式问题在问卷调查中占据着重要地位。这类问题要求被调查者从列举的多个答案中选择最适合自己实际情况的答案。选择式问题包括单选式、多选式和不定项式等几种形式。其中,单选式是最常用的一种形式,它要求被调查者从多个选项中选择一个最合适的答案。

选择式问题的优点在于其结构化的形式,使得数据收集和分析变得相对容易。同时,这种问题形式能够覆盖更广泛的答案范围,从而更全面地了解被调查者的观点和态度。在教育研究领域,选择式问题被广泛应用于了解教师、学生和家长的教育观念、学习态度、课程设置等方面的信息。

例1:您认为影响学生学习成绩的最主要因素是什么?(　　)(单选)

A.学生自身的努力

B.教师的教学方法和态度

C.家庭环境和家长的支持

D.学校的教育资源和设施

例2:您在选择学校时,会考虑以下哪些因素?(　　)(不定项)

A.学校的师资力量和教学水平

B.学校的硬件设施和学习环境

C.学校的课外活动和社团组织

D.学校的学费和奖学金政策

E.学校的历史和声誉

F.学校的地理位置和交通便利性

(3)排序式问题。排序式问题要求被调查者根据一定的标准或自己的判断,对给出的选项进行排序。这种问题可以深入了解被调查者的偏好、优先级或对特定事物的看法。在教育研究中,排序式问题能够帮助研究者了解教育者、学生或家长对于不同教育元素、方法或问题的重视程度。

例:在教学方法的选择上,请您按照个人偏好进行排序。(　　)(由最喜欢到最不喜欢)

A. 案例教学,通过分析具体案例来学习

B. 讲授式教学,由老师系统讲解知识点

C. 小组合作学习,学生之间通过讨论和合作来学习

D. 翻转课堂,学生在课前自学,课堂上进行深化和讨论

E. 在线学习,通过互联网平台进行自主学习

(4)等级式问题。等级式问题是一种在调查问卷中常用的封闭式问题类型,它要求被调查者从一系列具有等级关系的答案中选择一个最符合自己看法或情况的选项。这种问题的答案通常被设计成有序的等级,如"非常不同意""不同意""中立""同意""非常同意"等,以便于量化被调查者的态度和情感。

等级式问题的优点在于其能够提供更多的层次等级,相比于是否式问题或选择式问题,它能更加准确地反映被调查者的观点和态度。同时,等级式问题的答案更加容易进行量化分析,便于研究者进行数据统计和比较分析。

例:您对当前学校开展的家校合作活动满意度如何?(　　)

A. 非常不满意

B. 比较不满意

C. 中立

D. 比较满意

E. 非常满意

(5)矩阵式问题。矩阵式问题是一种在问卷调查中常用的问题形式,它将多个相关的问题组合成一个矩阵表格,被调查者可以在同一表格中回答多个问题(见表7-1)。每个问题通常对应多个选项,被调查者需要在相应的选项上做出标记(如打"√")。可以说,这种形式可以大大提高问卷的填写效率,同时也方便了数据的整理和分析。

表7-1　您对学校教育的满意度如何?(请在所选方框内打"√")

题项	非常不满意	比较不满意	中立	比较满意	非常满意
学校的教学质量	⊙	⊙	⊙	⊙	⊙
教师的专业素养	⊙	⊙	⊙	⊙	⊙
学校的教育环境	⊙	⊙	⊙	⊙	⊙
家校沟通与合作	⊙	⊙	⊙	⊙	⊙

3）半封闭式问题

半封闭式问题也称为半结构式问题，这类问题为被调查者提供了一系列选择项，但同时也允许被调查者在预设选项之外提供自己的答案或补充信息。半封闭式问题的主要优点在于其结合了封闭式与开放式问题的双重特点，既为被调查者提供了标准化的选择项，便于数据的量化和分析，又允许被调查者自由表达个人观点，从而能够捕捉到更丰富、更深入的信息。这种灵活性使得研究者既能获取到结构化的数据，又能了解到被调查者的真实想法和独特见解，为研究结果提供了更加全面而准确的信息。

例1：您认为教师提升教学效果的关键因素是什么？（　　）

A. 持续的专业培训

B. 与同行的交流与合作

C. 教育技术的应用

D. 学生的积极参与

E. 其他（请描述）_____

例2：您认为学校应该增加哪些方面的课程内容？（　　）

A. 科技创新与编程

B. 艺术与人文素养

C. 心理健康教育

D. 职业生涯规划与指导

E. 其他（请具体说明）_____

2. 问题的语言和设问方式

合理的语言和设问方式能够确保被调查者准确理解问题，并提供真实、客观的回答。通常来说，调查问卷的问题语言和设问方式有如下几方面的要求：

（1）语言通俗易懂，避免使用抽象或笼统的概念。在设计教育调查问卷时，问题的语言必须通俗易懂，避免使用过于抽象或笼统的概念。实际上，由于被调查者往往并非教育专家，过于专业的术语或笼统的表述可能会导致他们误解或无法准确回答问题。例如，"您认为学校的课外活动是否有助于提升学生的社交能力？"比"您对学校课外活动的社交功能有何评价？"更为具体明确。

（2）语意必须单一，避免一个问题包含多重含义。在设计教育调查问卷时，问题的语意必须单一，避免一个问题中包含多重含义。例如，应避免提问"您认为学校的硬件设施和软件资源是否满足教学需求？"这样的双重含义问题，而应拆分为"您认为学校的硬件设施是否能满足教学需求？"和"您认为学校的软件资源是否丰富且实用？"两个独立问题[①]。

（3）问题措辞规范，避免使用双重或多重否定。在调查问卷中，问题的措辞必须规范，避免

---

① 孟亚玲,魏继宗,张社争.教育科学研究方法[M].北京:清华大学出版社,2017:46.

使用双重或多重否定。双重或多重否定会使问题变得复杂和难以理解,影响被调查者的判断和回答。因此,研究者应尽量使用肯定句来提问,如"您是否不同意减少考试次数以减轻学生的压力?"应简化为"您是否支持减少考试次数以减轻学生的压力?"①

(4)确保答案详尽,避免重复性及界限重叠。在设计调查问卷的答案选项时,必须确保答案详尽且没有重复性和界限重叠的情况。这有助于被调查者准确选择符合自己情况的答案,从而提高问卷的有效性和可靠性。

例:您的学历水平是( )?
A. 高中及以下
B. 大专或高职
C. 大学本科
D. 硕士研究生及以上
E. 博士或博士后

很显然,在上述这个例子中,选项D"硕士研究生及以上"与选项E"博士或博士后"存在界限重叠。因为博士研究生属于"硕士研究生及以上"的范畴,这会导致被调查者在选择时产生困惑。

(5)保持语言中性,避免诱导性和社会认可效应。在调查问卷中,问题的语言必须保持中性,避免带有诱导性或暗示性的措辞,以确保被调查者能够基于自己的真实想法来回答问题。同时,也要避免使用可能引发社会认可效应的问题,即被调查者可能因为社会压力或期望而选择符合社会普遍认可的答案。为了确保问题的中性,研究者可以采用开放式问题或提供多个中立的答案选项供被调查者选择。例如,在询问体育课对学生身体素养的影响时,不应提问"您是否认为增加体育课时有助于提高学生的身体素质和健康水平?"这种带有诱导性的问题,而应改为"您认为增加体育课时对学生的身体素质和健康水平有何影响?"这种更为中性的问题②。

3. 题目的排序要求

调查问卷题目排序主要是为了提高问卷的完成质量和参与度。通过合理的排序,研究者可以引导被调查者更加顺畅而真实地回答问题,从而获得更准确而有价值的数据③。

(1)熟悉、简单的问题在前。将被调查者熟悉的、简单易懂的问题置于问卷之初,是至关重要的策略。这样做可以有效地为被调查者搭建一个轻松的起点,使他们能够从容地开始问卷的回答过程。熟悉的问题不仅能够减少被调查者的思考负担,还有助于建立他们的回答信心。同时,简单问题的引入也可以为后续更加复杂和深入的问题打下良好基础,逐步引导被调查者

---

① 茹荣芳.学前教育研究方法[M].北京:清华大学出版社,2021:100.
② 王彩凤,庄建东.学前教育研究方法[M].北京:北京师范大学出版社,2011:102.
③ 刘晶波.学前教育研究方法[M].北京:人民教育出版社,2016:134.

进入状态,从而提高整个问卷的回答质量和完成率[①]。

(2)感兴趣的问题在前。在问卷的开头部分放置能够引发被调查者兴趣的问题,是提升其参与度的重要举措。可以说,兴趣是最好的老师,当问卷中的问题与被调查者的兴趣点相契合时,人们往往更愿意投入更多的时间和精力去认真回答。通过这种方式,研究者可以有效地吸引被调查者的注意力,并激发他们的好奇心和探索欲,从而促使他们更加深入地参与到问卷调查中来。

(3)封闭式问题在前,开放式问题在后。封闭式问题往往提供一组固定的选项供被调查者选择,这样的问题结构明确,易于回答。因此,将封闭式问题置于问卷的前面部分,可以迅速引导被调查者进入答题状态,减少他们的思考负担,提高问卷的填写效率。由于开放式问题需要被调查者自由表达观点或经历,回答起来相对耗时且需要深入思考,因此更适合放在问卷后面。这样的设计既考虑了被调查者的答题体验,也保证了问卷数据的质量和有效性。

(4)行为问题在前,态度问题在后。行为问题往往关注的是被调查者的实际行为或经验等,态度问题则涉及被调查者的感受、看法和意愿。将态度问题放在行为问题之后,可以让被调查者在了解自己的实际行为后,再对相关的态度、观点做出评价,这样可以保证被调查者回答的连贯性和准确性。可以说,行为问题在前、态度问题在后的设计,不仅符合人类认知的层次性,也有助于提升问卷数据的可靠性和有效性。

4. 问卷设计的基本要求

(1)问卷形式与内容需紧扣研究目的。问卷设计的首要原则是其形式和内容必须服务于明确的研究目的。问卷的每一个部分,无论是总体安排、具体内容,还是子量表的设计,都应围绕研究目的来展开。例如,若要了解学生的学习态度,问卷应专注于设计反映学习态度的题目,而不能偏离主题。问卷的具体形式如图解式或数字式量表,也应根据研究目的来选定,以确保能最有效地收集到所需数据。

(2)问题表述清晰且无暗示性。问卷设计中的每个问题都应清晰明了,以确保被调查者能够准确理解题意,并知道如何进行作答。问题的用语要避免复杂和多重含义,避免引导或暗示被调查者做出特定回答。事实上,简单而直接的陈述句或疑问句是最佳的表达方式,这样可以有效避免理解上的歧义。

(3)问卷内容应符合被调查者的知识和能力范围。设计问卷时,必须考虑被调查者的知识水平、理解能力和职业特点,应确保问卷中的问题贴近被调查者的日常生活,而不应超出被调查者的理解能力,同时应避免使用生僻词汇或复杂的专业术语,这样才能收集到真实而有效的研究数据。

(4)避免涉及社会禁忌、个人隐私或恩怨。为保护被调查者隐私和确保数据的真实性,问卷中的问题应避免触及社会禁忌、个人隐私或恩怨等敏感话题。在必要时,可以采用投射式提问,即让被调查者评价他人的观点或行为,从而间接获取他们对敏感问题的看法。

---

① 茹荣芳.学前教育研究方法[M].北京:清华大学出版社,2021:100.

(5)合理控制问卷的题量和答题时间。题量过多或答题时间过长都可能导致被调查者感到疲劳和厌烦,从而影响数据的真实性。一般来说,问卷题目的数量最常见的范围是30~50题,答题时间应尽量控制在15分钟左右。研究者应根据研究目的和被调查者的实际情况,合理控制问卷的题量和难度,以确保被调查者能够在适当的时间内完成问卷。

(6)确保数据易于统计和解释。问卷所收集的数据类型应便于进行统计分析,在设计之初就要明确将采用何种统计方法来处理研究数据。这就要求设计者在选择问卷题型、设置选项等方面都要有明确的统计意图,以保证收集到的数据能够有效支持研究结论。

第三节 问卷调查法的实施步骤

理解和掌握问卷调查法的实施步骤对于确保调查问卷的科学性至关重要,它能帮助研究者系统地收集研究数据,从而推动教育研究工作的顺利开展。接下来,我们将引导大家来探讨问卷调查法的实施步骤。

➢ 一、明确调查目的和问题

在教育研究领域,调查目的可能涉及学生的学习情况、教师的教学效果、学校的教育资源等方面。例如,如果想了解中学生在数学学习中的困难和需求,以便优化数学教学方法,那么调查目的就是为了收集学生在数学学习过程中的实际问题和需求。在明确调查目的的基础上,需要进一步细化调查问题。这些问题应该紧密围绕调查目的展开,具有针对性和可操作性。

➢ 二、设计和编制问卷

在设计问卷时,需要遵循科学、合理、简洁的原则,确保问卷的有效性和可靠性。有关调查问卷的设计和编制,在本章第二节已有专门论述,在此不再赘述。

➢ 三、选择调查对象和样本

在教育研究领域,调查对象可能包括学生、教师、家长等。在选择调查对象时,应根据调查目的和问题来确定合适的对象群体。

确定调查对象后,需要进一步选择样本。样本的选择应遵循随机性、代表性和可行性的原则。随机性可以确保每个样本被选中的概率相等,减少人为干扰;代表性则要求样本能够反映总体的特征;可行性则是指在实际操作中能够方便地接触到并获取样本的相关信息。

通常来说,样本量为题目的5~10倍是适宜的。例如,对于一份包含30个问题的问卷,样本量通常为150~300个。但考虑到可能存在的无效问卷,如填写不完整或信息错误等情况,实际发放的问卷数量可能需要更多,建议为200~400份。

➢ 四、进行预调研和问卷试测

预调研是正式调研前的一个关键环节,它更像是一次"彩排"或"演练"。为什么需要这样一个环节呢？想象一下，如果研究者直接进行大规模的正式调研，而问卷中存在某些不明确或误导性的问题，那么整个调研的结果可能会受到严重影响。预调研就是为了预防这种情况而存在的。可以说，预调研的目的在于对调查问卷进行全方位的测试，包括问题的表述是否清晰、问题之间的逻辑是否连贯、选项设置是否合理以及整个问卷的长度是否适中等。通过该环节，研究者可以及时发现调查问卷存在的问题并进行修正，从而确保正式调研时问卷的质量。

问卷试测是预调研的核心部分。在该阶段，研究者会邀请被调查者填写问卷，并密切关注他们在填写过程中的反应和反馈。试测的重点在于深入了解被调查者对问卷的理解程度。如是否存在某些问题或选项让他们感到困惑？被调查者填写问卷需要多长时间？这些问题都是研究者需要关注的。更为重要的是，研究者要深入分析被调查者对调查问卷的反馈意见。这些意见往往能够为研究者提供宝贵的修改建议，帮助研究者找出问卷中的潜在问题。

▷ 五、问卷修订

（一）问卷的项目分析

项目分析的目的在于评估问卷中每个问题的测量能力，以确保问卷的有效性和可靠性。项目分析通过一系列统计方法来检验每个问题的质量，进而决定哪些问题需要保留，哪些问题需要进行修改或删除。

在项目分析中，常用的方法包括临界比值法和题总相关与信度变化检验。临界比值法是通过将试测问卷的总得分进行高低分组，然后对两组进行独立样本 t 检验，以判断高低两组平均数的差异显著性。这种方法能够帮助我们识别出那些对于区分高分组和低分组没有显著贡献的问题，这些问题可能缺乏鉴别力，因此需要考虑修改或删除。题总相关与信度变化检验则是通过计算每个问题与总分之间的相关系数，以及删除该问题后问卷信度的变化来评估问题的质量。如果某个问题与总分的相关系数较低或者删除该问题后问卷的信度有所提高，就表明该问题需要修改或删除。

假设研究者设计了一份关于学生学习态度的调查问卷，其中包括多个问题用来测量学生的学习态度。在试测阶段，研究者收集了一部分学生的数据，并进行了项目分析。通过临界比值法，研究者发现某些问题在高低分组之间的差异并不显著，说明这些问题可能并不能有效地测量学生的学习态度。因此，研究者需要对这些问题进行修改或删除。同时，通过题总相关与信度变化检验，研究者发现某些问题与总分的相关系数较低，或者删除这些问题后问卷的信度有所提高。这也表明这些问题可能存在问题，需要进行进一步审查和修改。

可以说，项目分析是确保问卷有效性和可靠性的重要步骤。通过运用统计方法对每个问题进行评估，研究者可以识别出那些需要修改或删除的问题，从而提高问卷的质量。

（二）问卷的因子分析

因子分析在调查问卷的设计和修订过程中扮演着重要角色。它不仅仅是一种统计学上的技术，更是确保问卷结构效度的关键环节。因子分析通过深入分析问卷中各题目之间的潜在关系，能够揭示出它们之间可能存在的共同因子，这些因子往往与研究者的理论构想相契合。

在教育研究中,因子分析的应用较为广泛。以学习动机为例,研究者可能设计了一系列题目来探测学生的内在动机、外在动机等不同方面的学习动机。然而,这些题目是否真正有效地反映了相应的动机类型,往往需要通过因子分析来进行验证。因子分析能够帮助研究者识别出哪些题目紧密相关,进而揭示出它们是否共同测量了同一个构想或动机类型。

重要的是,因子分析还能够检验问卷题目的设计是否合理,是否与理论构想保持一致。如果发现某个题目在因子分析中的表现与预期不符,如在不相关的因子上具有较高的负荷值,这就表明研究者需要对该题目进行重新审视和修订。可以说,因子分析不仅可以提高问卷的科学性,也可以确保测量结果的准确性和可靠性。

因子分析的具体步骤:首先,对收集到的定量数据进行适用性检验,通常利用 KMO 检验和巴特利特(Bartlett)球形检验的结果进行判断,KMO 值大于 0.6,说明适合进行因子分析;其次,将数据标准化并计算变量间的相关矩阵,以便准确捕捉它们之间的关联性;再次,采用特定方法如主成分分析,从原始变量中提取出少量的公共因子,这些公共因子能够涵盖原始数据的大部分信息;且为了进一步提高公共因子的解释性,通常还会进行因子旋转操作;最后,通过计算每个公共因子的得分,为后续的深入分析和解释提供有力支持。

(三)问卷的信度和效度检验

信度和效度是评估调查问卷质量的两个核心指标。信度关注的是测量结果的稳定性和可靠性,而效度则关注的是测量的准确性和有效性。

1. 信度检验

信度检验是评估调查问卷结果可靠性和稳定性的重要步骤。信度是指测量结果的内在一致性和外在稳定性[1]。简单来说,就是要确保问卷所得到的数据是真实可信的,能够反映出被调查对象的真实情况和态度。

在信度检验中,研究者主要关注内在一致性和外在稳定性两个方面。内在一致性考察的是问卷中各个题项是否都在测量同一个特征或概念以及这些题项之间的关联性如何。如果各个题项之间的关联性高,即表示它们都在有效地测量同一个特征,那么问卷的内在一致性就高,通常研究者可以通过克龙巴赫 α 系数来计算内在一致性。外在稳定性是指在不同时间点对同一批被调查对象进行重复测量所得结果的稳定性。为了评估外在稳定性,研究者可以进行重测信度的检验。具体来说,就是在不同的时间点,使用相同的问卷对同一批被调查对象进行测量,然后计算两次测量结果之间的相关系数。如果相关系数高,说明问卷的测量结果具有较高的外在稳定性。

可以说,信度检验是确保调查问卷结果可靠性和稳定性的关键环节。通过综合运用不同的信度检验方法,研究者可以更加全面地评估问卷的质量,从而为后续的数据分析和研究提供坚实的基础。当然,研究者也应认识到信度检验并不是一次性的工作,而是需要贯穿问卷设计和调查的全过程。值得注意的是,高信度并不意味着问卷一定有效。即使一份问卷的信度很

---

[1] 蔡进.高校师生对翻转课堂的采纳与持续应用:教学系统的视角[D].武汉:华中师范大学,2021.

高，但如果它并不能准确测量研究者想要研究的概念或特征，那么它的效度就会受到影响。因此，在进行问卷调查时，研究者除了关注信度外，还需要同时考虑研究效度。

2.效度检验

在问卷调查中，效度检验的目的是确保问卷能够真实、准确地反映所测量内容或构想的本质，从而为后续的数据分析和结论提供可靠的基础。问卷的效度检验主要包括内容效度、结构效度和效标关联效度三个方面。

首先，内容效度是检验问卷内容与所要测量内容全域之间的一致性。这就要求调查问卷的题目要能全面而准确地覆盖所要测量的内容范围。为了提高内容效度，问卷设计者需要明确测量内容全域，确保问卷内容具有代表性，并尽可能详尽地规定问卷调查的内容范围。内容效度的评估通常采用逻辑分析法，其主要通过专家评定来判断问卷题项与原定内容全域的匹配程度。

其次，结构效度是检验问卷能够测量到某种理论构想或心理特性的程度。这要求问卷的结构能够反映所测量的构想或特性的本质。为了验证结构效度，研究者需要提出有关理论结构的说明，并设计相应的测量题目。接着，通过收集实际资料来验证假设的正确性，并根据验证结果对理论结构进行修正或淘汰与理论结构相反的题目。在教育问卷调查研究中，常用的检验结构效度的方法有内部相关法和因子分析法等。

最后，效标关联效度是检验问卷测量结果与某种独立的外部客观标准或效标之间的符合程度。这要求问卷的测量结果能够预测或反映个体在特定情境中的行为或心理特征。效标关联效度的评估是通过计算问卷测验分数与效标之间的相关系数来实现的。根据效标资料获得的时间不同及测验使用的目的不同，效标关联效度可以分为同时效度和预测效度两种。

➢ 六、发放和回收正式问卷

在问卷调查中，问卷的发放与回收是两个非常重要的环节，它们直接关系到问卷调查的质量和有效性。

（一）问卷发放

问卷发放涉及如何将设计好的问卷传递给被调查者。该步骤可以由调查者本人亲自实施，也可以选择委托他人发放。亲自发放问卷的优势在于调查者可以即时解答被调查者在填写过程中的疑问，有助于被调查者更准确、完整地填写问卷。同时，亲自发放还增加了问卷的正式性和对被调查者的重视程度，有助于提高问卷的回收率和填写质量。然而，亲自发放也存在时间和地域上的限制，特别是在大规模调查中，这种方式可能不太现实。相比之下，委托他人发放则更为便捷，能够覆盖更广泛的地区，但可能牺牲了部分与被调查者直接沟通的机会。

（二）问卷回收

在回收问卷时，调查者或被委托人应进行初步的质量检查，查看是否有遗漏未填或存在明显错误的地方。同时，问卷回收率也反映了被调查者对调查的参与程度和问卷设计的吸引力。一般来说，高回收率意味着更高的数据可靠性和代表性。根据常规标准，超过70%的回收率通常被认为是可以支撑研究结论的；回收率为50%~70%时，数据虽仍具有参考价值，但可能需要谨慎地进行解读；若回收率低于50%，则数据的代表性会受到质疑，仅可作为辅助参考；当回收率低于30%时，数据的有效性将大打折扣，甚至可能被视为无效[①]。

七、数据整理和分析

（一）数据整理

数据整理的首要任务是进行数据清洗，包括去除数据集中的重复记录，处理缺失的数据以及纠正错误的数据等。通过该步骤，可以确保研究数据的质量和准确性，为后续的问卷分析打下坚实基础。

紧接着，需要对数据进行适当的转换与格式化。这一步主要是将数据统一为相同的格式，以消除不同变量之间的量纲差异，甚至可以将某些文本数据转换为数值型数据，以便于后续对其进行数学运算和统计分析。

为了更好地组织和分析数据，研究者还需要对数据进行分类与分组。根据分析的目的，研究者可以将数据按照一定的标准进行分类，比如按照地区、时间或用户群体等。同时，研究者也可以将数据划分为不同的组别或区间，以进行更为细致的分组分析和比较。

（二）数据分析

在数据分析阶段，研究者首先需要进行描述性统计分析，通过计算各种统计量，如均值、标准差等，以及利用图表来直观地展示数据的分布情况。

接下来，研究者可以进行推论统计分析，包括假设检验和回归分析等。这些方法可以帮助研究者判断样本数据是否代表总体或者探讨自变量与因变量之间的关系，从而预测因变量的变化趋势。

为了更加深入地挖掘数据中的信息，研究者还可以运用一些高级数据分析方法，如聚类分析、主成分分析和时间序列分析等。这些方法能够帮助研究者发现数据中的隐藏信息，提取主要影响因素，并预测未来的趋势。

最后，研究者还可以利用数据可视化工具将分析结果以直观易懂的方式呈现出来，并形成详细的报告供决策者参考。这不仅有助于传达信息，还能为决策者提供强有力的数据支持。

可以说，在整个数据整理和分析过程中，研究者需要注重数据质量、方法选择以及数据的安全与隐私保护等。同时，研究者也要定期更新和维护数据，以确保时效性和准确性。

八、呈现研究结果

研究结果呈现是将复杂的数据分析转化为直观、易懂的形式，以供决策者和相关利益方参考。这一过程至关重要，因为它直接关系到研究成果的应用价值和实际影响力。

在呈现研究结果时，必须确保最重要的研究发现和结论能够迅速且明确地传达给读者。

---

① 刘晶波.学前教育研究方法[M].北京：人民教育出版社，2016：135.

通常可以在研究报告或图表的显眼位置，用粗体、不同颜色或者方框等形式，来强调关键数据和结论。这样做不仅可以帮助读者快速捕捉到核心信息，还能引起他们的注意力。

同时，在研究结果呈现中，要平衡好专业性和清晰度二者的关系。虽然研究可能涉及复杂的统计分析和专业术语，但在研究结果呈现时，应转换为非专业人士也能理解的语言。这要求研究者要具备用平实语言表达复杂概念的能力，以确保信息的有效传递。

此外，在呈现研究结果时，除了展示数据和分析结果外，还应基于这些发现提出具体的建议和行动计划。这些建议应该是具体和可操作的，能够帮助决策者直接应用研究成果。通过明确的行动计划，研究者不仅可以展示他们对数据的深入理解，还可以为决策者提供实用的工具，从而推动研究成果向实际应用的转化。

复习与思考题

1. 请简述问卷调查法的含义及其在教育研究中的应用场景。
2. 问卷调查法有哪些特征？请列举并解释。
3. 阐述问卷调查法的优势与局限性以及如何在实际应用中扬长避短。
4. 调查问卷的基本结构包括哪些部分？请简要说明每个部分的作用和编制要点。
5. 在设计和编制问卷时，应遵循哪些原则以确保问卷的科学性和有效性？
6. 如何进行预调研和问卷试测？它们在问卷调查法的实施过程中起什么作用？
7. 如何选择合适的调查对象和样本？请讨论样本选择的原则和方法。
8. 开放式问题、封闭式问题和半封闭式问题各有何特点？请分别举例说明。
9. 谈谈你对问卷调查法中信度和效度的理解。
10. 如何有效地呈现问卷调查的研究结果？请给出你的看法和建议。
11. 结合本章内容，设计一个针对特定教育研究问题的问卷调查方案，并说明其实施步骤和预期目标。

第九章

扎根理论在教育研究中的运用

 内容提要

在社会科学研究的广阔领域中,扎根理论以其独特的研究视角和方法论,为我们提供了一种从实地情境中生成新理论的途径。借助扎根理论,研究者能够从丰富的数据中提炼出核心概念,构建相应的理论模型。本章我们将引领大家走进扎根理论的世界,阐述其核心理念及其常用的操作技术。通过本章的学习,希望大家能够全面理解和掌握扎根理论的相关知识和技能,在教育研究工作中灵活运用扎根理论这一研究方法,深入探索教育现象的内在运行逻辑和规律。

学习目标

1. 了解扎根理论的起源、理论基础及其在教育研究中的应用价值。
2. 理解扎根理论的含义、特征,明晰扎根理论三种不同版本之间的主要区别。
3. 理解和掌握扎根理论在建构和生成新理论方面的具体应用。
4. 熟悉扎根理论原始资料的主要搜集方法。
5. 学会开放性编码、主轴编码和选择性编码等核心编码技术。
6. 了解备忘录在扎根理论中的重要性,理解并掌握撰写备忘录的基本方法和技巧。
7. 深入理解理论性抽样,明晰如何通过饱和度检验来保证研究的科学性。

情境案例

在 M 大学,王教授决定启动一项关于大学生学习动力的质性研究。他深知学习动力是影响学生学习效果的关键因素,但这一因素受到众多复杂因素的影响,难以用单一的量化指标来进行衡量。因此,他选择了扎根理论作为研究方法,希望从学生的实际经验和观点中,挖掘出影响学生学习动力的深层次因素。

为了收集真实、详尽的第一手资料,王教授与学生进行了面对面的深度访谈,同时亲身参与课堂观察,记录学生的学习状态与行为模式。他鼓励学生们分享自己的学习动机、面对的挑战以及学习过程中的感受,从而积累了大量丰富的原始数据。

在数据处理和分析阶段,王教授严格遵循扎根理论的编码技术,从开放性编码开始,逐步提炼和归纳数据中的核心概念和范畴。通过主轴编码和选择性编码,他逐渐构建出一个反映大学生学习动力影响因素及其相互关系的理论框架。

最终,王教授的研究揭示了多个影响学生学习动力的关键因素,包括个人兴趣、家庭期望、教师的教学方法以及同伴影响等。这些因素相互交织,共同作用于学生的学习动力。基于这些发现,王教授提出了一系列针对性的教育改进建议,旨在从根本上提升大学生的学习动力和学习效果。

评析:首先,王教授的研究方法充分体现了扎根理论在教育研究中的独特价值。他通过深度访谈和参与式观察,直接从研究对象那里获取了丰富而真实的原始资料,这是量化研究所难以达到的。扎根理论允许研究者深入被研究者的生活世界,从而揭示出影响学生学习动力的各种复杂因素。

其次,王教授在研究过程中严格遵循扎根理论的资料分析步骤,从开放性编码到选择性编码,逐步提炼和构建了理论模型。在此过程中,他不仅展示了扎实的理论功底,还体现了对研究方法的深刻理解和熟练运用。

最后,王教授的研究结果不仅揭示了影响大学生学习动力的多重因素,还为教育实践提供了有益的指导。他提出的改进建议具有较强的针对性和可操作性,有望在实际教学中产生积极影响。

这一案例充分展示了扎根理论在教育研究中的重要作用,也为我们提供了一个运用质性研究方法解决实际问题的成功范例。

第一节 扎根理论概述

扎根理论,作为一种独特的质性研究方法,起源于人们对社会现象的深入探索和理论建构的需要。它强调从原始资料中提炼和构建理论,以更贴近现实生活的方式解释社会现象。那么,什么是扎根理论?它有哪些特征?它在教育研究中有何用处呢?接下来,就让我们一起来学习扎根理论的相关知识。

➤ 一、扎根理论的缘起

扎根理论为研究者们提供了一条从原始数据资料中提炼和构建理论的途径。它的提出,不仅填补了理论与实际之间的鸿沟,更为研究者深入理解社会现象提供了有力的工具。接下来,让我们先了解一下扎根理论的提出及其理论基础。

(一)扎根理论的提出

扎根理论(grounded theory)是巴尼·格拉泽(Barney Glaser)和安塞尔姆·施特劳斯(Anselm Strauss)在1967年出版的《扎根理论的发现:质性研究的策略》(*The Discovery of Grounded Theory:Strategies for Qualitative Research*)一书中首次提出的[①]。

[①] 宋怡,丁小婷,马宏佳.专家型教师视角下的化学学科核心素养:基于扎根理论的质性研究[J].课程·教材·教法,2017,37(12):78-84.

1990年,施特劳斯等人编写的《质性研究基础:形成扎根理论的程序与方法》一书的出版,为研究者提供了一套容易上手的研究程序和具体操作技巧,从而使扎根理论的应用迅速扩展到多个学科领域,从而进入了它的"大众化时代"[1]。

可以说,扎根理论的提出源于人们对当时社会科学研究方法的不满。格拉泽和施特劳斯批评了当时学术界的三种倾向:一是过度依赖宏大理论进行逻辑演绎;二是对现象进行印象式描述而缺乏理论深度;三是虽然提出理论但缺乏详细的生成过程和步骤。扎根理论旨在填补理论与经验资料之间的鸿沟,通过系统的资料收集与分析,生成介于宏大理论与微观操作性假设之间的实质理论[2]。

(二)扎根理论的理论基础

1. 符号互动论

符号互动论是一种社会学理论,它强调人类行为是通过符号进行互动的。在扎根理论中,这一理论的影响体现在对人们如何从互动中获得意义,并如何通过语言、行动等符号来表达这些意义的关注。扎根理论通过观察和分析人们在自然情境中的互动,提炼出反映这些互动本质的核心概念,从而构建相关理论。

2. 实用主义

实用主义哲学强调实践、行动和效用,认为理论的真假应通过其实践效果来检验。扎根理论深受实用主义影响,其研究方法是一个不断分解与综合的循环过程,旨在解决问题并修正理论。实用主义还鼓励研究者从实际情境出发,通过行动来理解和解释社会现象,这与扎根理论从经验资料中提炼和构建理论的方法论相契合。

3. 科学的逻辑

扎根理论虽然是一种质性研究方法,但它也遵循科学的逻辑原则。研究者在进行数据收集和分析时,需要遵循严格的程序和技术,以确保研究的信度和效度。同时,扎根理论所构建的理论也需要经过验证和修正,以符合科学的逻辑要求。

二、扎根理论的含义及特征

(一)扎根理论的含义

扎根理论是指研究者参与到研究对象的环境中,采用介入式观察和非结构性访谈等获取资料的方法,系统、详尽地描述、反思研究对象的事实境况,包括物质、精神特征、思想观念和行动逻辑等,然后在此基础上抽象出理论、提升理论的一种研究方法[3]。

扎根理论,作为一种独特的质性研究方法,强调从经验数据中逐步构建和发展理论。它不

---

[1] NELSON L K. Computational grounded theory: A methodological framework[J]. Sociological Methods & Research,2020,49(1):3-42.
[2] 陈向明.扎根理论在中国教育研究中的运用探索[J].北京大学教育评论,2015,13(1):2-15.
[3] 周海银.扎根理论:学校课程管理研究的生长点[J].全球教育展望,2007(3):50-53.

依赖于预设的理论框架或假设,而是要求研究者深入实地,通过系统的资料收集和详尽的现场观察,直接从原始资料中提炼核心概念,进而构建出反映实际现象的理论。

扎根理论不仅仅是对现象的简单描述,更是一种对现实世界的深入理解和解释。它要求研究者沉浸在被研究对象的自然环境中,通过参与式观察和非结构性访谈等手段,全面而细致地捕捉研究对象的物质特征、精神特征、思想观念和行动逻辑。该方法旨在通过挖掘隐藏在原始数据资料中的深层结构和意义,从而抽象出具有普遍解释力的理论。

扎根理论不是从已有的宏大理论出发去验证或修正假设,而是从具体的经验数据中逐步归纳和提炼出核心概念,进而在这些概念之间建立联系。可以说,扎根理论这种自下而上、从具体到抽象、从微观到宏观的研究路径,确保了扎根理论能够紧密贴合实际,真实反映社会现象的本质和规律[①]。

可以说,扎根理论是一种基于经验数据构建理论的研究方法。它强调实地研究、深入观察和资料分析的重要性,旨在从具体的经验事实中抽象出普遍性的理论。这种方法不仅具有深厚的实证基础,而且能够紧密结合实际,为理解和解释社会现象提供有力的理论工具。

(二)扎根理论的特征

扎根理论作为一种独特的研究方法,具有鲜明的特征,这些特征共同构成了其独特的研究风格和理论构建路径。

1. 在资料中建构理论

扎根理论强调从原始资料中直接提炼和构建理论,而不是从已有的理论或假设出发。研究者通过对资料的深入分析和比较,逐步抽象出核心概念,进而在这些概念之间建立联系,形成具有解释力和预测力的理论。

2. 不断进行比较

在扎根理论的研究过程中,比较是一种持续且关键的活动。研究者需要不断将数据、概念和范畴进行比较,以发现它们之间的联系和差异。通过比较,研究者可以逐步提炼出核心概念,并在这些概念之间建立更为精确的联系,从而推动理论的构建和发展[②]。

3. 适度运用文献

虽然扎根理论强调从原始数据中提炼理论,但它也认识到了已有文献的价值。在扎根理论研究中,适度运用文献可以帮助研究者扩大视野,了解相关领域的研究现状和理论基础。但是,研究者需要保持开放和批判的态度,将文献与原始数据相结合,避免被已有理论所束缚。

4. 对理论保持敏感

扎根理论要求研究者在整个研究过程中保持对理论的敏感性,这意味着研究者需要时刻

---

① 张家军.扎根理论及其在教师培训中的应用[J].教育理论与实践,2010,30(32):3-5.

② WALKER D,MYRICK F. Grounded theory:An exploration of process and procedure[J]. Qualitative Health Research,2006,16(4):547-559.

关注数据中可能蕴含的理论线索,捕捉那些能够揭示教育现象本质和规律的概念和范畴[①]。

5. 强调理解式研究

扎根理论不仅关注数据的收集和分析,更强调对数据的深入理解和解释。它要求研究者通过深入的实地观察和访谈,了解被研究对象的真实想法和行为逻辑,从而提供对社会现象的深入洞察。

➤ 三、扎根理论的三种版本

扎根理论在其发展过程中,形成了经典扎根理论、程序化扎根理论以及建构主义扎根理论等三种各有特色的版本。尽管它们有相同的理论构建目标,但在编码方法与过程上存在一定的差异。

(一)经典扎根理论

经典扎根理论起源于 20 世纪 60 年代,由施特劳斯和格拉泽共同创立。这一理论的核心在于其非预设性和归纳性。在经典扎根理论中,研究问题并不是在研究开始前就确定的,而是在分析经验数据的过程中逐渐浮现的。这种方法鼓励研究者以开放的心态深入研究数据,让数据本身说话,从而确保理论的自然生成,而非人为强加。

经典扎根理论的特色在于其强调实质性编码和理论性编码的双重过程。在实质性编码阶段,研究者首先进行开放性编码,对原始资料进行初步的分类与概念化。随后进入选择性编码,这一阶段研究者更加聚焦,选择那些最能代表资料核心意义的概念进行深入分析。经典扎根理论的这一过程对研究者的洞察力和分析能力要求较高,但正是这种灵活性,使得它能够捕捉到更为丰富的理论形态[②]。

(二)程序化扎根理论

程序化扎根理论是施特劳斯和科宾在 1990 年提出的,它标志着扎根理论向更为系统化和操作化的方向发展。这一版本的扎根理论在实际应用中得到了广泛认可。不同于经典扎根理论,程序化扎根理论鼓励研究者预设研究问题,使得研究目标更为明确。

程序化扎根理论提供了一套结构化的编码流程,包括开放性编码、主轴编码和选择性编码三个阶段。这种方法的优势在于程序化,使得研究过程更加具有可操作性,研究结果也更容易被验证和复制。然而,这种程序化的研究方法也限制了研究者的灵活性,使得一些重要的非预期发现往往被忽略。

(三)建构主义扎根理论

建构主义扎根理论是卡麦兹在 2006 年提出的,它赋予了研究者更大的主观性和建构性。

---

① 吴毅,吴刚,马颂歌.扎根理论的起源、流派与应用方法述评:基于工作场所学习的案例分析[J].远程教育杂志,2016,35(3):32-41.

② 吴继霞,何雯静.扎根理论的方法论意涵、建构与融合[J].苏州大学学报(教育科学版),2019,7(1):35-49.

在建构主义扎根理论中,数据不再是客观存在的事实,而是研究者与参与者共同建构的产物。研究者可以通过与参与者的深入互动,从他们的角度理解社会现象,并对数据进行深入解释和建构。

与前两者相比,这种方法比较强调研究者的主观理解和建构过程。它鼓励研究者从被研究者的角度思考问题,深入挖掘数据背后的深层含义[1]。然而,该方法对研究者的专业素养和伦理意识也提出了更高的要求。在使用建构主义扎根理论时,研究者需要时刻保持谨慎和自省,以确保研究的客观性[2]。

可以说,这三种版本的扎根理论在理论构建方法上各有侧重,但共同遵循从经验数据中发展理论的基本原则。经典扎根理论注重非预设性和归纳性;程序化扎根理论则强调预设问题和系统化分析;建构主义扎根理论则赋予研究者更大的主观性和建构性。可以说,尽管具体方法有所不同,但三者都致力于从实际数据中提炼出具有解释力和预测力的理论框架。在实际应用中,研究者可以根据研究需求和实际情况选择合适的版本进行运用。

四、扎根理论的用途:建构和生成理论

扎根理论在教育研究中具有广泛的应用,它可以用来研究多种教育问题,下面我们将列举几种可以用扎根理论解决的常见研究问题。

(一)构念、维度、结构探索类问题

扎根理论非常适用于探索和界定教育领域中新的构念、维度或结构。例如,运用扎根理论可以研究某一特定教育现象(如教师核心素养、学生学业动机)的内在结构以及这些现象是由哪些核心要素构成的。马云鸽的《基于扎根理论的中学物理名师特质研究》就是一个很好的例子,通过扎根理论探索了名师特质的内在结构和要素[3]。

(二)影响因素识别类问题

教育领域中存在许多需要识别影响因素的问题,如教师发展、学生行为、教育质量等。扎根理论可以帮助研究者从数据资料中提炼出这些教育现象的影响因素。例如,薛伟凤的研究就识别了公办幼儿园教师信息素养的影响因素[4]。

(三)过程类问题

教育过程中存在着许多复杂而动态的机制,如知识建构、教师成长、学生发展等。扎根理论可以揭示这些过程的内在逻辑和动态机制。例如,乔素亚的研究就探索了知识建构教师的教学模式生成过程[5]。

---

[1] 薛晶心.扎根理论方法与高等教育研究[J].大学教育科学,2011(6):85-88.
[2] CHARMAZ K,THORNBERG R. The pursuit of quality in grounded theory[J]. Qualitative Research in Psychology,2021,18(3):305-327.
[3] 马云鸽.基于扎根理论的中学物理名师特质研究[D].西安:陕西师范大学,2021.
[4] 薛伟凤.基于扎根理论的公办幼儿园教师信息素养影响因素研究[D].太原:山西师范大学,2020.
[5] 乔素亚.知识建构教师的教学模式生成过程[D].南京:南京师范大学,2020.

(四)实践逻辑类问题

教育实践中的许多现象和决策背后都隐藏着复杂的逻辑关系。扎根理论可以帮助研究者揭示这些逻辑关系,理解不同因素之间的相互作用和相互影响。例如,陈晓玲的研究就探讨了地方文化融入幼儿园游戏活动的实践逻辑[1]。

(五)机制类问题

教育领域中存在着许多需要理解和优化的机制,如教育政策实施、学校管理、课程与教学改革等。扎根理论可以用于揭示这些机制的运行原理和内在规律,为教育实践提供指导。例如,杜玉梅的研究就探索了中学教师非教学任务减负的机制[2]。

第二节 扎根理论的操作技术

扎根理论作为一种强大的质性研究方法,不仅在于其理论构建的深度和广度,更在于其严谨的操作技术和实施步骤。在这一节中,我们将深入探讨扎根理论的操作技术。希望通过学习,大家能很好地掌握扎根理论的基本操作技术,在教育研究中熟练运用扎根理论。

➤ 一、资料获取方法

(一)访谈法

访谈法是扎根理论获取资料的主要手段之一。研究者通过深度访谈或焦点小组访谈的形式,与研究对象进行深入交流,以揭示他们的思想、观点和经验。深度访谈允许研究者与单个受访者进行长时间、一对一的对话,从而深入挖掘受访者的内心世界。焦点小组访谈则提供了一个集体讨论的平台,让多个受访者围绕特定主题展开互动,研究者可以从中捕捉到群体观点和共识。通过这两种访谈形式,研究者能够获取到丰富而详细的第一手资料,为后续的理论构建提供有力支撑。

(二)参与式观察法

参与式观察法是研究者深入研究对象的生活或工作环境中,通过实际参与和观察来收集资料。这种方法强调研究者与被观察者之间的互动和融合,使研究者能够亲身体验并观察到被观察者的行为、互动和情境。通过长时间地参与观察,研究者能够获取到真实、生动的现场资料,深入理解被观察者的行为。参与式观察法可以使研究者从实际情境中提炼出核心概念和范畴,为理论构建提供坚实的实证基础[3]。

---

[1] 陈晓玲.地方文化融入幼儿园游戏活动的实践逻辑研究[D].南充:西华师范大学,2022.
[2] 杜玉梅.基于扎根理论的中学教师非教学任务减负机制研究[D].重庆:四川外国语大学,2021.
[3] 吴继霞,何雯静.扎根理论的方法论意涵、建构与融合[J].苏州大学学报(教育科学版),2019,7(1):35-49.

二、资料分析

扎根理论的资料分析是一个由具体到抽象、由复杂到简单的过程,其中编码是关键。以程序化扎根理论为例,通过开放性编码、主轴编码和选择性编码三个阶段,研究者能够系统地提炼和整合原始资料,逐步构建起理论框架。当然,这三个编码阶段相互关联,共同构成了扎根理论资料分析的核心流程。

(一)开放性编码(open coding)

开放性编码是扎根理论资料分析的第一步,也是最为基础的工作。在这一阶段,研究者需要对收集到的原始资料进行细致的分解和概念化,将大量的具体事例、现象或事件转化为更为抽象的概念或范畴。这一过程中,研究者需要保持开放的态度,不带任何预设的理论框架去分析和归类数据,而是让数据自己说话,从中发现新的概念和范畴。

开放性编码的具体操作包括贴标签、初步概念化、概念化和范畴化。首先,研究者为资料中的每个数据片段贴上标签,这些标签反映了数据的核心意义。其次,研究者将这些标签初步概念化,形成更为抽象的表达。再次,进一步将这些初步概念整合为更为精炼的概念。最后,将相关概念归类到同一范畴中,形成若干个范畴。

(二)主轴编码(axial coding)

主轴编码的目的在于发现和建立范畴之间的各种联系,包括因果关系、时间关系、语义关系、情境关系、相似关系、差异关系、对等关系、类型关系、结构关系、功能关系、过程关系、策略关系等。通过主轴编码,可以使研究者深入理解范畴之间的内在联系和逻辑结构,从而构建出更为复杂的理论框架。

在主轴编码过程中,研究者需要运用"原因条件→现象→脉络→中介条件→行动/互动策略→结果"这一典范模型,将开放性编码中得出的各项范畴联结在一起。这样,研究者不仅能够理解单个范畴的意义,还能够把握范畴之间的关系以及这些关系如何共同作用于某一教育现象或问题[1]。

(三)选择性编码(selective coding)

选择性编码是扎根理论资料分析的最后一个阶段,也是理论构建的关键环节。在该阶段,研究者需要从主轴编码中识别出核心范畴,即抽取出能够高度概括和解释研究现象的核心概念。核心范畴应具有统领性,能够将其他范畴有机地整合在一起,形成一个完整的理论框架。

选择性编码的过程包括识别核心范畴、建立核心范畴与其他范畴的联系、验证核心范畴的解释力等步骤[2]。通过该步骤,研究者可以构建一个以核心范畴为中心的理论框架,该框架不仅能够解释已有的数据资料,还能够预测和解释新的教育现象和问题。

---

[1] 陈向明.扎根理论在中国教育研究中的运用探索[J].北京大学教育评论,2015,13(1):2-15.
[2] 陈向明.扎根理论的思路和方法[J].教育研究与实验,1999(4):58-63.

三、备忘录撰写

(一)什么是备忘录

在扎根理论中,备忘录是一种非常重要的研究工具,通常用于记录研究者在研究过程中的思考、观察、分析和理论构建。它可以帮助研究者系统地整理和记录研究数据,捕捉研究中的关键概念和范畴以及它们之间的关系和演变。通过撰写备忘录,研究者可以更加清晰地理解研究现象,并逐步构建起扎根于实际数据的理论模型。

(二)备忘录的内容

备忘录的内容通常包括以下几个方面:

一是研究背景和目的。备忘录首先应明确记录研究的基本背景和目的,以便后续回顾和理解整个研究过程的起点和动机。

二是数据收集和处理情况。备忘录可以记录数据的来源、收集方法、处理过程以及关键数据的摘要。这有助于研究者追踪数据的真实性和完整性,并为后续的数据分析提供基础。

三是概念化和范畴化。在扎根理论中,研究者需要从数据中提炼出关键概念和范畴。备忘录应详细记录这些概念和范畴的识别过程,包括它们是如何从数据中涌现出来的以及它们之间的关联和变化。

四是理论构建过程。研究者应在备忘录中详细记录理论构建的思考过程,包括如何连接不同概念和范畴,形成初步的理论框架,并不断完善和调整这个框架。

五是不断比较的记录。扎根理论强调对数据的不断比较和分析。备忘录应记录这些比较的过程和结果,展示研究者是如何通过反复比较数据来提炼和验证理论的。

六是研究者的反思和疑问。在研究过程中,研究者可能会遇到困惑、疑问或有新的发现,这些都应在备忘录中得到记录,以便后续进行深入探讨和解决。

七是下一步的研究计划。研究者可以在备忘录中规划下一步的数据收集、分析和理论构建工作,以确保研究的连贯性和高效性。

可以说,撰写备忘录是扎根理论研究中的重要环节,它有助于研究者系统地整理和记录研究过程,捕捉关键概念和范畴,并逐步构建起基于实际数据的理论模型。

四、理论性抽样和饱和度检验

(一)理论性抽样

理论性抽样是扎根理论中的一大特色,它与传统的随机抽样有着显著差异。理论性抽样往往根据数据分析需要,有针对性地选择数据来源,以不断完善和发展理论。理论性抽样强调根据研究过程中形成的概念、范畴或理论指导来进行样本的选择和数据收集。这种方法允许研究者根据初步的理论发现来进一步深入探索相关领域,不断地发展和完善理论[①]。

---

① 王小青,尹弘飚."项目负责人"何以成为"关键先生"?:以大学生学习评估"明德项目"为例[J].清华大学教育研究,2022,43(5):93-102.

具体来说,理论性抽样的过程通常从目的性抽样开始,即选择具有足够典型性的样本进行初步的研究。随着研究的深入,研究者会根据已经形成的理论和研究需求,有针对性地选择新的样本进行进一步的数据收集和分析,直至达到理论饱和,即当新收集的数据不再能提供新的理论见解或补充新概念时,数据收集过程才可停止[①]。

(二)饱和度检验

饱和度是指当收集的研究数据不能再产生新的理论见解时,理论构建就被视为达到饱和。换言之,当研究者发现无法从额外的数据中提炼出新的概念、范畴或关系时,就可以认为理论已经达到了饱和。可以说,饱和度检验是扎根理论中的一个重要环节,其目的是保证所收集的数据和形成的理论已经达到了理论饱和,即无法再通过收集更多数据来进一步发展或完善该理论[②]。

饱和度检验通常发生在数据收集和理论构建的过程中。研究者会持续收集数据并进行分析,直到发现新的数据不再能为理论构建提供新的洞见。饱和度检验对于确保扎根理论的严谨性和有效性至关重要。它可以帮助研究者判断何时停止数据收集,从而避免过度收集或收集不足的情况。同时,饱和度检验也有助于提高理论的稳定性和可信度,使其能够解释和预测相关教育现象。

在实际操作中,研究者可以通过追加收集数据或使用备用数据来进行饱和度检验。例如,在某一阶段的理论构建完成后,研究者可以引入新的数据样本,观察这些数据是否能够为现有的理论框架增添新的元素。如果不能,则说明构建的理论已经达到了饱和。

复习与思考题

1. 简述扎根理论的缘起和含义。
2. 扎根理论有哪些主要特征?请列举并解释。
3. 经典扎根理论、程序化扎根理论和建构主义扎根理论之间有何异同?请进行比较分析。
4. 扎根理论在教育研究中主要用于解决哪些问题?请举例说明。
5. 在扎根理论中,资料获取主要有哪些方法?请简述它们的特点和实施步骤。
6. 资料分析在扎根理论中占据核心地位,请详细解释开放性编码、主轴编码和选择性编码的过程和目的。
7. 什么是备忘录?在扎根理论中,它起着怎样的作用?请简述备忘录的撰写要点。
8. 理论性抽样和饱和度检验在扎根理论中有何重要性?请解释它们的含义。
9. 在进行扎根理论研究时,应如何选择合适的样本和研究对象?请讨论其选择原则和方法。

---

① 吴刚.工作场所中基于项目行动学习的理论模型研究[D].上海:华东师范大学,2013.
② 蔡迎旗,孟会君.基于扎根理论的幼儿教师学习共同体影响因素研究[J].教育研究与实验,2019(2):46-52.

10. 结合本章内容,设计一个基于扎根理论的教育研究方案,并说明其实施步骤和预期目标。

11. 相比其他研究方法,扎根理论有何独特之处?请从方法论的角度进行分析。

12. 你认为在教育研究中,扎根理论的应用前景如何?请给出你的看法和理由。

第十章

教育叙事研究

内容提要

在教育研究中,叙事研究以其富有人文关怀和深入教育实践的特点而独树一帜。它允许研究者通过叙述和解读教育实践中的真实故事,深入揭示教育的内在意义和价值。本章我们将探讨教育叙事研究的含义、特征、价值、形式及其研究方法、实施步骤、使用技巧等。通过本章的学习,希望大家能够准确把握教育叙事研究的精髓,提升在教育实践中应用该方法的能力。

学习目标

1. 了解和理解教育叙事研究的含义、特征和价值。
2. 熟悉教育叙事研究的内容和形式。
3. 掌握教育叙事研究的主要方法,了解每种方法的适用范围。
4. 熟悉教育叙事研究的基本步骤。
5. 理解教育叙事研究的技巧和注意事项,并能在实践中灵活运用。
6. 通过案例讲解,提升运用叙事研究进行教育研究的实践能力。

情境案例

李老师是S小学的老师,她发现学校虽然提供了丰富的阅读资料,但学生们对课外阅读的热情始终不高。为了弄清这一问题,李老师决定选择几个代表性的学生进行深入观察。

李老师和学生进行了多次轻松的谈话,鼓励他们分享自己的阅读经历和感受。同时,她还观察了学生们在图书馆和阅读角的学习情况,记录了他们的阅读选择、阅读时间和阅读方式。通过这些细致的观察和访谈,李老师收集了大量生动而真实的故事。

在分析这些故事时,李老师发现了几个关键主题,如家庭的阅读环境、同伴影响、阅读材料选择等,这些都对学生的课外阅读习惯产生了重要影响。基于这些发现,李老师设计了一系列阅读活动,并取得了良好成效,学生的阅读兴趣有了很大提升。

评析: 李老师通过叙事研究,成功地揭示了影响学生课外阅读习惯的多种因素。该方法使她能够深入学生的实际生活中,了解他们的真实想法和体验,从而获得了宝贵的一手资料。这种以故事为载体的研究方式,不仅增强了研究的生动性和可读性,还使得研究结果更具说服力和针对性。该案例充分展示了叙事研究在解决教育实际问题中的独特优势。

第一节 教育叙事研究概述

在探索教育的海洋中,研究者不仅追求理性的分析和科学的论证,也珍视那些充满生活气息且富有情感色彩的教育故事,这就是教育叙事研究的魅力所在。教育叙事研究犹如一面镜子,可以映射出教育现场的真实面貌,让我们更加深入地理解和体验教育的内涵。那么,什么是教育叙事研究?它有哪些特征呢?它又有哪些形式呢?

一、教育叙事研究的含义及特征

(一)教育叙事研究的含义

顾名思义,叙事研究是一种通过叙述教育故事来描绘教育行为、进行意义建构并使教育活动获得解释性意义理解的研究方法。该方法强调以真实的、具有情境性的教育故事为载体,通过细致的描绘和深入的分析,来揭示教育现象的本质和意义。可以说,每个教育故事都是独一无二的,它们蕴含着丰富的教育经验和深刻的教育哲理,等待研究者去发掘和理解。

在教育叙事研究中,研究者需要深入教育现场,去观察、倾听和收集那些真实发生的教育故事[①]。这些故事可能是一个教师的教学经历,也可能是一个学生的学习过程,还可能是一次家校合作的成功案例。无论是什么样的故事,它们都是教育实践的生动记录,都是教育叙事研究的宝贵素材[②]。

通过对这些故事的叙述和分析,研究者可以更加深入地了解教育的实际情况,发现教育中存在的问题和挑战,探索教育的规律和趋势。同时,叙事研究也能帮助人们更好地理解教育的复杂性和多样性,提高研究者的教育敏感性和洞察力。可以说,叙事研究不仅是一种研究方法,更是一种深入理解教育的有效途径。

(二)教育叙事研究的特征

1. 以已经发生的教育故事为研究对象

教育叙事研究是以已经发生过的教育事件为研究对象,这些事件可以是教师日常教学、学生管理、思想教育等各个环节的真实事件,也可以是学生在学习、成长过程中的各种经历。这些故事不是虚构或设计的,而是实实在在发生过的,因此具有极高的真实性和可信度[③]。

---

① MOEN T. Reflections on the narrative research approach[J]. International Journal of Qualitative Methods,2006,5(4):56-69.
② 郑楚楚.教育叙事如何走出困局?:将叙事作为教师教育生活的一种存在方式[J].中国教育学刊,2022(11):90-96.
③ 彭晶.教育叙事研究:教师专业发展的新路径[J].教师教育研究,2021,33(3):7-11.

2. 以叙述为主要表现形式

教育叙事研究主要采用叙述的方式来展现和分析教育事件。通过详细叙述事件的发生、发展和结果，研究者能够更加生动地呈现教育现场，让读者仿佛身临其境。这种叙述方式不仅让读者更加深入地了解事件的细节和背后的故事，还能更好地展现故事中的人物性格和情境特点，从而加深对教育现象的理解和认识。

3. 关注个体的经验和感受

教育叙事研究通过深入了解个体的生活经历、心理活动和情感体验，能够更加全面地揭示教育对个体的具体影响。这种关注不仅让研究者更加了解个体的需求和特点，还为教育教学提供了更加人性化的指导。同时，通过对个体经验的深入挖掘，研究者也能够发现教育中存在的问题和不足，为改进教育实践提供有益的参考。

4. 所讲故事情节丰富、冲突明显、情感真挚

教育叙事研究所讲述的故事往往具有情节丰富、冲突明显和情感真挚的特点。情节丰富意味着故事具有引人入胜的开端、扣人心弦的发展和高潮迭起的结局，能够吸引读者的注意力。冲突明显则是指故事中存在着明显的矛盾或冲突，这些矛盾或冲突推动着故事的发展，让读者更加期待后续的情节。情感真挚则是指故事所表达的情感真实而深刻，能够引起读者的共鸣，让读者更加深入地理解和感受故事中的情节和人物。

5. 强调对故事的深入理解以及挖掘其内含的教育意义

教育叙事研究不仅关注故事本身的情节和人物，更强调对故事的深入理解和挖掘其内含的教育意义。通过对故事的深入剖析和理解，研究者能够挖掘出其中的深层含义和意义，揭示出教育现象的本质和规律[1]。这不仅可以使读者更加深入地了解故事中的人物和情境，还能更好地把握教育现象背后的深层逻辑和规律。同时，通过对教育叙事的深入研究，研究者还可以发现新的教育问题和面对的挑战，为教育改革和创新提供有益的启示。

➢ 二、教育叙事研究的价值

教育叙事研究作为一种以真实教育事件为基础、以叙述为主要表现形式、强调对故事的深入剖析和理解、关注个体经验和感受的研究方法，其价值主要体现在以下几个方面。

(一) 深入理解教育的本质和过程

教育叙事研究通过让教师叙述自己的教育故事，可以帮助研究者更加深入地理解教育的本质和过程。这些故事不仅是教育的具体实践，更蕴含着教育的理念、方法和效果。通过叙事，研究者能够透视教育实践背后的复杂性和多样性，从而更好地把握教育的真谛[2]。

(二) 促进教师自我的专业成长

在叙述和分析自己的教学故事过程中，教师需要反思自己的教学实践，这种反思能够帮助

---

[1] 杨洲.从教育叙事到教育叙事研究：教师叙事的范式转换[J].当代教育科学,2016(22):3-6.
[2] 赵蒙成.教育叙事研究的优势与规范[J].湖南师范大学教育科学学报,2014,13(6):25-30.

教师识别并解决自己在教学中遇到的问题,从而提升教学技能[1]。同时,通过与其他教师的交流和分享,教师还可以学习到更多的教学经验和方法,进一步促进自身的专业发展。

(三)增强教育的实践性和针对性

叙事研究以真实的教育事件为研究对象,这使得研究结果更具有实践性和针对性。通过深入剖析这些事件,研究者可以发现教育实践中的具体问题,从而为改进教育实践提供有针对性的建议和解决方案。

(四)提升教师的科研能力和创新意识

参与教育叙事研究需要教师具备一定的科研能力和创新意识。在叙述和分析教育故事的过程中,教师需要运用科研方法收集、整理和分析资料,通过这一过程,教师的科研能力将得到提升[2]。同时,教育叙事研究鼓励教师从新的角度审视自身的教学实践,发现并提出新的问题和解决方案,从而有助于激发教师的创新意识和创新精神。

三、教育叙事研究的内容与形式

(一)教育叙事研究的内容

教育叙事研究,简而言之,就是通过叙述和解析教育中的故事,来深入探究教育的各种现象和问题。这种研究方法不仅仅关注教育的表面现象,更致力于挖掘其背后的深层含义。教育叙事研究的主要内容有以下几个方面:

1. 分享教育事件的感受与体验

教育叙事研究鼓励实践者分享自己在教育过程中所经历的具有教育意义的事件,并深入表达个人的感受和体验。这不仅能够传递实践者的真实情感和思考,还能促进同行之间的情感共鸣[3]。

2. 珍藏与回顾难忘的教育活动

在教育叙事研究中,珍藏和回顾那些难忘的教育教学活动具有重要意义。这些叙事往往是独特和创新的,对实践者和学生都产生了深远影响。通过回顾这些活动,研究者可以提炼出宝贵的经验和教训,为未来的教育实践提供有益的参考。

3. 探讨教师的自我教育成长之路

通过叙述自己的教育成长经历,教师可以深入反思自己的教育理念、教学方法和互动方式。这不仅有助于教师认清自己的优点和不足,明确职业发展方向,不断提升专业素养和教育能力,而且这种分享也能为其他教师提供有益的借鉴和启示。

---

[1] 彭晶.教育叙事研究:教师专业发展的新路径[J].教师教育研究,2021,33(3):7-11.
[2] 何献菊.教育叙事研究及其作用[J].教育理论与实践,2012,32(20):37-39.
[3] 李迎新,秦娟.大学教学中的教育叙事研究[J].当代教育科学,2011(9):57-58.

4. 记录并反思教育创新实践

教育叙事研究鼓励实践者记录并反思在教育过程中的各种创新实践,这些实践往往包括新的教学方法、课程设计理念或学生评价方式等。通过记录和反思,研究者可以评估这些创新实践的效果和影响,发现其中存在的问题和挑战,从而不断完善和优化教育实践[①]。

5. 关注并揭示教育中的文化影响

不同的文化背景会对教育实践产生深远的影响,塑造学生的价值观和行为方式。在教育叙事研究中,通过深入探究教育中的文化因素,研究者可以更加全面地理解教育的文化特性,为跨文化教育提供有益的参考。

6. 反映并思考教育中的社会问题

教育叙事研究还致力于反映并思考教育中的社会问题,如性别歧视和种族问题等。通过深入探究这些问题在教育中的具体表现和影响,研究者可以揭示教育的社会性,并思考如何通过教育来化解此类社会问题。

7. 理解和描述教育中的情感体验

教育实践中的情感体验包括教师的职业情感、学生的学习情感以及师生之间的情感交流等。通过深入理解和描述这些情感体验,研究者可以更加真实地感受教育的情感层面,从而提升教育质量并促进学生的全面发展,这种理解和描述有助于构建充满人文关怀的教育环境。

8. 揭示和反思教育中的权力关系

揭示和反思教育中的权力关系是教育叙事研究中的重要内容,这种权力关系可能存在于教师与学生之间、学校与家庭之间以及不同社会群体之间。通过深入探究这些权力关系及其对教育过程的影响,研究者可以更加清晰地看到教育的社会性和政治性,从而为推动教育公平和促进社会公正提供有益的视角。

9. 探索和记录教育中的心理现象

心理现象如学生的学习动机、认知发展、心理健康以及教师的教育心理、职业压力等,都是值得深入探索的方面。通过详细记录和解析这些心理现象及其对教育过程的影响,研究者可以为改进教学方法和提升学生的学习效果提供科学的依据和建议。

(二)教育叙事研究的形式

教育叙事研究的形式可以归纳为以下几种。

1. 教学叙事

教学叙事是教师对课堂教学的详细叙述,通常包括课程的设计、实施过程、学生的反应以及课后的反思等。这种形式特别适合展示教师的教学策略和课堂管理能力。

---

① 刘永和.教育叙事:使人"有所感"[J].教育科学研究,2010(1):75-79.

2. 生活叙事

生活叙事是指教师在课堂教学之外的生活事件叙述,如班级管理、学生互动等。它可以是教师在管理工作中的经验,也可以是教师与学生之间的沟通以及处理各种教育问题的策略和方法。

3. 自传叙事

自传叙事是教师以自传的形式来表达自己的教育观念、教育经历和个人成长。该形式允许教师深入反思自身的教育旅程,分享个人成长的关键时刻和影响因素,从而揭示其教育理念和教学方法的形成过程。

4. 其他形式

除了上述三种主要形式外,教育叙事研究还可以采用日记式、书信式、随笔等多种撰写方式。这些方式灵活多样,适用于记录教师的即时感受、教学点滴和与学生之间的互动细节。

第二节 教育叙事研究的方法、步骤和技巧

开展教育叙事研究,需要研究者运用科学的方法,遵循一定的程序与步骤,并掌握一定的叙事技巧。接下来,就让我们一起来探讨教育叙事研究的实际操作层面,探寻如何更好地挖掘和分享那些富有教育意义的故事。

一、教育叙事研究的方法

通常来说,教育叙事研究主要有以下几种具体研究方法。

(一)观察法

观察法是教育叙事研究中的基石。它要求研究者深入教育现场,通过细致的观察来捕捉并记录实际发生的教育活动。观察时,研究者需保持客观中立的立场,同时注重捕捉细节,以还原教育现场的真实面貌。通过观察法,研究者能够获得关于教育实践的直观感受,并为后续的分析和叙事提供坚实基础。

(二)访谈法

通过与被研究者进行面对面的交流,研究者可以深入了解他们的教育经历、内心想法和感受。访谈不仅是简单的资料收集,更是双方共同建构和解释教育现实的过程[1]。在访谈中,研究者需要善于提问和倾听,以获取被研究者的真实想法和主观解释。通过访谈法,研究者可以更加全面地理解教育现象,并为叙事研究增添丰富的背景和一定的深度。

(三)档案分析法

档案分析法是通过收集和分析与个体教育经历相关的书面文件、档案和记录来获取研究

---

[1] 王珩.教育叙事:高校辅导员专业化成长的有效路径[J].思想教育研究,2014(7):85-88.

数据。这些档案可以是学校档案、学生成绩单、教育机构的文件、个人日记等,通过分析这些档案,可以了解个体的学习历程和成长轨迹。

(四)日志分析法

日志分析法要求个体记录其日常生活和教育经历,包括思考、感受、行为等,并将这些记录提供给研究者进行分析。通过分析个体的日志,研究者可以深入了解其教育叙事中的细节和变化,揭示其思想和情感的发展过程。

(五)视觉资料分析法

视觉资料分析法是指利用图片、影像、绘画等视觉资料来获取个体的教育叙事。研究者可以要求个体提供或创作与其教育经历相关的视觉资料,然后对这些资料进行分析,了解个体的视觉叙事和表达方式。

二、教育叙事研究的步骤

教育叙事研究是一种质性研究方法,它通过叙述和解析教育实践中的真实故事来探究教育的本质和意义。通常来说,教育叙事研究主要包括以下几个步骤[①]。

(一)确定研究问题

研究者需要敏锐地捕捉教育实践中的关键问题或现象,明确自己想要通过叙事研究来探讨的具体问题。这个问题应该具有现实意义和研究价值,能够引导研究者深入挖掘教育实践中的故事和经验。

(二)选择研究对象

在选择研究对象时,研究者应根据研究问题的特点和需要,采用综合抽样策略。研究者可以根据研究目的,灵活选择具有代表性的个体或群体作为研究对象。选择研究对象时,应考虑其能否为研究问题提供丰富的信息和深入的见解。

(三)收集故事与构建现场文本

研究者需要深入教育现场,通过观察、访谈、记录等方式收集真实、生动的故事。这些故事是研究对象在教育实践中的真实经历和体验,能够反映教育现象的本质和规律。在收集故事的过程中,研究者应保持客观、中立的态度,确保故事的原始性和真实性。同时,研究者还需要对收集到的故事进行整理和分类,构建出具有逻辑性和连贯性的现场文本。

(四)编码与重新讲述故事

研究者需要运用自己的理论知识和实践经验,将现场文本转化为具有相同或相似意义的故事元素,并重新组合成一个新的、更具普遍意义和教育价值的故事。在重新讲述故事时,研究者应确保故事的完整性和真实性,同时要注重故事的逻辑性和可读性。

---

① 钟铧.高校教师如何做教育叙事研究[J].现代大学教育,2014(2):99-103.

(五)确定主题或类属

通过对重新讲述的故事进行深入分析,研究者可以确定故事中蕴含的主题或类属。这些主题或类属应是与研究问题密切相关的教育观念、教学方法、学生心理等方面的核心要素。确定主题或类属可以使研究者更加深入地理解教育现象,从而为后续研究结果分析和解释提供有力支持[1]。

(六)撰写研究文本

研究文本应包括研究的背景和意义、研究对象的选择、研究实施过程、研究结果与分析等部分。在撰写研究文本时,研究者应注重语言表达的准确性和严谨性,确保研究结果的可靠性和可信度。同时,研究者还需要对研究过程和结果进行反思和评估,以不断完善和提高叙事研究的质量[2]。

三、教育叙事研究的技巧及注意事项

(一)教育叙事研究的技巧

在教育叙事研究中,要想讲好"教育故事",研究者需要掌握一定的技巧和正确的方法。以下是对这些技巧的详细论述[3]。

1.研究者应使用多种方法来收集原始资料

教育叙事研究要求研究者对教育实践有深入而全面的了解,这需要研究者通过多种途径来收集信息。实地观察能够让研究者直接接触到教育实践现场,从而获得第一手的、真实的教育信息;访谈则能够深入了解被研究者的内心世界和真实想法,为教育叙事研究提供丰富的素材;问卷调查则可以广泛地收集大众的观点和态度,为研究者提供更广阔的视角。多种研究方法的综合使用,不仅可以丰富研究资料,还可以提高研究的信度和效度,从而更加准确地反映教育实践的真实情况。

2.研究者应注意对关键事件进行深描

关键事件通常具有深刻的教育意义和影响,可以使研究者更加深入地理解教育实践中的冲突、困境和解决方案。为了充分挖掘这些事件的教育价值,研究者需要对事件进行深入的描述和分析。这包括明确事件的背景和情境,详细描述事件的经过,分析事件的结果和影响,以及揭示事件背后的教育道理。

3.研究者需要注意挖掘本土概念

本土概念是教师在教育实践中使用的独特词语或表达方式,它们蕴含了教师的真实经验

---

[1] 李建刚,赵红果.叙事研究:青年教师教育科研的切入点[J].教育理论与实践,2006(24):14-15.
[2] 钟铧.高校教师如何做教育叙事研究[J].现代大学教育,2014(2):99-103.
[3] 胡中锋.教育科学研究方法[M].2版.北京:中国人民大学出版社,2023:206-208.

和智慧。通过挖掘这些本土概念，研究者可以更加深入地理解教师的教育实践经验和思想[1]。因此，研究者需要深入观察教师的教育实践，并详细记录教师使用的本土概念和相关的教学行为。同时，研究者还需要分析本土概念的含义和背景，了解它们在教师教学中的作用和意义。

4. 研究者应通过"扎根"逐步形成和显露理论

扎根理论是一种自下而上建立理论的方法，它强调从资料中生成理论。在教育叙事研究中，研究者需要通过对原始资料的分析和归纳，逐步形成和显露理论[2]。这一过程需要研究者具备扎实的理论功底和敏锐的洞察力，能够从繁杂的资料中提炼出核心概念并构建出理论体系。

(二) 教育叙事研究的注意事项

1. 注意选取合适的叙事材料

选择合适的叙事材料是进行教育叙事研究的重要前提条件。材料的选择应基于研究的主题和目标，以确保其代表性和典型性。真实的叙事材料可以更好地反映教育实践的真实情况，从而提高研究的可信度和有效性。值得注意的是，材料的来源应多样化，以便获取更全面的信息，从而对研究问题进行深入分析和解读。

2. 注意保持故事的完整性

一个叙事最好聚焦于一个核心故事，避免涉及过多的情节和细节，以免使内容变得繁杂且难以抓住重点。故事情节的连贯性和完整性能够让读者清晰地追踪故事的发展脉络，从而更好地理解故事的深层含义。

3. 注意挖掘情境性和背景性信息

每一个教育故事都发生在特定的社会、文化和历史背景中，这些背景信息对于理解故事的含义和影响至关重要。研究者需要深入挖掘这些背景信息，以便更加全面地理解教育实践中存在的问题和面对的挑战。唯有如此，才能提出具有针对性和实效性的解决方案。

4. 注意避免肤浅说教

在教育叙事研究中，研究者应以一种客观而真实的态度来呈现故事，避免将某种理论或道德观念强行植入故事或是对故事进行过度解读，尽可能让读者从故事中去领悟和体会，并从中获得更加深刻的启示。

5. 注意研究的伦理性

在进行教育叙事研究时，研究者必须尊重被研究者的知情权、隐私权、自主权等，避免对其造成不必要的伤害或侵犯其权益。同时，研究者还应确保所收集的数据和信息得到妥善处理，防止泄漏或滥用。这样才可以赢得被研究者的信任，为研究工作的顺利开展提供保障。

6. 注意避免夸大其词或随意扩大适用范围

在教育叙事研究中，研究者需要谨慎地对待所得出的解释性意见和结论，避免随意将特定

---

[1] 刘良华. 教育叙事研究：是什么与怎么做[J]. 教育研究，2007(7)：84-88.
[2] 何献菊. 教育叙事研究及其作用[J]. 教育理论与实践，2012，32(20)：37-39.

情境下的研究结论推广到其他情境中。事实上,每个案例和叙事都有其特定的历史、文化和社会背景,其研究结论也往往具有特殊性、情境性的特点。因此,研究者需要明确说明其研究结论的适用范围和限制条件,以免产生误解或误用。

复习与思考题

1. 请简述教育叙事研究的含义及其在教育领域的应用意义。
2. 教育叙事研究有哪些主要特征?请列举并解释这些特征对教育研究的影响。
3. 教育叙事研究通常包含哪些内容?请结合实例进行说明。
4. 教育叙事研究的形式有哪些?它们分别有什么特点?
5. 访谈法在教育叙事研究中的应用场景是什么?
6. 教育叙事研究的基本步骤是什么?请简要描述每个步骤的重点。
7. 实施教育叙事研究需要注意哪些问题?
8. 设计一个针对特定教育问题的叙事研究方案,并说明其研究目的、方法和预期成果。

第十一章

教育现象学

内容提要

在教育研究的丰富领域中,教育现象学以其对生活体验的深刻洞察和人文关怀,成为理解教育现象的重要视角。教育现象学不仅关注教育的客观事实,更聚焦于教育参与者的主观体验,从而揭示教育的本质和意义。本章我们将系统介绍教育现象学的核心理念、具体方法以及实施步骤等。希望通过本章学习,能提升大家运用教育现象学进行教育研究的基本技能。

学习目标

1. 深入理解教育现象学的起源、核心理念及其在教育领域的重要性。
2. 明确教育现象学的含义、研究范畴及其与其他教育研究方法的区别。
3. 掌握教育现象学的具体方法,包括现象学的基本方法以及专门针对教育领域的方法。
4. 熟悉教育现象学的实施步骤,并能够在实际研究中进行有效运用。
5. 了解教育现象学的应用范围,特别是对教育生活体验的深刻洞察和理解。
6. 培养对教育现象的人文关怀,提升对教育参与者主观体验的关注和理解能力。

情境案例

李老师是L市一所小学的语文老师,她发现学生在阅读课上虽然能够流利地读出课文,但很难理解其中的深层含义和情感色彩。她决定尝试运用教育现象学来改善这一状况。

李老师首先选择了一篇富有情感色彩和深刻内涵的课文,让学生在课堂上进行朗读和讨论。她鼓励学生分享自己读课文时的感受和联想,同时倾听他们的想法和困惑。在学生们分享过程中,李老师发现许多学生虽然能够读出课文,但难以体会到其中蕴含的情感和意义。

为了帮助学生深入理解课文,李老师引导学生通过角色扮演、情境模拟等方式来体验课文中的情境和情感。她还利用现象学的方法,让学生通过写作、绘画等方式来表达自己对课文的理解和感受。通过这些方式,学生们的阅读理解能力和情感表达能力有了显著提升。

评析:在该案例中,李老师通过教育现象学的方法,成功地帮助学生理解课文的含义和情感色彩。她注重学生的主观体验和感受,鼓励学生表达自己的想法和困惑,从而激发了学生们的学习兴趣和主动性。

李老师的做法充分体现了教育现象学的核心理念,即关注学生的主观体验和感受,通过亲身体验和表达来促进学生的成长。该方法不仅可以提高学生的阅读理解能力,还可以培养学生的情感表达能力和创造力。

同时,该案例也展示了教育现象学在教育实践中的广泛应用。通过教育现象学的方法,教师可以更加深入地了解学生的需求,从而提供更加有针对性的教学和辅导。毫无疑问,这种方法对于提高学生学习效果和促进学生全面发展具有重要意义。

第一节 教育现象学概述

在探寻教育的本质之旅中,我们遇见了一个深邃而迷人的领域——教育现象学。它如同一把钥匙,为我们打开了一扇通往教育真实世界的大门,使我们能够洞察教育现场的微妙细节和深层意义。教育现象学,不仅是一种理解和解读教育现象的新视角,也是一种研究方法。接下来,就让我们一同走进这个充满魅力的领域,感受教育现象学的无限可能。

➤ 一、什么是教育现象学?

我们将从教育现象学的产生开始讲起,进而阐述教育现象学的核心概念,以及它如何作为一种独特的研究方法,帮助我们洞察教育的深层内涵。

(一)教育现象学的产生

教育现象学作为一种新的教育学思想,是在现象学及现象学运动的影响下出现的。现象学作为一种哲学流派,是由德国哲学家埃德蒙·胡塞尔(Edmund Husserl)创立的。现象学自产生后就以其"回到事情本身"的态度和方法,将众多有着共同见解的哲学家,如马丁·海德格尔(Martin Heidegger)、莫里斯·梅洛-庞蒂(Maurice Merleau-Ponty)、让-保罗·萨特(Jean-Paul Sartre)、汉斯-格奥尔格·伽达默尔(Hans-Georg Gadamer)等联合在一起,形成了欧洲大陆20世纪最重要的哲学思想运动之一——现象学运动[1]。现象学看待事情的态度和方法不仅成就了现象学运动中的哲学家,而且其产生的效应已远远跨越哲学界,广泛影响了心理学、病理学、美学、文学、艺术学、神学、宗教理论、教育学、逻辑学、数学、自然科学,甚至经济学等学科的问题提出和方法操作[2]。

教育现象学最早出现在欧洲大陆,在德国被称为人文科学教育学或精神科学教育学,在荷兰被称为现象学教育学。德国的教育学有着悠久的人文主义传统,18世纪末19世纪初以来德国又出现了一种新人文主义,深深地影响了德国教育学的发展。20世纪,精神科学教育学与生命哲学、存在哲学、现象学以及哲学解释学相结合而得到进一步的发展。所以,教育中的现象学研究又称为解释现象学或人文科学研究。荷兰的教育现象学传统主要是源于因兰格威尔

---

[1] 蒋开君.现象学教育学的源与流:从乌特勒支到阿尔伯塔[J].教育理论与实践,2011,31(1):7-10.
[2] 王萍.教育现象学的发展历程[J].河北师范大学学报(教育科学版),2011,13(9):70-74.

德的思想而产生的乌特勒支学派(Utrecht School)。兰格威尔德的研究兴趣主要是儿童的体验和儿童看待世界的方式。在美国,则主要是以匹茨堡杜奎斯恩大学(Duquesne University)的杜奎斯恩学派为代表,范凯姆(Van Kaam)被认为是该学派现象学心理学方法的创建者和奠基人。在当代,该学派乔吉(Giorgi)的存在现象学方法较有影响。在美国的课程研究领域,则主要以休伯纳(Huebner)、派纳(Pinar)、格鲁梅特(Grumet)和雷诺滋(Reynolds)等现象学和解释学课程理论的重要人物为代表。当代有影响力的教育现象学派则是以加拿大阿尔伯塔大学(University of Alberta)的奥凯(Aoki)、马克斯·范梅南(Max van Manen)和史密斯(Smith)等人为代表[①]。

(二)教育现象学是什么?

胡塞尔认为,现象学是一种以"现象"为研究对象的科学,旨在揭示意识的本质和结构。现象学的核心是"还原"和"直观",即消除先入为主的概念和偏见,通过直接观察和描述现象来揭示其本质。海德格尔是胡塞尔的学生,他继承和发展了现象学方法。他认为,现象学是一种探究存在意义的方法,旨在揭示存在本身的意义和结构。他强调对存在经验的直接描述和分析以及消除概念化和理论化的偏见。梅洛-庞蒂认为现象学是一种研究知觉现象的科学方法,旨在揭示知觉的本质和结构。他强调对知觉经验的直接描述和分析以及消除概念化和理论化的偏见[②]。伽达默尔则认为现象学是一种解释学方法,旨在理解文本的意义和结构。他强调对文本意义的直接理解和解释以及消除概念化和理论化的偏见[③]。

教育现象学也被称为"现象学的教育学""现象学教育学"等,是"现象学"和"教育学"相结合的研究领域,其多样化的表述也说明了人们认识的差异性[④]。加拿大范梅南教授对教育现象学做了这样的描述:"教育现象学就是想让我们摆脱理论和预设的概念,将我们的成见和已有看法、观点先搁置起来……直接面对学生的生活世界和生活体验,并对它们做有益的反思,从而形成一种对教育的具体情况的敏感性和果断性。"[⑤]很显然,这一描述将教育现象学看作是一种方法,并且似乎是直接套用现象学"悬置""反思"等概念。与此同时,范梅南在专著《教学机智——教育智慧的意蕴》中论述了"一种新的教育学",如对师生关系的重构、对教育学规范性的要求以及对教育智慧、教学机智的理想追求等,这与一般教育学又有明显区别。因此,从这个意义上说,范梅南既将教育现象学当作方法开展研究,也将教育现象学作为一门学问进行论述。

---

① 朱光明,陈向明.理解教育现象学的研究方法[J].外国教育研究,2006(11):1-6.
② SELVI K. Educational paradigm shift towards phenomenological pedagogy[M]//TYMIENIECKA A. Phenomenology of space and time: The forces of the cosmos and the ontopoietic genesis of life: Book one. New York: Springer, 2014: 245-258.
③ FRANCESCONI D, TAROZZI M. Embodied education: A convergence of phenomenological pedagogy and embodiment[J]. Studia Phaenomenologica, 2012, XII(一1): 263-288.
④ 苗雪红.教育现象学之反思[J].华东师范大学学报(教育科学版),2014,32(1):32-40.
⑤ 侯怀银,郭建斌.现象学教育学在中国的传播及其影响[J].高等教育研究,2018,39(6):59-66.

从国内来看,学者们有关教育现象学的界定也并不统一。姜勇认为教育现象学是运用"悬置""本质还原""先验还原"等现象学的研究理路,把握教育的本质与规律[①]。王萍认为教育现象学是一门以现象学为哲学基础,以现象学方法为方法论,在教育生活世界中追寻教育意义的指向智慧的学问[②]。王子钊认为教育现象学是以现象学作为哲学基础,运用现象学的基本原则和方法对教育领域的现象进行理论思考和实践建构,追问"事情本身是什么",按照教育的本然思考教育,并在教育本然的基础上进行实践建构[③]。孙丹、杨道宇认为现象学在其本质上是一种方法,一种让事物按照其本来面目显现出来的方法[④]。

通过上述分析,我们不难发现,绝大多数学者认为教育现象学既是一门学问,也是一种研究方法。作为一种学问,教育现象学探讨教育的本质、意义和规律,以及教育与人和社会的关系等问题。它试图从现象学的视角出发,通过对教育现象的深入反思和分析,揭示教育的内在结构和意义。作为研究方法,教育现象学运用现象学的方法论原则,对教育现象进行深入研究。教育现象学方法强调对现象的直接经验和研究以及对先入为主的理论和预设概念的悬置和排除。通过运用现象学方法,教育现象学能够深入探究教育的本质和规律,发现被传统教育研究忽视的重要因素,为教育实践和教育改革提供重要的启示和指导。

(三)作为研究方法的教育现象学

作为一种研究方法,教育现象学要努力克服教育研究中这种简化、经济的原则,提出要在教育的情境中整体地把握教育经验的意义,而不是仅仅研究一组预先选定的变量。现象学"回到事实本身"看待事情的态度和方法,要求教育研究要"回到教育生活本身",研究者在研究之前不要先下诊断。而是要"悬置"前见,关注事情本身是什么样子,将事情如何在意识中显现"如其所是"地描述出来,让人们知道事情本身"是什么样子",以恢复教育生活的本来面目。教育现象学研究就是要把这枚"鲜李子"呈现出来,而不是仅仅提供一个"李子干"[⑤]。

教育现象学借鉴现象学"悬置-还原"的态度对教育生活体验进行研究。作为一门探究教育生活现象及其体验的学问,教育现象学总是保持着一种好奇、追问的态度。可以说,教育现象学本身就代表了一种教育追问、一种研究的态度。一切可以用来追寻教育生活体验的方法都可以被教育现象学所用,诸如解释学的方法、语言学的方法、访谈、观察等。因此,范梅南教授曾以"现象学的方法就是没有方法",来提醒研究者追寻生活体验的意义不应因循一套固定的程序。技术性的程序虽然诱人,但它并不能保障我们得出富有深度的教育现象学洞见。纵观兰格威尔德等著名教育现象学学者的作品,亦能发现他们并没有倚重技术性的程序,而是在现象学态度这一具有方法论意义的指导下,灵活地运用各种方法进行观察、反思与写作,以让

---

① 姜勇.教育现象学的迷误与出路[J].全球教育展望,2018,47(2):49-58.
② 王萍.教育现象学方法及其应用[D].郑州:河南大学,2010.
③ 王子钊.回归道德体验:学校德育活动的重释与重构[D].武汉:湖北大学,2023.
④ 孙丹,杨道宇.教育现象学研究的程序和方法[J].渤海大学学报(哲学社会科学版),2015,37(3):98-103.
⑤ 朱光明,陈向明.理解教育现象学的研究方法[J].外国教育研究,2006(11):1-6.

生活体验的本质和意义得以显现①。

教育现象学的研究方法虽然没有特定的机械模式,但其围绕着"描述教育生活体验—形成体验文本—组织焦点讨论反思"的基本研究框架,以探寻教育生活体验的本质和意义,获得教育学的理解和洞见。教育现象学认为,教育是具体情境中发生着的现象,要理解情境化的教育意义就应注重教育现场,注重现场所发生的一切,注重情境中师生的具体体验。教育现象学研究就是要通过写作的方法,对日常教育生活中引起人们注意的现象进行积极、全面的反思,通过描述教育现象或体验,从而揭示其本质或结构。教育现象学家相信,在理解师生体验以及该体验对体验者意义的基础上,教育者能够更好地进行教育实践②。

二、教育现象学的价值

教育现象学鼓励研究者从微观的教育现象和个体的生活体验出发,去洞察那些常被宏观理论所遮蔽的细腻纹理。通过这种方法,研究者能够更真实地触摸到教育的脉搏,感受到教育实践的鲜活性与多元性。

(一)丰富教育研究方法体系

教育现象学方法为教育研究带来了新的视角和工具,显著丰富了教育研究的方法体系。传统的教育研究方法往往侧重于宏观层面的分析和量化数据的收集,而教育现象学则从个体的生活体验出发,关注教育情境中的具体现象和师生的真实感受。这种方法对于捕捉教育过程中的细微变化、深入理解教育现象的本质具有重要意义。

可以说,教育现象学方法的引入,不仅拓展了教育研究的广度,更挖掘了其深度。它鼓励研究者从细微处着手,关注那些常被忽视的教育现象,从而揭示出教育的多元性和复杂性。这种方法的运用,使得教育研究更加贴近实际,更具人文关怀。

(二)推动教育研究思维的变革

教育现象学方法所倡导的自下而上的研究路径,对传统的教育研究思维产生了深远影响。它鼓励研究者从具体的教育现象出发,通过深入观察和反思来把握教育的本质。这种思维方式打破了传统教育研究中对宏大理论体系的迷信,促使研究者更加关注教育实践中的真实问题和需求。

同时,教育现象学方法的实践品性也推动了教育研究思维的转变。它要求研究者深入教育现场,与教育实践者紧密合作,共同探索教育现象的内在逻辑。这种实践导向的研究思维,不仅提高了教育研究的针对性和实效性,还促进了教育理论与实践的紧密结合。

(三)促进教育理论与实践的融合

教育现象学作为一种实践之学,强调理论与实践的紧密结合。通过运用教育现象学方法,研究者可以深入教育实践一线,了解教育现象的真实情况,从而生成具有实践基础的教育理

---

① 李树英,郑曼瑶.并非遥不可及的学问:再论教育现象学[J].教育研究,2021,42(4):64-73.
② 朱光明,陈向明.理解教育现象学的研究方法[J].外国教育研究,2006(11):1-6.

论。这种基于实践的理论不仅更具说服力,还能更好地指导教育实践。

同时,教育现象学方法的运用也有助于教育实践者对自身实践的反思和提升。通过参与教育现象学研究,实践者可以更加清晰地认识到自身实践中存在的问题和不足,从而有针对性地进行改进和创新。这种理论与实践的双向互动,为教育理论与实践的融合搭建了坚实的桥梁。

(四)坚守教育的本真意义

教育现象学通过研究教育生活体验,回归了教育的本初和本义。它关注教育中"具体人"的需求和感受,强调教育的人文关怀和温情交流。在这种研究方法的引导下,研究者能够更加清晰地看到教育的本质和目标——培养全面发展的人。

三、教育现象学的具体方法

(一)现象学的基本方法

1. 悬置与还原

悬置和还原是现象学方法论中的两个重要概念,它们的作用在于帮助研究者摆脱先入为主的认识,重新审视现象本身,以达到对事物本质的深入理解。

悬置作为现象学的一种核心方法,其本质在于暂时搁置或中止我们对事物已有的判断和认知。可以说,悬置为研究者创造了一个思维空白地带,使研究者能够从一个全新的、无预设的视角去观察和理解现象[①]。在这个过程中,所有被视为理所当然的信念、理论和态度都被暂时放在一旁,以便于人们可以更加客观地接近现象本身。悬置不是一种否定,而是一种开放和探求的态度,它鼓励人们不断地去质疑、反思,并超越现有的认知框架,去探索更深层次的原理。

还原是现象学的另一大方法支柱,它引领研究者回到现象的源头,重新审视和体验那些未被主观解释和外在因素遮蔽的纯粹现象。通过还原,研究者能够剥去现象表面的层层外衣,直达其核心,从而更加清晰地认识和理解现象的本质。当然,这一过程并非简单地回归,而是一种透过现象看本质的理性思考。它要求研究者摒弃那些可能干扰我们判断的外部因素和主观臆断,从而还原出一个更加真实而纯粹的现象世界。

2. 直观

直观强调直接的、无预设的观察和领悟,是获取对现象深入理解的重要途径。通过运用直观,研究者能够直接把握现象的本质特征,避免被复杂的概念和理论所迷惑。运用直观需要研究者具备敏锐的观察力和感悟能力,以便准确地捕捉现象中的关键信息[②]。

直观的两种形式——感性直观和本质直观,各有其独特的作用。感性直观能够使人们直

---

① 刘良华.教育现象学的观念[J].教育研究,2011,32(5):19-24.
② 李树英,王萍.教育现象学的两个基本问题[J].华东师范大学学报(教育科学版),2009,27(3):40-45.

接感知到对象的感性特征,如颜色、形状等;本质直观则帮助我们洞察到现象背后的纯粹本质或范畴对象。可以说,这两种直观方式的结合运用,可以使研究者更加全面地理解和把握现象。在教育领域,通过运用直观,研究者可以更加深入地了解学生的学习状态和需求,从而为他们提供更个性化的教育支持。

3. 描述

现象学的描述是对经验现象的详细记录和深入分析。它不仅仅停留在现象的表层描述上,更致力于揭示现象背后的本质和意义。描述要求研究者以细致入微的观察力和敏锐的感受力去捕捉现象的每一个细节,从而构建出一个完整、生动的现象世界。

在教育现象学中,应用描述方法能够帮助研究者更加全面地了解教育实践的实际情况。通过详细描述学生的学习过程、教师的教学行为以及课堂互动等,研究者能够发现教育中的亮点和问题,为教育改进提供有力的依据。同时,描述也为研究者提供了一种与学生和教师共享教育经验的方式,促进了教育共同体的形成和发展。

4. 反思

反思在现象学中扮演着关键的角色。它不仅仅是对现象的简单回顾,更是一种深入地思考和分析过程。通过反思,我们能够对自己的认知和行为进行审视和评估,从而发现其中的问题和不足。反思可以提升自我认知的准确性和深度,进而优化人们的思维和行为方式。

在教育现象学中,通过对教育实践的深入反思,研究者能够发现教育过程中存在的问题和瓶颈,进而寻求有效的解决方案。反思不仅可以提升教育质量,还能促进教师的专业成长和学生的全面发展。因此,反思是现象学研究中不可或缺的一环,也是教育实践中应该大力推广的方法论原则。

5. 解释

解释旨在深入理解和解读现象的本质、意义和价值。通过解释,人们能够更加清晰地阐述现象背后的深层含义和逻辑结构[①]。可以说,解释可以使人们更加准确地传达自己的思想和观点,从而促进学术交流和加强理解。

在解释过程中,研究者需要运用丰富的理论知识和实践经验来对现象进行深入的剖析和解读。虽然文本自身的呈现决定了解释的可能性,但解释者的生活经验、历史文化背景等因素也会对解释产生影响。因此,在进行解释时,研究者需要保持开放和批判的态度,力求做到客观、准确和全面。

(二)教育现象学的方法

教育现象学作为一种独特的研究范式,在探索教育现象时采用了一系列富有特色的方法论。教育现象学采用的具体方法主要有以下几种。

---

① 高伟.教育现象学:理解与反思[J].教育研究,2011,32(5):11-18.

1. 对话式访谈

对话式访谈在教育现象学研究中占据着举足轻重的地位。这种方法直接触及受访者的深层体验,挖掘他们在特定教育情境中的真实感受。通过对话,研究者能够更加深入地理解受访者的内心世界,捕捉那些在传统量化研究中难以触及的细微情感变化。这种访谈方式强调叙事线索的连贯性,从受访者的回忆开始,逐步深入当时的体验之中,从而帮助研究者构建一个完整而真实的教育现象画面。

同时,对话式访谈还注重访谈过程中的深入挖掘。研究者通过敏锐的追问,迫使受访者不断反思和澄清自己的体验,直至触及最原始、最本真的感受。这种深入的对话不仅能够揭示教育现象的本质,还能为后续的教育学观察和文本写作提供丰富的素材。

2. 教育学观察

教育学观察要求研究者以教育者的视角,充满关爱地观察和解读孩子们的成长过程。这种观察方法不仅关注孩子们的外在行为,更需要深入儿童的内心世界,试图理解他们的感受、需求和期望[1]。

在教育现象学的观察中,研究者需要从儿童的立场出发,设身处地地考虑孩子们的体验,理解他们的行为和选择。可以说,这种观察方法可以使研究者发现儿童成长过程中的各种可能性,从而为他们提供更为贴切的教育支持和引导。

3. 趣闻轶事的改写

趣闻轶事的改写是教育现象学中的一项独特技艺。它要求研究者将收集到的原始故事进行精细化的改写,使其更加逼近受访者的真实体验。这种改写并非简单的文字修饰,而是需要剔除故事中的反思成分,保持体验的纯粹性和情境性。

可以说,改写的过程也是研究者与受访者体验深度融合的过程。通过细化故事中的体验描述,研究者能够敏锐地捕捉到受访者的情感变化和心理活动,从而揭示教育现象中的深层意义。同时,改写后的故事往往短小精悍,可以集中展现教育现象的本质,为后续的主题或意义分析提供有力支持。

4. 辞源追溯

辞源追溯是教育现象学中一个颇具特色的方法。它响应了现象学"回到事物本身"的号召,通过追溯相关词汇的原始意义,揭示它们在教育现象中的本质内涵。这种方法有助于我们摆脱现代语境对词汇意义的遮蔽和扭曲,从而更准确地理解教育现象[2]。

在进行辞源追溯时,研究者需要确定追溯的对象,并从辞源学的角度深入探究其原初意义。这不仅包括对英文字词的追溯,还涉及对汉语字词的起源和演变的考察。通过辞源追溯,研究者可以更加深入地理解教育现象中的关键概念,为后续的主题或意义分析奠定基础。

---

[1] 王萍.教育现象学方法及其应用[D].郑州:河南大学,2010.
[2] 侯怀银,郭建斌.现象学教育学在中国的传播及其影响[J].高等教育研究,2018,39(6):59-66.

5. 主题或意义分析

主题或意义分析旨在从教育体验故事中提炼出核心的主题或意义,以揭示教育现象的本质[①]。通过现象学的提问和反思,研究者能够逐步深入故事的内核,挖掘出其中蕴含的教育学意义。

在进行主题或意义分析时,自由想象变更是一个重要的手段。它允许研究者从不同的角度审视和解读故事,从而提炼出更为集中和深刻的主题。可以说,这种方法可以使研究结果更加具有丰富性和深刻性,也使教育现象学的研究更具价值和意义。

6. 文本写作

在教育现象学研究中,文本写作不仅仅是研究结果的呈现方式,更是一种独特的研究方法。它要求研究者运用感性语言或诗化语言进行描述,从而使作品具有更强的故事性和可读性。通过这种写作方式,使研究者能够打动读者、感染读者并引起他们情感上的共鸣。

同时,文本写作强调预留沉默空间,要求在描述与沉默之间保持微妙的张力。此外,教育学立场要始终贯穿于文本写作过程,以确保研究结果的教育学意义和价值。

第二节 教育现象学的实施

在探寻教育的深邃海洋中,我们已经领略了教育现象学的独特魅力。它如同航海者的指南针,指引我们穿越教育的复杂迷雾,触摸到最真实的教育生活体验。接下来,让我们探讨教育现象学的实施步骤及运用,以便更好地驾驭这一方法,为教育研究注入新的活力。

➤ 一、教育现象学的适用场景:教育生活体验

教育现象学并非适用于所有教育问题的研究,它更侧重于那些涉及个体在教育过程中的实际体验和感受的问题。这里的"现象",秉承自现象学,主要指的是个体的"体验"。因此,教育现象学的应用范围自然而然地限定在了可以观察和描述的教育生活体验之内。

可以说,教育现象学主要聚焦于教育生活体验,其核心理念在于通过理解和分析教育参与者在教育环境中的真实体验,来揭示教育的本质和意义。根据教育生活世界的四种存在状态,教育现象学的适用范围可以划分为空间体验、时间体验、主体性体验以及人际关系体验等四个方面[②]。

(一)空间体验

空间体验是指教师或学生对学习环境、教学空间、学校空间的主观感受和体验。这些空间不仅是学生学习和生活的场所,更是塑造他们个性和认知的关键因素。例如,一个宽敞明亮、布局合理的教室,可以为学生提供舒适的学习环境;而一个拥挤、昏暗的教室则可能让学生感

---

① 侯怀银,郭建斌. 现象学教育学在中国的传播及其影响[J]. 高等教育研究,2018,39(6):59-66.
② 王萍. 教育现象学方法及其应用[D]. 郑州:河南大学,2010.

到压抑,影响学生学习的积极性和创造性。因此,空间体验的好坏直接影响学生的学习状态和心理感受。

(二)时间体验

时间体验关注教师或学生对时间的感知和利用方式。在教育中,时间管理对于学生的学习效率和成绩具有显著影响。例如,一些学生善于规划时间,能够在有限的时间内高效地完成学习任务,而另一些学生则可能因为时间分配不当而导致学习效果不佳。因此,通过研究学生的时间体验,教师可以帮助学生更好地管理时间,从而提高学习效率。

(三)主体性体验

在教育场景中,学生的主体性体验常常表现为他们对教育活动的参与感和自主性。当学生积极参与到教育活动中时,他们会感受到自己的价值和意义,从而提升学习动力和自信心。例如,在一次课堂讨论中,教师鼓励学生发表自己的观点和看法,这会让学生感受到自己的话语权和存在感,进而更加积极地参与到课堂活动中。

(四)人际关系体验

教育场景中的人际关系包括师生关系、同学关系等,这些关系的质量直接影响学生的学习和成长。例如,在和谐的师生关系中,学生会感受到教师的关心和支持,从而更加努力地学习;而在紧张或冷漠的师生关系中,学生可能会产生厌学情绪或行为问题。因此,通过研究人际关系体验,教师可以了解学生的需求和心理状态,从而更好地促进学生的全面发展。

可以说,上述这四种体验相互交织、相互影响,它们共同构成了教育生活中的体验。通过研究这些体验,研究者可以更加深入地理解学生的内心世界和需求,从而为教育提供更加人性化、个性化的指导。

▶ 二、教育现象学的实施步骤

教育现象学是一种深入探索教育生活体验的研究方法,其实施步骤严谨且富有逻辑性。下面我们将探讨教育现象学的实施步骤[①]。

(一)选择研究问题

选择研究问题是教育现象学研究的起点,它往往决定了研究的方向和目标。在选择研究问题时,研究者需要关注教育领域中的实际问题,寻找那些具有代表性和可操作性的问题。同时,研究者应对所选问题抱有极大的研究兴趣,并确保自身对研究问题有一定的了解。

为了保证研究的针对性和深度,研究者可以通过文献综述、实地考察等方式,了解当前教育领域的热点和难点问题。同时,研究者还可以结合自身的教育实践和经验,发现那些值得深入探究的问题。

(二)收集体验

收集体验是教育现象学方法中的关键环节。在该步骤中,研究者需要通过多种方式收集

---

① 徐辉富.教育现象学及其研究步骤[J].开放教育研究,2008(2):32-39.

与教育现象相关的体验数据。这些方式包括但不限于问卷调查、开放式访谈、参与者的写作体验描述、近距离观察以及文学作品分析等。

问卷调查可以快速收集大量数据,反映群体对某一教育现象的普遍看法;开放式访谈则能深入探究个体的内心体验和感受;参与者的写作体验描述则提供了原汁原味的个人经验;近距离观察可以帮助研究者捕捉教育现场中的细微变化;文学作品分析则能为我们提供超越日常经验的视角。

(三)阅读体验描述

在阅读体验描述阶段,研究者需要仔细研读收集到的各种体验文本。这一过程的目的是深入理解参与者的内心体验,并提炼其中的主题和模式。

读者在阅读时,应关注文本中的"闪光"或"新颖"观点,这些观点往往能反映出参与者的深刻体验。同时,对于独特的描述或观点,也应给予足够的重视。

(四)提炼基本要素

基本要素又称为关键要素、意义单元。在阅读体验描述的过程中,研究者需要找出反复出现的主题和模式,这些就是所研究现象的基本要素。这些基本要素可能包括参与者的情感反应、行为模式、认知过程等。通过仔细分析文本,研究者可以识别出这些反复出现的要素,并理解它们在教育现象中的作用和意义。

(五)列出独特要素

在提炼出基本要素后,研究者还需要关注那些独特的要素。这些独特要素可能是某些参与者特有的体验或观点,也可能是某些特定情境下才出现的现象。列出独特要素的目的是更加全面地理解教育现象的多样性和复杂性。通过对这些独特要素的深入分析,研究者可以发现新的研究视角和问题,从而丰富和深化对教育现象的认识。

(六)提炼主题

提炼主题是将上述步骤中识别出的基本要素和独特要素进行整合和概括的过程。通过提炼主题,研究者可以揭示出教育现象中的核心问题和关键议题。这些主题可能涉及教育理念、师生互动、学习环境等多个方面。提炼主题时,研究者需要运用自身的专业知识和分析能力,对要素进行归纳和总结,以形成具有概括性和解释力的主题。

(七)开展联想变动,得出本质意义

在该阶段,研究者需要运用自由联想的方法,将提炼出的主题与其他相关现象进行关联和思考[①]。通过联想变动,研究者可以发现不同主题之间的内在联系和规律,从而更加深入地理解教育现象的本质和意义。最后,研究者需要将自己的发现和理解以恰当的方式呈现出来,为教育领域的研究和实践贡献新的知识和见解。

---

① 杨开城.教育现象学是现象学的吗[J].现代远程教育研究,2011(6):3-8.

三、教育现象学运用中的注意事项

教育现象学作为一种质性研究方法,既有质性研究方法的共性特点,也有其自身的独有特点。在运用教育现象学方法时,研究者需要注意以下几点。

(一)保持开放和关注的态度

在教育现象学研究中,研究者必须秉持开放与关注并存的态度。研究者应抛却先入为主的观念,以空杯心态去深入探索和理解教育现象的每一个细微之处。通过积极倾听和细致观察,去捕捉那些隐藏在表面之下的信息,从而更加全面地揭示教育现象的本质[1]。

(二)注重个体经验和感受

在教育研究中,每个个体的经验和感受都是独一无二的,它们构成了教育现象的重要组成部分。因此,研究者需要深入挖掘并尊重每个研究对象的独特经验和主观感受,将其作为理解教育现象的重要窗口。只有这样,研究者才能更加真实地反映教育现场的复杂性,从而为教育实践的改进提供有针对性的建议。

(三)保持中立和客观

在教育现象学的研究中,研究者必须坚守中立和客观的研究立场。在收集和分析数据时,要尽可能排除个人主观意见和偏见干扰,以保证研究结果的客观性和公正性。可以说,只有保持客观中立,研究者才能更加准确地揭示教育现象的真实面貌。

(四)建立良好的研究关系

研究者需要与研究对象建立起信任、尊重和理解的关系,以确保研究数据的真实性和有效性。通过积极的沟通和互动,研究者可以更好地了解研究对象的内心世界和真实想法,从而获取更为丰富和深入的信息[2]。

(五)注重情境化和历史背景

教育现象并非孤立存在,而是深深植根于特定的社会、文化和历史背景之中。研究者需要深入探究这些背景因素对教育现象的影响,以揭示其背后的深层逻辑和动因。通过将教育现象置于广阔的情境中进行分析,研究者可以获得更加全面的理解。

(六)合理使用研究工具和方法

由于不同的工具和方法具有各自的优势和局限性,因此研究者需要根据研究目的和实际情况进行灵活选择和应用。通过合理使用和不断优化研究工具和方法,研究者可以提高研究的信度和效度,从而更好地揭示教育现象的本质和规律。

---

[1] 叶晓玲,李艺."方法"还是"方法论":现象学在教育研究中的角色应然[J].电化教育研究,2019,40(6):11-18.

[2] 吕洪宾.基于模糊评判的高校学生综合素质评价体系研究[D].济南:山东师范大学,2007.

(七)保持反思和改进的态度

研究者需要不断审视和评估研究的过程、方法和结论,以发现其中的不足并进行改进。这样不仅可以保证研究结果的准确性和可靠性,还可以提高自身的专业素养和研究能力[①]。

复习与思考题

1. 请简述教育现象学的定义及其在教育领域的应用意义。
2. 教育现象学是如何产生的?它在教育研究中的价值体现在哪些方面?
3. 现象学的基本方法包括哪些?请简述每种方法的核心思想。
4. 教育现象学的方法主要有哪些?这些方法如何帮助研究者深入理解教育现象?
5. 在进行教育现象学研究时,为何要重点关注教育生活体验?
6. 教育现象学的实施步骤是怎样的?请简要描述每个步骤的要点。
7. 结合实际案例,讨论教育现象学如何帮助研究者揭示教育现象的本质意义。
8. 你认为教育现象学与其他研究方法相比,有何独特之处?
9. 教育现象学中的"文本写作"方法有何特点?它在整个研究过程中扮演怎样的角色?
10. 请谈谈你对教育现象学中"直观"和"描述"方法的理解以及它们在实践中的应用。
11. 结合本章所学知识,分析教育现象学在未来教育研究领域的发展潜力及可能面临的挑战。

---

① 王萍.教育现象学方法及其应用[D].郑州:河南大学,2010.

第十二章

教育民族志

内容提要

在教育研究的多元方法论中,教育民族志以其独特的田野调查和深厚的文化理解,为探索教育现象提供了宝贵的视角。它深入教育田野,通过参与式观察和深度访谈,来揭示教育实践的真实面貌,挖掘其背后的文化逻辑。本章我们将阐述教育民族志的概念、特征、实施步骤以及研究报告的撰写方法,希望通过学习,大家能深刻领悟教育民族志的精髓,并掌握运用民族志进行教育研究的方法和技巧。

学习目标

1. 了解教育民族志的起源、定义及其在教育研究中的价值。
2. 理解和领会教育民族志的基本特征。
3. 熟悉教育田野调查的概念及其具体方法。
4. 明确教育民族志研究的实施步骤。
5. 熟悉教育民族志研究报告的基本结构。
6. 明晰教育民族志研究中的注意事项。

情境案例

张老师是 A 市一所初中的历史老师,他发现学生对历史课中的民族文化内容总是提不起兴趣,考试成绩也不理想。张老师认为,这可能是由于传统教学方式过于抽象和枯燥,无法让学生们真正感受到民族文化的魅力和深厚底蕴。为了改变这一现状,张老师决定尝试运用教育民族志的方法来探讨这一问题。

他选择了一个颇具民族文化特色的地区作为研究对象,并亲自带领学生们前往进行田野调查。在实地考察中,同学们亲身感受到了当地独特的建筑风格、民俗活动、手工艺品等,对民族文化有了直观而深刻的认识。张老师鼓励同学们进行讨论,并引导他们通过访谈当地居民、参与民俗活动等方式来深入了解民族文化。

回到学校后,张老师组织大家根据田野调查的资料和体验,进行小组讨论和展示。学生们通过制作 PPT、表演小品、展示手工艺品等方式，生动地再现了他们在田野调查中的所见所闻所感。在这个过程中，学生们不仅对民族文化有了更加深刻的理解，还提高了他们的口头表达能力、团队合作能力和创造力。

评析： 在该案例中，张老师通过教育民族志的方法，成功地激发了学生们对民族文化的兴趣和热爱。他注重学生的亲身体验和实地调查，让学生们在实际操作中感受民族文化的魅力，从而提高了学生的学习效果和参与度。

张老师的做法充分体现了教育民族志的核心理念，即通过田野调查和深入的文化理解来揭示教育实践的真实面貌。这种方法不仅有助于学生更加深入地了解民族文化，还可以培养学生的跨文化交流能力和全球视野。

同时，这个案例也展示了教育民族志在教育实践中的创新应用。通过实地考察和亲身体验，学生们能够更加直观地感受到民族文化的独特之处，从而增强对多元文化的尊重和包容。这对于培养学生的综合素养和促进学生的全面发展具有重要意义。

第一节 教育民族志概述

当我们谈论教育民族志时，我们究竟在谈论什么？它是一种研究方法，还是一种理解教育的独特视角？或许，它既是方法，也是视角，更是一种深入教育现场、贴近教育实践的探索精神。接下来，就让我们一同揭开教育民族志的神秘面纱，探寻其背后的丰富内涵和实践价值。

➤ 一、什么是教育民族志？

（一）民族志的产生背景

民族志的产生与人类社会文化的多样性紧密相连。在 19 世纪中叶，随着西方探险家对非西方社会的研究，人们开始对不同文化背景下的社会群体产生浓厚兴趣。这些初步的描述和研究主要以游记的形式出现，但随着时间的推移，它们逐渐被整理成系统的民族志作品。

通常认为，民族志的研究方法起源于 20 世纪初，当时文化人类学开始深入探索不同民族的文化。其中，马林诺夫斯基提出的"参与观察法"成了这一方法论的重要组成部分。他在 1922 年所著的《西太平洋上的航海者》一书中，虽然未对"参与观察法"进行详尽的定义，但明确提出了三条核心原则：深入被研究的民族中生活，亲身参与他们的日常生活，从而全面把握其文化特质和思想信仰①。这一方法着重强调从当地人的视角出发，去深入解读和阐释社会现象，致力于充分展现当地文化的深层内涵。

到了 20 世纪中叶，由于冷战和殖民地解放运动的政治背景，以及社会科学研究的深入发展，民族志研究开始更加注重文化相对主义和本土文化的发展。这一时期，出现了许多具有影响力的民族志作品，这些作品不仅深化了我们对不同文化的理解，也推动了民族志研究方法的

---

① 樊秀丽.教育民族志方法的探讨[J].教育学报,2008(3):80-84.

进一步发展和完善。

民族志是研究者深入研究对象的生活、工作或学习环境,综合运用参与式观察、深度访谈、亲身体验及实物收集等手段,详尽收集田野资料的研究过程。其目的在于深刻描绘并阐释特定群体的社会文化现象,并以研究文本的形式呈现出来[1]。简而言之,民族志既是一种研究方法,又是一种文本叙述。作为研究方法,它依托于人类学、社会学等社科领域的研究理论,以田野调查为核心,通过实地深入探索和感受某一特定文化或群体的生活,从而积累丰富的一手资料,揭示不同文化的独特特征与内在规律[2]。作为文本叙述,民族志则是对某一文化或群体进行深入剖析和生动描绘的文献,这种叙述通常以研究报告或学术论文为载体,向读者展现一个真实而鲜活的文化世界。

(二)教育民族志的含义

教育民族志是研究者运用民族志的调查技术与方法研究教育尤其是学校教育及其过程的一种研究方法或者文本叙述形式。具体说来,教育民族志这一概念可从以下两个层面进行解读。一是教育民族志作为一种方法,是通过教育人类学家深入教育机构,采用参与观察和深度访谈的形式,以"深描"的方式反映"他者"文化的研究过程[3]。二是教育民族志作为一种研究成果,是教育人类学衍生的一种特有文本形式,这样的叙述文本为深入了解教育人类学家进行的田野调查提供了一手资料,同时也为教育人类学家系统地进行研究和反思提供了参照和可借鉴的蓝本。

可以说,教育民族志既是一种独特的研究方法,也是一种研究成果的文本形式。从方法论的角度来看,教育民族志运用了人类学的民族志调查技术与方法,深入探索学校教育及其过程。研究者通过参与观察和深度访谈,以"深描"的方式细腻地反映教育现场中的文化现象。民族志的核心在于研究者的积极参与和深入体悟,他们不仅是观察者,更是参与者,通过与被研究者的深入互动,洞察其背后的文化逻辑和教育实践的真实状态。同时,教育民族志也是一种特有的文本形式,呈现了教育人类学家的田野调查结果。这些叙述文本为人们提供了一手的教育现场资料,使人们能够深入了解教育实践的复杂性和多样性。

值得注意的是,民族志的研究具有循环性和灵活性。它不是一次性、终结性的研究,而是在初步探索资料的基础上,不断寻找问题、界定问题、调整研究计划,并再次进入研究场域,这种循环性的研究过程使得研究者能够更加深入地挖掘教育现象的本质。

➤ 二、教育民族志的基本特征

不同于其他的质性研究方法,教育民族志具有自身的基本特征。了解这些特征,可以帮助我们更加深入地了解教育民族志这种研究方法和文本表述形式。

---

[1] 李海峰,吴晓蓉.文化视野下教育民族志研究新样态[J].教育学报,2020,16(5):11-18.

[2] YON D A. Highlights and overview of the history of educational ethnography[J]. Annual Review of Anthropology,2003,32(1):411-429.

[3] 李淼.论学校民族志的发展及在我国的应用[J].湖南师范大学教育科学学报,2015,14(2):80-85.

(一)田野调查的深入性

教育民族志继承了民族志深入性的研究特点,它要求研究者深入教育现场,进行长期的实地观察和体验[①]。这表明研究者需要花费大量时间在学校、课堂或其他教育环境中,与教师、学生、家长等教育相关者进行密切的互动,以深入了解教育实践活动、师生互动、学校文化等方面的真实情况。

(二)教育文化的视角

教育民族志强调从教育参与者的视角出发,理解和解释教育现象,这包括对教育制度、教育理念、教育过程中的文化传承、教育参与者的信仰和价值观等的深入理解。通过这种视角,可以揭示教育背后的文化逻辑和社会意义,避免对教育现象的简单化和片面化理解。

(三)定性分析的丰富性

研究者需要对收集到的教育现场资料,如观察记录、访谈内容等,进行详细的归纳、分类和比较,以揭示教育现象中的深层含义和规律,这非常有助于其理解教育实践的复杂性和多样性以及教育参与者的主观体验与感受。

(四)教育实践的描述性

教育民族志注重对教育实践活动的详细描述,这包括记录教师的教学方式、学生的学习活动、课堂互动、学校仪式等,以呈现教育现场的真实面貌。通过这些描述,研究者可以全面了解教育实践中的文化传承和社会现象,从而揭示教育的独特价值和意义。

(五)跨学科的研究方法

教育民族志作为一种跨学科的研究方法,融合了人类学、社会学、教育学等多个学科的理论和方法,这使得教育民族志能够从多个角度分析和解释教育现象,提供更加全面的教育理解。例如,通过人类学的视角,可以深入探讨教育中的文化传承问题;通过社会学的视角,可以分析教育与社会结构的关系等。

▶ 三、教育民族志研究的前提:教育田野调查

田野调查是教育民族志研究的基石,它要求教育研究者走出学术的象牙塔,踏入真实而复杂的教育现场。在此过程中,研究者可以亲身感受教育的生动实践,深入了解和体验师生的日常生活与学习过程。通过与教育参与者的深入交流和观察,研究者可以揭示教育实践中的真实问题和面对的挑战,从而为教育理论构建和教育政策制定提供有力的实证支持。

(一)何谓教育田野调查?

什么是教育田野调查呢?教育田野调查是指教育研究者长期驻扎在特定的学校或教育环境中,与教师、学生共同生活和学习,以获取最直接、最真实教育现场资料的一种教育调查方

---

① 袁同凯,田振江.做教育民族志:经历、困惑与反思[J].民族教育研究,2014,25(5):10-16.

法[1]。在此过程中,研究者既是观察者,也是参与者,他们需要深入了解学校的日常教学、师生互动以及教育环境等各个方面。可以说,这种深入骨髓的参与和观察,使研究者能够捕捉到那些在日常教育教学中难以察觉的细微变化和深层含义,为教育民族志的撰写提供丰富而翔实的素材。

可以说,教育田野调查的独特之处在于其长期性和深入性。它不是简单的课堂观摩或短期调研,而是要求研究者花费大量时间和精力去融入学校生活,与教师和学生建立起深厚的信任和联系。这种长期的接触和观察,使研究者能够更加全面地了解学校文化的复杂性和教育实践的多样性,从而避免对教育现象的片面理解。同时,通过与当事教师及学生的深入交流,研究者还能够洞察到他们的内心世界,理解他们的价值观、信仰和期望,为教育民族志研究注入更多的人文关怀和深度[2]。

在教育田野调查中,参与式观察和访谈是两种关键的研究手段。通过参与式观察,研究者可以深入体验学校生活,观察师生的日常教学和行为互动,从而揭示出教育实践中的深层次问题。访谈则可以让研究者有机会听到教师和学生的真实声音,了解他们的教育理念、学习体验和成长需求。这两种方法的结合运用,使得教育田野调查能够收集到全面、真实且深入的教育数据,为后续的教育分析和改进提供坚实的基础。从某种程度上来说,教育田野调查不仅是一种研究方法,更是对教育现象的深入理解和尊重。

(二)教育田野调查的具体方法

1. 参与式观察

参与式观察要求研究者深入实际教育环境中,如课堂、课外活动等,以参与者的身份进行观察[3]。通过与学生、教师等互动,研究者能够直接体验教育现场,捕捉教育过程中的细微变化和进行情感交流。这种方法不仅提供了真实、自然的教育现场数据,还能帮助研究者深入理解教育实践的复杂性和多样性。可以说,参与式观察强调研究者的身临其境,以获得对教育现象更加全面和深入的认识。

2. 深度访谈

深度访谈是指通过与受访者进行深入而细致的对话与交流,以探索其内心想法、感受和经验的方法。在教育研究中,深度访谈不仅可以帮助研究者了解教育者的教学理念、教学方法以及所面临的挑战,也可以揭示学生的学习体验、态度和价值观[4]。通过深度访谈,研究者能够获得丰富的第一手资料,为解析教育现象提供深入的洞察资料。

---

[1] 袁同凯,田振江.做教育民族志:经历、困惑与反思[J].民族教育研究,2014,25(5):10-16.
[2] 张越.超越文化差异:M中学内地新疆班维汉文化互动的民族志[J].教育学术月刊,2014(11):15-24.
[3] 李海峰,吴晓蓉.文化视野下教育民族志研究新样态[J].教育学报,2020,16(5):11-18.
[4] 蒋立松,程紫嫣.教育民族志的本土实践及其意义:以西南地区为例[J].民族教育研究,2021,32(2):123-130.

3. 焦点小组讨论

焦点小组讨论是指研究者组织一组具有代表性的教育者、学生或家长，就特定的教育主题展开深入讨论。通过小组讨论，研究者可以观察不同群体之间的互动和交流，了解他们对教育问题的看法和态度。不难发现，这种方法能够揭示群体内部的共识和分歧，反映教育实践的多样性和复杂性。焦点小组讨论有助于研究者收集广泛而深入的信息，也能为教育政策的制定和改进提供重要参考。

4. 关键事件法

研究者通过详细记录教育现场的关键事件，如突发事件、重要决策等，来深入了解教育实践的动态过程和影响因素[①]。这种方法能够帮助研究者捕捉到教育现象中的关键时刻和转折点，揭示教育变革和发展的内在逻辑。通过对关键事件的深入分析，研究者可以获得对教育现象更加深入而全面的认识，为教育理论和实践的创新提供有力支持。

5. 个人生活史

通过深入了解教育者或学生的生活经历、家庭背景、教育经历等，研究者可以揭示个体如何在教育环境中成长和发展。这种方法强调个体经验对教育实践的影响以及教育如何塑造个体的价值观和人生轨迹。通过个人生活史的研究，研究者可以更加全面地理解教育现象中的个体差异和多样性，为个性化教育提供理论支持和实践指导。

6. 实物收集法

实物收集法是一种通过收集实物来了解教育实践的方法。这些物品可能包括教材、教具、学生作品、档案资料等。实物不仅是教育过程的产物，也承载着丰富的教育信息和历史文化内涵。通过实物收集法，研究者可以获得真实而生动的研究资料，从而为揭示教育现象提供独特的视角和证据。

可以说，教育田野调查的具体方法多种多样，每种方法都有其独特的优势和适用范围。在实际研究中，研究者应根据研究问题和实际情况选择合适的方法进行组合运用，以获得全面、准确的研究资料并深入解析教育现象。

第二节 教育民族志的实施

在广阔的教育研究领域，教育民族志作为一种深入探索教育文化和实践的研究方法，正逐渐受到研究者们的青睐。它如同一把钥匙，能够打开教育现场的真实世界，让人们洞察其中的深层结构和文化逻辑。现在，就让我们一起走进这个充满魅力的研究领域，详细探讨教育民族志的实施步骤与研究报告撰写，共同开启一段探寻教育真谛的旅程。

---

① 沈洪成.穿梭于学校内外：民族志与教育不平等研究[J].教育研究,2021,42(1):147-159.

一、教育民族志研究的实施步骤

教育民族志是一种深入探索教育文化现象的研究方法,其实施步骤涉及多个环节,每一步都至关重要。

(一)明确研究主题与目标

教育民族志研究的第一步是确立清晰的研究主题和目标,这要求研究者对教育领域内某个具体问题或现象有浓厚的兴趣,并希望通过深入的田野调查来揭示其背后的文化逻辑和社会意义。例如,研究者可能关注学校文化、师生互动、教育政策实施等议题,旨在通过民族志的方法获得深刻而全面的理解。

(二)进行系统的文献回顾

在进入田野之前,研究者需要对相关教育领域的文献进行详尽的回顾。这不仅包括学术论文、专著,还包括政策报告、新闻报道等多元资料。文献回顾的目的在于梳理前人的研究成果,发现研究空白,为自己的研究找到定位,并为后续的数据收集和分析提供理论支撑。

(三)精心制订田野调查计划

在制订田野调查计划时,研究者需确定调查的地点、时间、对象以及具体的数据收集方法。调查计划应详尽而灵活,以应对田野中可能出现的各种情况。

(四)深入田野,建立信任关系

进入田野意味着研究者要真正融入教育环境中,与教师、学生、管理人员等建立密切的互动关系。这需要研究者具备高度的敏感性和同理心,通过参与日常活动、真诚交流等方式,逐渐获得被研究者的信任和接纳。

(五)实施参与式观察与记录

在田野中,研究者要进行深入的参与式观察,记录教育现场的各种细节,包括师生互动、教学氛围、学校文化等。同时,研究者还需记录自己的感受和见解,这些主观体验对于后续的数据分析同样重要。

(六)开展深度访谈

除了观察,深度访谈也是获取一手资料的关键途径。通过与教师、学生等关键人物的深入交流,研究者可以了解到他们的真实想法、感受和经历。访谈过程中,研究者要保持开放的态度,确保访谈对象能够自由表达。

(七)详尽地整理与分析资料

田野调查结束后,研究者需要对收集到的资料进行系统的整理和分析,包括转录访谈内容、编码观察记录、识别主题和模式等。分析过程中,研究者要结合文献回顾中的理论知识,对数据进行深入的解读和阐释。

(八)撰写和呈现民族志

在完成数据分析后,研究者需要撰写教育民族志研究报告或论文。撰写过程中,研究者要保持客观中立的立场,同时注重叙述的生动性和可读性。报告或论文应详细描述研究过程、发现以及研究结论,为读者提供丰富的教育文化信息。

(九)研究反思与评估

研究者需要对整个研究过程进行反思和评估,这包括审视研究方法的适用性、数据收集的完整性以及分析的准确性等。通过反思和评估,研究者可以总结经验教训,为后续研究提供有益参考。

➤ 二、教育民族志研究报告的撰写

教育民族志研究报告的撰写是一项非常严谨且又细致的过程,它要求研究者将复杂的田野调查经历和思考以书面形式清晰且有条理地展示出来。

(一)引言部分

在引言部分,研究者需要清晰地界定研究主题、问题和目的,向人们展示研究的背景和重要性。这不仅为整个研究奠定了基调,也可以帮助读者快速理解研究的核心内容。同时,要简要介绍研究所采用的方法,为读者后续的阅读提供指引。

(二)文献回顾部分

文献回顾部分重在梳理和评价与研究主题相关的已有研究成果。该部分撰写需要研究者对前人的工作进行全面而深入的剖析,指出研究的现状、不足之处以及争议点。如此,研究者不仅可以证明自己对该研究领域的充分了解,也能突显出本研究的创新性和价值所在。

(三)方法部分

进入方法部分,研究者需详细描述田野调查的具体实施过程。这包括如何进入研究现场、与被研究者建立联系的策略、观察和访谈的具体方法等。通过该部分,读者可以感受到研究者严谨的工作态度和扎实的田野工作能力。

(四)资料分析部分

研究者需详细阐述对收集到的资料的整理、分类、归纳和解释过程。这一部分要求研究者具备扎实的数据分析能力和敏锐的理论洞察力,以便从繁杂的资料中提炼出有价值的信息,并与理论框架相结合,形成有力的论证。

(五)结果和讨论部分

在结果和讨论部分,研究者需要展示研究发现,并将其与前人的研究进行比较和分析。这不仅可以突显研究的创新点和价值,还可以帮助读者更加全面地理解研究主题和问题。

(六)结论部分

结论部分要求研究者以简洁明了的语言概括研究发现,并解释其意义和影响。同时,研究者应提出对后续研究的建议和展望,以推动相关领域的持续发展。此外,讨论研究的不足之处以及未来可以改进的方向,也是结论部分不可或缺的重要内容。这样不仅可以体现出研究者的严谨态度,还可以为后来的研究者提供宝贵的经验和启示。

三、教育民族志研究的注意事项

(一)注意选择合适的田野点与研究对象

田野点的选择应与研究主题紧密相关,必须具备代表性和典型性,这样才能确保研究的有效性。同时,安全性与可达性也是不可忽视的因素,以保障研究的顺利进行。研究对象的选择同样重要,研究对象应信息丰富、具有代表性,这样才能确保研究的准确性和说服力。

(二)注意田野调查的深入性

田野调查的深入性是教育民族志研究的关键。研究者需深入被研究者的生活环境,通过参与式观察和深度访谈,获取真实、生动的一手资料。这要求研究者不仅要有敏锐的观察力,还需与被研究者建立良好的互动关系。同时,田野调查的准备工作也至关重要,包括对当地文化、社会背景的预先了解以及详细调查计划的制订。在调查过程中,研究者还需始终遵守伦理规范,尊重和保护被研究者的隐私与权益。

(三)要注重对相应的社会与文化现象进行"深描"

"深描"在教育民族志研究中占据核心地位。它要求研究者不仅要描述社会与文化现象的表象,更要深入挖掘其背后的意义、动机和逻辑[1]。为实现这一点,研究者需细致观察、深入体验,并运用生动、具体的语言进行描绘。此外,比较和对比不同地区、群体的社会文化现象,能更全面地揭示其共性与差异,从而加深理解。在"深描"过程中,确保引用资料和证据的可靠性也至关重要,这是提升研究信度和效度的关键。

(四)注意通过"三角验证"来确保研究资料的可信度

在教育民族志研究中,采用"三角验证"方法对于确保研究资料的可信度至关重要[2]。研究者可以比较不同来源的资料,考察多方观点,并综合运用多种研究方法。同时,参考其他相关研究成果也是不可或缺的一环。通过这些措施,研究者能够更加全面地验证研究资料和结论的可靠性,以此增强研究的科学性和说服力。

(五)注意研究的学术伦理和责任

在进行教育民族志研究时,研究者必须始终尊重和保护被研究者的权益,避免侵犯其隐私。同时,确保研究过程的公正性和研究结果的真实性也是研究者的基本职责。此外,研究者还应承担起相应的社会责任,将研究成果应用于社会实践,为社会的发展和进步贡献力量。

(六)注意民族志研究方法本身的局限性

由于民族志研究往往基于个案,其结论可能难以推广至更广泛的地域或文化环境,这就要

---

[1] 蒋立松,程紫嫣.教育民族志的本土实践及其意义:以西南地区为例[J].民族教育研究,2021,32(2):123-130.

[2] 安超,李强.半规制化养育与儿童的文化反叛:三个中产家庭的童年民族志[J].湖南师范大学教育科学学报,2021,20(1):75-86.

求研究者在呈现研究结果时,必须明确其适用范围,以避免误导其他使用者。同时,民族志研究者的个人偏见或主观意识也可能影响对现象的解释和理解。因此,研究者应不断反思和评估自身的理论框架和方法论,以提高研究的科学性和有效性。

复习与思考题

1. 请简述教育民族志的含义及其在教育领域的应用价值。
2. 教育民族志的基本特征有哪些?请列举并解释这些特征对教育研究的影响。
3. 什么是教育田野调查?它在教育民族志研究中扮演着怎样的角色?
4. 教育田野调查包含哪些具体方法?请简述每种方法的核心要点和实施步骤。
5. 参与式观察在教育民族志研究中有何重要性?如何有效进行参与式观察?
6. 深度访谈在教育民族志中的作用是什么?请谈谈进行深度访谈时的关键技巧。
7. 教育民族志研究的实施步骤包括哪些?请简要描述每个步骤的重点。
8. 在进行教育民族志研究时,需要注意哪些事项以确保研究的信度和效度?
9. 结合实际案例,分析教育民族志如何揭示教育现象中的文化和社会因素。
10. 设计一个基于教育民族志的研究方案,旨在探讨某一特定教育群体的文化和社会实践,并说明其研究目的、方法和预期成果。
11. 教育民族志与其他教育研究方法相比有何独特之处?请从方法论的角度进行分析。
12. 在进行教育民族志研究时,如何平衡研究者与被研究者的关系,以确保研究的伦理性和客观性?

第十三章

教育个案研究

内容提要

教育个案研究是一种聚焦于特定教育现象或个体进行深入探究的研究方法。它强调通过详细观察、深入访谈和全面分析,来揭示教育实践的内在逻辑和复杂面貌。教育个案研究旨在揭示教育实践背后的深层逻辑,为理解复杂的教育现象提供独特的视角。本章将详细介绍教育个案研究的含义、类型、基本原则及常用方法,并阐述其实施步骤和研究报告的撰写方法。希望通过学习,大家能系统掌握教育个案研究的相关知识,并能在实际教育研究工作中恰当地运用该种研究方法。

学习目标

1. 理解教育个案研究的定义、特征及其在教育研究中的地位和作用。
2. 熟悉教育个案研究的常见类型,明晰综合性、专题性、探索性、描述性和解释性个案研究的不同特点和应用场景。
3. 理解教育个案研究的基本原则,以确保研究的科学性和有效性。
4. 熟悉个案追踪法、个案追因法、临床谈话法等常用研究方法的含义和注意事项。
5. 明确教育个案研究的实施步骤。
6. 熟悉教育个案研究报告的撰写方法。
7. 理解并遵循教育个案研究中的注意事项,确保个案研究的质量。

情境案例

近年来,李老师发现学校的艺术特长生在高考中表现并不理想,尤其是在艺术作品的创新性和表现力方面存在明显不足。李老师认为,这可能与学校过分注重技巧训练而忽视对学生艺术感知和创造力的培养有关。为了改善这一状况,李老师决定采用个案研究法,对艺术特长生的培养过程进行深入剖析。

李老师选择了几位具有代表性的艺术特长生作为个案研究对象,通过长期观察和深入访谈,收集了大量关于他们学习经历、创作过程以及心理变化的一手资料。在访谈中,李老师发现学生们普遍反映在课堂上缺乏灵感和创作动力,他们渴望能够接触到更加多元化的艺术形式和表现手法。

基于这些发现,李老师开始重新设计艺术课程。他引入更多与现实生活相关的艺术主题,鼓励学生从生活中寻找灵感,表达自己的情感和思考。同时,李老师还组织了一系列艺术创作实践活动,邀请校外艺术家和学者来校指导,为学生提供更加广阔的创作空间和交流平台。

经过一段时间的实践,李老师发现学生们的艺术表现力和创新能力有了显著提升,对艺术的热情和兴趣也明显增强。在最近的一次校外艺术展览中,学校艺术特长生的作品获得了广泛的好评和认可。

评析: 在该案例中,李老师通过个案研究方法,成功地对艺术特长生的培养过程进行了深入剖析,并找到了问题的症结所在。他注重学生的真实体验和需求,通过引入多元化的艺术实践活动,激发了学生的创作热情和灵感。可以说,这种以学生为中心的教育理念和方法,不仅有助于提高学生的艺术素养和创新能力,还可以培养学生的批判性思维和问题解决能力。

可以说,该案例凸显了个案研究对于培养学生综合素质的重要性。通过深入剖析个案对象的学习经历和成长过程,教师可以更加全面地了解学生的需求和特点,从而为他们提供更加个性化和精准化的教育支持。

第一节 教育个案研究概述

个案研究如同一把钥匙,为我们打开了深入理解教育现象的大门。它通过对特定教育实例的深入剖析,揭示出教育的内在规律和实际问题。这种研究方法既具有独特性,又极富实践价值,能够让我们从微观层面洞察教育的真实面貌。接下来,就让我们一起走进教育个案研究的世界,去探寻那些隐藏在个案背后的教育真理。在这一节中,我们将概述教育个案研究的含义、特征、价值、类型、原则以及常用的几种研究方法,以期为后续的深入探讨奠定基础。

一、教育个案研究的含义与特征

(一)教育个案研究的含义

顾名思义,教育个案研究是一种专门针对教育领域中单一对象或现象进行深入探索和详尽分析的研究方法。它通过对特定个案的全面考察,旨在揭示教育实践的内在逻辑、影响因素及其发展变化过程,从而为理解和改进教育提供实证依据[1]。可以说,教育个案研究的核心在于其深度和细致性,它不是仅满足于表面的描述,而是力求探究教育现象背后的本质和规律[2]。通过搜集详尽的资料,对个案进行全面而系统的分析,研究者能够洞察教育实践中存在的问题,进而为教育改革提供有力的依据。

教育个案研究重在回答"为什么"和"怎么样"的问题,而不是回答"应该是什么"的问题。

---

[1] 张怡真.如何做教育个案研究[J].教育理论与实践,2009,29(23):46-47.
[2] FLYVBJERG B. Case study[J]. The Sage Handbook of Qualitative Research,2011,4:301-316.

教育个案研究更加专注于揭露教育现象的实际状况以及该种状况形成的深层次原因和演变过程。通过这种深入的探究方式,研究者能够更为精准地识别教育实践中存在的问题和面临的挑战,并据此提出具有针对性和实效性的解决方案。

当然,教育个案研究的"个案"并非仅限于学生个体,它也可以是一个教学班级、一所学校或是一个具体的教育事件。这种研究方法的灵活性使得研究者能够从多角度、多层次地审视教育问题,从而得出更为全面、深入的结论。通过个案研究,研究者不仅可以了解教育现象的现状,还能追溯其发展历程,探究其影响因素,为教育实践提供科学的指导。

(二)教育个案研究的特征

1. 研究对象的个别性与典型性

教育个案研究聚焦于教育领域中的个别现象或个体,这种个别性使得研究能够深入具体的教育实践之中。同时,所选择的个案并非随意,而是具有某种典型性,能够代表或反映某一类教育问题或现象[1]。通过对典型个案的深入研究,研究者能够洞察类似情况下的教育规律和问题,为整个教育工作提供有价值的参考。

2. 研究内容的深入性和全面性

教育个案研究不能仅停留在表面现象的描述上,而是应致力于深入探索教育现象的本质和根源。它要求研究者对个案进行全方位的考察,包括历史背景、现实状况以及发展变化等各个方面。通过深入挖掘个案的各个方面,研究者能够更全面地理解教育现象,发现潜在的问题,并提出有效的解决方案。

3. 研究方法的多样性和综合性

在个案研究中,研究者通常会运用观察、访谈、问卷调查等多种研究方法来收集和分析数据。通过多样化的研究方法,研究者能够更加准确地揭示教育现象的本质和规律,为教育实践提供强有力的支持。

4. 研究过程的动态性和灵活性

教育个案研究并非一成不变地按照预设方案进行,而是随着研究的深入和个案的发展变化不断调整和优化。这就要求在研究过程中,研究者需要保持高度的敏锐性和应变能力,以便随时调整研究策略和方向。

5. 研究结果的针对性和实用性

个案研究深入探索了特定教育现象或问题的本质,其所得结论往往直接针对该现象或问题提出,这使得研究结果能够精准地指导教育实践。同时,个案研究的结果通常包含具体、可行的改进策略或解决方案,这些方案可直接应用于实际教育环境中,以帮助教育者解决现实问题,提升教育质量。因此,教育个案研究的结果不仅具有深厚的理论基础,更具备实践操作的

---

[1] 潘苏东,白芸. 作为"质的研究"方法之一的个案研究法的发展[J]. 全球教育展望,2002,31(8):62-64.

价值,为教育领域的持续改进和创新提供了有力的支撑。

二、教育个案研究的价值

个案研究是教育科学领域的重要研究方法,它通过对特定教育情境中的个体或群体进行深入而系统的研究,以揭示教育现象的本质和规律。教育个案研究的价值不仅体现在对教育理论的贡献上,还体现在对教育实践的指导意义以及对研究者专业素养的提升等多个层面。

(一)深化对教育现象的理解

教育个案研究通过对特定个体或群体进行深入而细致的研究,能够揭示教育现象背后的深层原因和机制[①]。可以说,这种研究方法能够帮助研究者更加全面地理解教育过程中的各种因素如何相互作用,进而影响教育结果。通过个案研究,研究者可以获得对教育现象的深刻洞察,这是其他研究方法所难以替代的。

(二)为教育理论构建提供实证支持

通过详细观察和分析个案,研究者可以验证或修正现有的教育理论,甚至发现新的理论观点。这种从实践中提炼的理论更具说服力和实用性,有助于推动教育科学的发展。

(三)指导教育实践改进

通过研究成功或失败的个案,研究者可以总结出有效的教育方法和策略,为教育工作者提供具体的操作建议,从而有助于改进教育实践,提高教育质量。

(四)促进教育公平与个性化教育

教育个案研究关注个体差异和多样性,有助于研究者发现并关注那些在教育系统中可能被忽视或边缘化的群体。通过研究这些群体的教育经历和需求,研究者可以提出更加公平和包容的教育政策和实践建议,并为实施个性化教育提供有力支持。

(五)培养研究者的专业素养和实践能力

通过参与个案研究,研究者可以不断提升自身的专业素养和实践能力。这种能力提升不仅有助于研究者个人的职业发展,也能为整个教育领域的研究和实践水平提升做出贡献[②]。

三、教育个案研究的类型和原则

(一)教育个案研究的类型

了解教育个案研究的类型有助于研究者选择适合的研究方法和路径,从而更加有效地探索教育现象,提升教育实践的针对性和实效性。根据不同的分类依据,教育个案研究可以分为不同的类型。

[①] 魏峰.从个案到社会:教育个案研究的内涵、层次与价值[J].教育研究与实验,2016(4):24-29.
[②] 吴康宁.个案究竟是什么:兼谈个案研究不能承受之重[J].教育研究,2020,41(11):4-10.

1. 根据研究范围和目标进行划分

根据研究范围和目标不同,教育个案研究可以分为综合性个案研究和专题性个案研究两种类型。

(1)综合性个案研究。综合性个案研究是指对某一教育个体或群体进行全面、深入、系统的研究。这种类型的研究范围广泛,其目标在于全面了解研究对象在各个方面的表现和特点,以揭示其整体发展规律。例如,对一位学生的学习、生活、社交等各个方面进行全面观察和分析,以了解其整体发展状况。这种研究方法能够为研究者提供关于教育个体或群体的全面视角,进而有助于发现各方面之间的联系和影响。

(2)专题性个案研究。专题性个案研究侧重对某一具体教育问题或现象进行深入而细致的探讨。与综合性研究相比,专题性研究的范围更窄,但研究深度更深。其目标在于深入剖析特定问题,以此为教育实践提供有针对性的指导和建议。例如,针对学生的阅读能力进行个案研究,通过深入了解学生的阅读习惯、阅读策略等,为提高其阅读能力提供有效的干预措施。

2. 根据研究目的进行划分

根据研究目的的不同,教育个案研究可以划分为探索性个案研究、描述性个案研究和解释性个案研究等三种主要类型。

(1)探索性个案研究。探索性个案研究的目的在于发现和探索新的现象或研究领域。在研究初期,当研究者对某一问题的了解还不够深入或是当该研究领域还存在许多未知时,这种研究方法就显得尤为重要。通过探索性个案研究,研究者可以初步了解研究对象的基本情况,为后续研究奠定基础。例如,在教育领域,研究者可能会选择一所具有创新教育理念的学校作为个案,通过观察和访谈等方法,探索其教育理念在实践中的具体应用和效果,以期发现新的教育现象或规律。

(2)描述性个案研究。描述性个案研究侧重于对研究对象进行详尽的描述和阐述。这种研究方法主要用于全面了解研究对象的基本情况和特征,包括其背景、行为、态度等各个方面。通过收集和分析相关数据,研究者可以绘制出一幅关于研究对象的生动"画像",为后续的解释和分析提供丰富的素材。例如,可以通过描述性个案研究来详细描述一位特殊学生的学习和生活情况,以便更全面地了解其需求和面对的挑战。

(3)解释性个案研究。解释性个案研究的目的在于深入解释特定情境下的现象和结果。该方法通常用于揭示研究对象的本质和规律,回答"为什么"和"如何"等问题。通过综合运用各种研究方法和理论工具,研究者可以对研究对象进行深入的剖析,从而得出具有普遍意义的结论。例如,可以通过解释性个案研究来探究某种教育方法或策略对学生学业成绩的影响及其作用机制。

3. 根据个案数量进行划分

根据个案数量的不同,教育个案研究可以分为单一个案研究和多重个案研究两种类型。

(1)单一个案研究。单一个案研究是指研究者专注于一个特定的个体、家庭、学校、团体或社区,通过详细的观察和资料收集,探究其内在特点、发展变化及潜在影响因素。该方法可以深入挖掘个案的丰富信息,为理解特定情境下的教育现象提供深入而全面的资料。通过单一个案研究,研究者可以对某一特定研究对象进行详尽描述和分析,从而更加准确地把握其本质特征和发展规律。

(2)多重个案研究。多重个案研究是一种同时针对两个或两个以上个案进行深入研究和分析的方法。在多重个案研究中,研究者选择多个具有代表性或特定特征的个案,通过详细的资料收集、观察、访谈等手段,对每个个案进行全面探究。通过对比和分析这些个案之间的相似性和差异性,研究者能够揭示出广泛的教育现象、问题和趋势。通过多个个案的对比,研究者可以发现共同的模式和规律,进一步深入理解教育现象的本质。此外,该方法还可以识别不同情境下的变量和影响因素,从而为教育实践提供更加具体的指导和建议。

4. 根据研究对象进行划分

根据研究对象不同,教育个案研究可以分为个体个案研究、群体个案研究和机构个案研究三种类型。

(1)个体个案研究。个体个案研究是针对单一学生、教师或教育实践者的深入研究。例如,研究一位在学习困难中有显著进步的学生,通过详细观察和记录其学习过程、干预措施及成效,可以深入了解其学习动力、学习策略的转变以及教育支持对其发展的具体影响。这种类型的个案研究对于理解和满足个别学生的特殊教育需求具有重要意义。

(2)群体个案研究。群体个案研究聚焦于具有共同特征的学生群体,如特定年级、特定学科兴趣小组或特定社会背景的学生。例如,研究一个班级内学生的学习互动模式,分析群体内部的合作与竞争关系以及这些因素如何影响学生的学业成就和社交发展。这种类型的个案研究有助于揭示群体动态和教育环境对学生发展的影响。

(3)机构个案研究。机构个案研究是以学校、教育机构为对象的研究。例如,深入研究一所实施创新教育模式的学校,探讨其教育理念、课程设置、师资培养和学生评价等方面的实践,并分析这些实践对学生全面发展的影响。这种类型的个案研究能够为教育政策的制定、学校管理的改进以及教育实践的创新提供有力的实证支持。

(二)教育个案研究的基本原则

教育个案研究作为一种深入探索特定教育现象或问题的研究方法,为确保其工作的可靠性、准确性和有效性,并真实展现个案的原始面貌及其背后的深层意义,研究者在进行研究时必须坚守以下原则。

1. 客观性原则

在进行个案研究时,研究者应始终秉持科学的方法和手段来收集客观事实,这表明所有的分析和判断都应基于客观的事实和材料,而非仅仅依赖于研究者的主观经验或偏见。为实现这一点,长期的观察、访谈、任务分析以及参与性活动等都是对个案进行全面评估的关键手段,它们能够帮助研究者更加深入地了解事件、活动或现象的特质。

2.全面性原则

收集资料时,研究者不仅应关注与研究对象直接相关的事实和信息,还要广泛地搜集可能与之相关的其他信息。这种全面的数据收集方法可以确保研究者不是基于片面的事实或信息来作出判断,从而对研究对象有一个更为完整和准确的理解。

3.综合性原则

个案研究需要综合考虑多方面的因素。在研究方法的运用上,应结合调查法、测量法、文献法、作品分析方法等进行综合性研究。同时,在研究材料上也需要搜集研究对象各方面的信息,进行全方位的分析。这要求研究者在分析过程中,既要运用定性分析,也要结合定量分析,对个案的各种影响因素进行综合考量。

4.灵活性原则

鉴于个案研究的复杂性和多变性,研究者需要具备高度的灵活性,以应对研究过程中可能出现的各种变化。这包括在研究的不同阶段、针对不同的问题和研究对象,能够灵活地调整研究策略、内容和方法。

5.谨慎性原则

由于教育个案研究往往涉及个体的深层次信息和敏感领域,如心理、情感、家庭背景等,故研究者需要谨慎处理所收集的数据和材料,以确保研究的准确性和可信度。同时,在解读和呈现研究结果时,研究者也应保持谨慎,避免过度解读或得出误导性的结论。

6.伦理性原则

进行个案研究时,研究者往往需要进入被研究对象的私人空间以收集有价值的材料,在此过程中,必须严格遵守伦理性原则,尊重研究对象的隐私和权利,避免给他们带来不必要的困扰或损害。例如,研究者不应暴露研究对象的个人信息,确保其个人尊严不受侵犯[①]。

➤ 四、几种常用的教育个案研究方法

教育个案研究是一种深入探索特定教育现象或问题的有效方法。通过详细地考察和分析个别案例,研究者可以更加全面地理解教育实践的复杂性和多样性。接下来,我们将介绍几种常用的教育个案研究方法,这些方法可以使我们更加深入地了解教育现象,从而为解决教育问题提供有力的支持。

(一)个案追踪法

个案追踪法就是在一个较长的时间内持续跟踪研究某个个案,收集各种研究资料,以揭示其发展变化趋势及特点的一种研究方法。个案追踪法具有长期性、连续性和深入性的特点,能

---

① 周全.论教育个案研究中的伦理[J].当代教育科学,2010(5):12-14.

够帮助研究者深入了解教育现象的本质和规律,对于探索教育理论和实践具有重要意义[①]。通过追踪研究,研究者可以获取丰富而真实的第一手资料,从而为教育决策和实践提供科学依据。

实施个案追踪法的步骤通常包括:第一,明确追踪研究的对象和目的,选定具有典型特征或问题的个案;第二,制订详细的研究计划,包括追踪的时间、地点、方式等;第三,进行持续的追踪观察和记录,收集个案在发展过程中的各种信息;第四,对收集到的资料进行整理和分析,提炼出个案发展的特点和规律;第五,根据研究结果提出针对性的教育建议。

(二)个案追因法

个案追因法是指由已经存在的结果去追溯和探究事物发生原因的一种研究方法。这种方法具有逆向性、探索性和解释性的特点,能够帮助研究者深入理解教育问题的根源,为改进教育实践提供有力支持。通过个案追因法,研究者可以揭示教育现象背后的深层次原因,为教育政策的制定和实施提供科学依据[②]。

实施个案追因法的步骤通常包括:第一,确定研究问题和结果,明确要追溯的原因;第二,收集与问题相关的背景资料和信息,为分析原因提供基础;第三,提出可能的原因假设,并根据收集到的资料进行验证和分析;第四,通过对比、归纳等方法,确定主要原因和次要原因;第五,根据追因结果提出针对性的解决方案或改进措施。

(三)临床谈话法

临床谈话法是通过与研究对象进行面对面的交谈来收集资料的一种方法。它具有直接性、灵活性和深入性的特点,能够帮助研究者深入了解研究对象的内心世界和真实想法。该方法在教育心理学等领域具有广泛的应用,可以为教育实践和心理咨询提供重要参考。

实施临床谈话法的步骤通常包括:第一,建立与研究对象的信任关系,创造轻松、自由的谈话氛围;第二,根据研究目的和问题制定谈话提纲,引导谈话方向;第三,进行深入的交谈,鼓励研究对象自由表达自己的想法和感受;第四,对谈话内容进行详细记录和分析,提炼出关键信息和观点;第五,根据谈话结果提出相应的教育建议或心理干预措施。这种方法要求研究者具备良好的沟通技巧和敏锐的观察能力,以确保谈话的有效性和准确性。

(四)作品分析法

作品分析法是指通过分析研究对象的作品如日记、作文、书信、自传、画作、工艺作品等,以此来了解研究对象的能力水平、情感状况、态度倾向、技巧熟练程度等方面情况的一种研究方法[③]。该方法特别适合于那些难以通过直接观察或问卷调查获得深层次信息的研究对象。作品分析法在教育心理学、艺术教育、特殊教育等领域具有广泛的应用,它能够帮助教育者更加准确地了解学生的内心世界,从而制定出更为个性化的教育方案。

---

① 茹荣芳.学前教育研究方法[M].北京:清华大学出版社,2021:166.
② 茹荣芳.学前教育研究方法[M].北京:清华大学出版社,2021:166-167.
③ 茹荣芳.学前教育研究方法[M].北京:清华大学出版社,2021:168.

实施作品分析法的步骤通常包括：第一，收集研究对象的相关作品，这可以通过课堂作业、课外创作、竞赛作品等多种途径获得。第二，对收集到的作品进行系统的分类和整理，以便后续的分析。在分析过程中，研究者需要运用专业的知识和技能，对作品的构图、色彩、内容、风格等方面进行深入的解读，同时结合研究对象的背景信息，以便全面理解作品所蕴含的意义。第三，根据分析结果，研究者可以提出针对性的教育建议。

（五）教育会诊法

教育会诊法是一种集思广益的问题解决方法，它通过召集教育专家、教师、家长等相关人员，就学生的教育问题进行深入的讨论和分析。该方法能够汇聚多方面的智慧和经验，为解决复杂的教育问题提供有力支持。教育会诊法不仅适用于解决个别学生的具体问题，还可以用于探讨教育政策、教学方法等更广泛的议题。其价值在于能够促进教育领域的专业交流与合作，提升教育质量。

实施教育会诊法的步骤通常包括：首先，明确会诊的目的和需要解决的问题，如可以是学生的学习困难、行为问题、心理健康等。其次，邀请相关领域的专家和利益相关者参与会诊，确保他们能够从各自的专业角度提供有价值的建议。在会诊过程中，主持人应引导与会者积极发言、充分讨论，确保每个人的观点都能得到充分的表达和考虑。最后，根据讨论的结果制定具体的解决方案，并明确责任人和实施计划。在方案实施过程中，还应定期进行评估和调整，以确保其有效性[①]。

第二节 教育个案研究的实施

个案研究如同探险者的指南针，引领我们深入教育的迷雾之中，探寻那些鲜为人知的教育矿藏。接下来，就让我们携手走进教育个案研究的实践之旅，去体验那些严谨而富有成效的研究步骤，并学习如何将研究成果凝练成一份份精彩纷呈的研究报告。

一、教育个案研究的实施步骤

（一）确定研究问题

在教育个案研究中，确定研究问题是首要步骤。研究问题不仅为整个研究过程提供了方向，还决定了研究的深度和广度。首先，研究者需要明确研究问题的价值，即该问题在教育实践中是否具有重要性和紧迫性。其次，研究问题应具体明确，避免过于宽泛或模糊，以便于后续的数据收集和分析。例如，在研究某个学生的学习困难时，研究者可以将研究问题确定为："该学生学习困难的具体表现是什么？其形成原因有哪些？"这样的问题既具有针对性，又便于实际操作。

在确定研究问题的过程中，研究者还需要进行文献回顾，了解相关领域的研究现状，以避

---

① 王彩凤，庄建东.学前教育研究方法[M].北京：北京师范大学出版社，2011：178－179.

免重复研究或遗漏重要信息。同时,研究者还需要与同行或专家进行交流,听取他们的意见和建议,以确保研究问题的科学性和可行性。

(二)制定详细的研究方案

在明确研究问题后,研究者需要制定详细的研究方案。研究方案是研究的蓝图,它详细规划了研究的全过程,包括研究方法、研究对象、数据收集和分析方法等。首先,研究者需要选择合适的研究方法,如观察法、访谈法、问卷调查法等,以确保研究的科学性和有效性。其次,研究者需要明确研究对象的选择标准和范围,以确保研究结果的代表性和推广性。例如,在研究某个班级的教学改革时,研究者可以选择该班级的所有学生作为研究对象,以便全面了解教学改革的效果。

在制定研究方案时,研究者还需要充分考虑各种可能的风险和面对的挑战,并制定相应的应对措施。例如,在实地观察时,可能会遇到某些学生不配合的情况,研究者需要提前准备好应对策略,以确保研究的顺利进行。

(三)进入研究现场并搜集资料

制定好研究方案后,研究者需要进入研究现场搜集资料。这一阶段是教育个案研究中最为关键的一步,因为它直接关系到研究结果的准确性和可靠性。首先,研究者需要与研究对象建立良好的关系,获得他们的信任和配合。例如,在观察某个班级的教学活动时,研究者需要提前向教师和学生介绍自己的研究目的和方法,并征得他们的同意。其次,在搜集资料时,研究者需要运用多种方法和工具,如观察表、访谈提纲、问卷等,以确保数据的全面性和深入性。同时,研究者还需要注意数据的真实性和可靠性,避免主观偏见和误导性信息对研究结果产生影响。

(四)深入分析研究资料

搜集到足够的资料后,研究者需要对这些资料进行深入分析。分析过程需要运用科学的方法和工具,如内容分析、比较分析、因果分析等,以揭示资料中的内在规律和联系。例如,在分析学生的学习困难时,研究者可以运用内容分析法对学生的作业、试卷和访谈记录进行深入剖析,以发现学生的学习难点和困难所在。

在分析过程中,研究者需要保持客观中立的态度,避免主观偏见对分析结果的影响。同时,研究者还需要注重分析的系统性和全面性,确保对研究资料的全面深入理解和把握。

(五)撰写个案研究报告

在分析研究资料的基础上,研究者需要撰写个案研究报告。报告应清晰地呈现研究问题、研究方法、研究过程和研究结果等内容。同时,报告还需要注重逻辑性和条理性,使读者能够清晰地理解研究的主要发现和结论。

在撰写报告时,研究者需要注重报告的规范性和可读性。报告应符合学术写作的规范和要求,语言应准确、简洁明了。同时,报告还需要注重图表、数据和案例的呈现方式,使读者能够直观地了解研究的主要内容和结果。

(六)反思与总结

完成个案研究报告后,研究者需要进行反思和总结。反思和总结有助于研究者对研究过程进行深入的回顾和思考,发现研究中的不足和问题,并提出改进的措施和建议。例如,在反思研究过程时,研究者可以思考自己在数据收集和分析过程中是否存在疏漏或不足,并提出相应的改进措施,以提高研究的准确性和可靠性。

二、教育个案研究的报告撰写

在教育个案研究中,撰写研究报告是至关重要的一环。它不仅是研究成果的展示,更是研究过程与思考的结晶。一份优秀的教育个案研究报告,应能清晰地呈现研究背景、目的、方法、发现以及结论等[1],同时,它也是对研究者深入探索、严谨分析能力的检验。接下来,我们将深入探讨如何撰写一份高质量的教育个案研究报告。

(一)引言部分

引言是报告的开头,旨在吸引读者的注意并概述研究的核心内容。在引言中,需要简要介绍研究的背景、目的和意义,让读者对研究有一个整体的了解。同时,应明确研究问题,指出研究的重点和方向。

(二)研究方法

在报告的方法部分,需要详细描述研究所采用的方法。这包括研究对象的选定、数据的收集和分析方法等。研究者需要解释为什么选择这些方法以及它们如何有助于回答研究问题。同时,对于数据收集和分析过程中可能遇到的挑战和限制,也应进行说明。

(三)个案描述

个案描述是报告的核心部分,需要对研究对象进行详细的介绍和分析。在描述个案时,应关注个案的背景信息、教育经历、行为特征等方面,为读者提供一个全面的画像。同时,研究者应运用专业术语和理论框架对个案进行深入剖析,揭示其内在规律和特点。

(四)数据分析和结果

在报告的数据分析和结果部分,研究者需要呈现研究过程中收集到的数据,并对这些数据进行分析和解释。研究者应使用适当的统计方法和图表来展示数据,以便读者能够直观地理解研究结果。同时,研究者应对结果进行深入的讨论和解释,指出研究结果的意义和价值。

(五)讨论与启示

在报告的讨论与启示部分,研究者需要对研究结果进行进一步的探讨和反思。首先,研究者应讨论研究结果与已有研究的关联和差异以及研究结果对教育实践的启示和影响。其次,研究者应对研究过程中遇到的问题和面对的挑战进行反思,提出改进的建议和措施。最后,研究者应展望未来的研究方向,为后续研究提供参考和借鉴。

---

[1] 周欣.教师如何做个案研究[J].学前教育研究,2004(4):13-15.

（六）结论与建议

在报告的结论与建议部分，研究者需要总结研究的主要发现和结论，并对教育实践提出具体的建议。这些建议应当基于研究结果和讨论内容，具有针对性和实用性。同时，研究者应对研究的局限性和不足之处进行说明，以便读者能够全面理解研究的价值和意义。

（七）参考文献

在报告的结尾部分，需要列出研究过程中引用的所有参考文献。这有助于读者查阅相关资料并了解研究的深度和广度。参考文献的引用应遵循学术规范和要求，确保报告的规范性和可信度。

➤ 三、教育个案研究的注意事项

教育个案研究作为一种深入而细致的研究方法，在实施过程中需要特别注意以下几个方面，以确保研究的准确性和有效性。

（一）要明确研究目的和问题

在进行个案研究之前，研究者首先需要明确研究的目的和问题。研究目的应该具体、明确，能够指导整个研究过程的方向。同时，研究问题应具有针对性，能够揭示教育现象的本质和规律。明确的研究目的和问题有助于研究者收集和分析数据，确保研究的深度和广度。

（二）注意选择合适的研究对象

研究对象应具有代表性，能够反映教育现象的特点和规律。同时，研究对象的选择应考虑其可行性，确保研究者能够顺利进入研究现场，获取必要的数据和信息[①]。在选择研究对象时，研究者还需要充分了解研究对象的背景、经历和特点，以便进行深入的分析和解释。

（三）注意遵循研究伦理

在教育个案研究中，研究者需要尊重研究对象的隐私权和知情同意权。研究者应在研究开始前向研究对象说明研究目的、研究方法和可能存在的风险，并征得研究对象的同意。在收集和分析数据过程中，研究者应保护研究对象的隐私，避免泄漏其个人信息[②]。同时，研究者还应对研究对象进行必要的心理关怀和支持，以减轻其参与研究可能带来的心理负担。

（四）注意确保数据的准确性和可靠性

在教育个案研究中，数据的准确性和可靠性是研究的基石。研究者应采用多种方法收集数据，如观察、访谈、问卷调查等，以确保数据的全面性和深入性。同时，研究者还应对收集到的数据进行严格的审核和筛选，排除主观偏见和误导性信息。

---

① 潘苏东,白芸.作为"质的研究"方法之一的个案研究法的发展[J].全球教育展望,2002,31(8):62-64.

② 周全.论教育个案研究中的伦理[J].当代教育科学,2010(5):12-14.

(五)注重研究的系统性和全面性

研究者应对研究对象进行深入的剖析和解释,从多个角度和层面揭示其特点和规律。同时,研究者还应将研究结果与已有研究进行比较和分析,以发现新的研究问题和方向。在撰写研究报告时,研究者应清晰地呈现研究问题、方法、过程、结果和结论等内容,使读者能够全面了解研究的主要发现和意义。

(六)注意进行反思和总结

在教育个案研究结束后,研究者需要进行反思和总结。反思和总结可以使研究者发现研究中存在的不足和问题,并提出改进的措施和建议。同时,反思和总结还有助于研究者对研究结果进行深入的解读和应用,为教育实践提供有益的参考和借鉴。

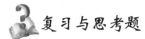

复习与思考题

1. 请简述教育个案研究的含义及其在教育领域的应用意义。
2. 教育个案研究有哪些主要特征?这些特征如何体现了其独特的研究价值?
3. 阐述教育个案研究的价值,特别是在深入理解教育现象和解决实际问题方面的作用。
4. 根据不同的标准,教育个案研究可以划分为哪些类型?请列举并解释每种类型的特点。
5. 在进行教育个案研究时,应遵循哪些基本原则以确保研究的科学性和有效性?
6. 请简述个案追踪法和个案追因法的核心思想及其实施步骤。
7. 教育个案研究的实施步骤包括哪些?请简要描述每个步骤的关键点。
8. 撰写教育个案研究报告时,应包含哪些主要部分?请简述每部分的内容要点。
9. 在进行教育个案研究时,有哪些常见的注意事项?
10. 你认为教育个案研究在当前教育研究中的地位如何?它与其他研究方法相比,有何优势?
11. 设计一个基于教育个案研究的研究方案,旨在探讨某一具体教育问题的解决策略,并说明其研究目的和方法。

第十四章

教育行动研究

 内容提要

教育行动研究是一种将理论与实践紧密结合的研究方法,它侧重于解决教育实践中的具体问题。该方法鼓励教育实践者参与研究,通过观察、反思和行动来不断改进教育实践。教育行动研究强调实践者在研究过程中的主体性,旨在通过实际行动来提升教育质量和效果。本章将详细阐述教育行动研究的含义、特征与价值,探讨其实施原则、步骤及注意事项,并将介绍教育行动研究报告的撰写方法。通过本章的学习,希望大家能够深入理解教育行动研究,并学会如何运用该方法来解决实际教育问题。

 学习目标

1. 理解教育行动研究的定义、内涵及其在教育实践中的应用价值。
2. 掌握教育行动研究的主要特征,了解其与传统研究方法的不同之处。
3. 明确教育行动研究的适用范围,能够识别适合进行行动研究的教育实际问题。
4. 了解教育行动研究的实施原则,以确保研究的科学性和实用性。
5. 熟悉教育行动研究的实施步骤,能够独立完成教育行动研究项目。
6. 掌握教育行动研究报告的撰写方法,能够清晰、准确地呈现研究成果。

情境案例

在 D 市的一所初级中学,王老师发现学生在科学课程中的实验操作能力普遍较弱,很多学生对实验步骤和原理理解不深,导致实验效果不佳。王老师认为,这可能是传统科学教学方式偏重于理论知识传授,而忽视了实践操作的重要性。为了改变这一现状,王老师决定采用教育行动研究,通过实践探索提升学生实验操作能力的有效途径。

王老师选择自己任教的两个班级进行实验。他重新设计了科学课程的实验教学环节,增加了学生动手操作的机会,并引入了探究式学习方法。在实验过程中,王老师鼓励学生自主设计实验方案,通过小组合作来完成实验任务,并要求学生详细记录实验过程和结果,以便进行反思和总结。

经过一个学期的实践,王老师发现学生的实验操作能力有了显著提升。学生对科学实验的兴趣明显增加,他们能够更加熟练地掌握实验技能,对实验原理和步骤也有了更加深入的理解。同时,学生们的科学探究能力和团队协作能力也得到了锻炼和提高。

在行动研究结束后,王老师对整个研究过程进行了总结和反思。他认为,通过增加实践操作机会和引入探究式学习,能够有效提升学生的实验操作能力和科学素养。未来,王老师计划将这一研究成果应用到更多的科学课程中,以促进学生的全面发展。

评析:在该案例中,王老师通过教育行动研究,成功地提升了学生的实验操作能力和科学素养。他关注学生的实践操作需求,通过重新设计实验教学环节和引入探究式学习,激发学生的实验兴趣和探究欲望。这种以学生为中心、以实践为导向的教学方法,有助于提高学生的实践能力和创新思维。

同时,该案例也展示了行动研究在改进教学实践中的重要作用。王老师能够根据实际教学问题,制定针对性的行动方案,并通过实践验证其有效性。这种以实践为基础的研究方法,使得教育工作者能够在实践中不断反思和改进自己的教学方式,从而提高教学效果。

最后,该案例还凸显了行动研究对于教师专业成长的重要性。通过行动研究,王老师不仅解决了实际教学问题,还提升了自身的教学能力和研究水平。这种以研究促教学、以教学带研究的方式,有助于促进教师的专业成长。

第一节 教育行动研究概述

在教育改革的浪潮中,我们不断探索着提升教育质量和效果的有效途径。教育行动研究作为一种将研究与行动紧密结合的方法论,为我们提供了宝贵的视角和工具。它不仅关注理论上的探讨,更侧重于实际教育问题的解决和改进。在本节中,我们将深入探讨教育行动研究的概念、特征与价值以及其在教育实际问题中的适用范围。

➤ 一、教育行动研究的概念

在复杂多变的教育环境中,教育行动研究以其独特的视角和方法,为教育工作者提供了一个解决实际问题的有力工具。接下来,让我们先来探讨教育行动研究的含义和内涵,以期更好地理解和运用这一研究方法,从而推动教育实践的不断进步。

(一)教育行动研究的含义

行动研究的缘起可以追溯到20世纪三四十年代,当时社会科学家们开始关注实践者如何参与到解决问题的研究过程中。在特定的社会背景下,如柯立尔在改善印第安人与非印第安人关系的研究中以及库尔特·卢因和其学生针对不同人种间人际关系的研究中,实践者被鼓励以研究者的身份参与,积极反思并寻求改变。这种由实践者参与并主导的研究形式,即为

"行动研究"的雏形①。

教育行动研究,作为行动研究在教育领域的应用,是一种以教育实践者为研究主体,以教育工作者在教育实践中遇到的问题为研究对象,旨在解决实际问题,提升教育教学实践效率与质量,并注重实践者的反思和实践的研究方法②。它不仅强调实践者的主体地位,更注重实践与研究的紧密结合③。可以说,教育行动研究是一种系统性的研究方法,它要求实践者运用科学的研究方法,对自身的教育实践进行深入观察、分析和反思,从而发现问题、提出假设、制订计划、实施行动并评估效果。

不难发现,教育行动研究是一种由教育工作者主导的,以解决教育实践中的具体问题为目的的研究活动。它鼓励实践者积极参与到研究过程中,通过不断尝试、反思和改进,实现教育实践的优化和创新。教育行动研究不仅有助于解决实际问题,还能促进实践者的专业成长和发展,推动教育领域的持续进步。

(二)教育行动研究的内涵

教育行动研究紧密围绕教育实践,旨在通过实践者的积极参与和研究,解决教育实践中的具体问题,进而改进教育实践本身。这种研究方法的内涵主要体现在以下几个方面。

1. 由行动者研究

在教育行动研究中,教师是研究的主体。他们不仅是教育教学的行动者,也是教育研究的实施者。专家、学者等外部研究人员虽然可以提供意见和咨询,但他们的角色是协作者而非主导者④。可以说,该种研究方式强调教师的专业成长和自我发展,鼓励教师成为研究者,将教育教学实践与研究融为一体。这不仅有助于解决教育实践中的具体问题,还有助于提升教师的专业素养和研究能力。

2. 基于行动研究

教育行动研究的研究对象直接来源于教育实践,是教师在教育教学过程中遇到的真实问题。这些问题不是外部强加给教师的,而是教师自己在实践中发现的。因此,教育行动研究的课题产生途径往往是"自下而上"的,即问题来源于教师的教育实践,而非外部的理论或政策要求⑤。

3. 在行动中研究

教育行动研究强调研究过程与行动过程的紧密结合。研究不是独立于行动之外的活动,而是在行动过程中进行的。教师作为研究者,在教育教学实践中发现问题、分析问题,并与专

---

① 李艳春,刘军.论教育行动研究[J].教育评论,2013(6):3-5.
② 熊媛媛.论教师专业发展与教育行动研究[J].教育探索,2006(8):115-116.
③ SALITE I. Educational action research for sustainability:Constructing a vision for the future in teacher education[J]. Journal of Teacher Education for Sustainability,2008,10:5-16.
④ 卢立涛,井祥贵.教育行动研究在中国:审视与反思[J].教育学报,2012,8(1):49-53.
⑤ 周耀威.教育行动研究与教师专业发展[J].全球教育展望,2002(4):53-55.

业研究人员合作寻找对策。整个研究过程是一个不断行动、不断研究、不断反思的循环过程，实现了"行动"和"研究"的统一，以及"理论"和"实践"的有机结合。这种研究方式使得教育行动研究具有高度的实践性和针对性。

4. 为行动而研究

教育行动研究的首要目的是解决实践者（主要是教师）在教育教学过程中遇到的实际问题。这种研究不是理论探讨或纯粹的知识追求，而是直接指向教育实践的改进。当教师在日常教育教学活动中发现问题时，他们不是简单地依赖经验和传统策略来解决，而是通过设计解决方案、实施行动并持续反思其效果，以达到解决问题的目的[①]。

可以说，教育行动研究由教育实践者作为研究的主体，以教育实践中的真实问题为研究对象，强调研究过程与行动过程的紧密结合，旨在解决教育实践中的具体问题。这种研究方法不仅有助于推动教育实践的持续改进和发展，也有助于提升教师的专业素养和研究能力。

二、教育行动研究的特征

行动研究作为一种独特的研究方法，在教育实践中展现出其鲜明的特征。它不同于传统的理论研究，更加强调实践与研究的紧密结合，旨在通过实践者的参与和反思，解决实际问题，推动教育实践的不断进步。

（一）从研究目的来看，行动研究往往以解决实践问题为导向

教育行动研究强调以解决教育实践中的具体问题为出发点，旨在通过系统的研究找出切实可行的解决方案[②]。这种特征使得教育行动研究具有高度的针对性和实用性，能够直接回应教育实践者的需求，推动教育实践的持续改进。可以说，在教育实践中，教师们常会遇到各种问题，教育行动研究正是帮助教师们发现问题、分析问题并解决问题的有效工具[③]。

（二）从研究主体来看，行动研究通常以一线实践工作者为主

教育行动研究将一线实践工作者置于研究的中心地位，这些实践工作者拥有丰富的教育经验和专业知识，对教育实践中的问题有着深入的理解和感受[④]。他们的参与不仅能够提供宝贵的数据和见解，还能确保研究成果更加贴近实际，更具可操作性。

（三）从研究场域来看，行动研究通常是实践者所面对的实际工作场景

教育行动研究的研究场域是教育实践者所面对的实际工作场景，这意味着研究是在真实的教育环境中进行的，与日常的教育教学工作紧密相连[⑤]。可以说，这种情境化的研究方式不仅可以揭示教育实践中的复杂性和动态性，还能促进理论与实践的紧密结合。

---

① 王丰泼.教育行动研究：教师专业发展的应然取向[J].中国成人教育,2008(14):5-6.
② 范诗武.新世纪教师专业能力与教育行动研究[J].外国教育研究,2003(5):28-31.
③ 鲍道宏.在"行动研究"中达成对话：教育行动研究旨趣探究[J].教育学报,2009,5(4):58-63.
④ 熊媛媛.论教师专业发展与教育行动研究[J].教育探索,2006(8):115-116.
⑤ 施铁如.教育行动研究的方法论分析[J].教育研究与实验,2005(2):70-72.

(四)从研究过程来看,行动研究具有明显的循环性和迭代性特征

教育行动研究的过程是一个不断循环和迭代的过程。在每个循环中,研究者需要分析问题、制订计划、实施行动并评估效果,然后根据评估结果进行反思和调整,开始新的循环。这种迭代性的研究过程可以使研究者不断深化对问题的理解,逐步找到更加有效的解决方案。

(五)从研究方法来看,行动研究强调方法的灵活性与多样性

在教育行动研究中,研究者可以采用观察、访谈、问卷调查、案例分析等多种研究方法,并根据实际情况灵活地进行选择和应用。这种灵活性和多样性使得教育行动研究能够适应不同的研究问题和情境,从而保证研究的准确性和可靠性。

(六)从研究关注点来看,行动研究比较关注实践者的参与和反思

在教育行动研究中,实践者不仅是研究的对象,更是研究的主体和参与者。他们需要积极参与到研究中来,对自己的教育实践进行深入的反思和总结[①]。这有助于实践者深入理解问题的本质和原因,找到更加有效的解决方案。当然,通过反思和总结,实践者也可以不断提升自身的专业素养和研究能力,成为推动教育变革的重要力量。

三、教育行动研究的价值

教育行动研究作为一种深入教育实践、强调实践者参与的研究方法,在教育领域展现出其独特的价值。

(一)直面回应教育实践的迫切需求

教育行动研究能够直接针对教育实践中的具体问题展开研究,提供切实可行的解决方案。在教育实践中,教师们常常面临各种挑战,如教学方法的优化、学生管理的改进等。通过教育行动研究,教师们能够系统地分析问题,设计并实施干预措施,从而改善教育实践的效果[②]。

(二)促进教师的专业成长

教育行动研究强调教师的参与和反思,这不仅可以解决教育实践问题,还可以促进教师的专业成长[③]。在教育行动研究开展过程中,教师需要对自己的教育实践进行深入观察和反思,发现问题并提出改进策略。在此过程中,教师需要不断学习新知识、尝试新方法,从而提升自身的专业素养和研究能力[④]。

(三)推动教育理论与实践的融合

在教育实践中,教师们往往面临着如何将教育理论应用于实际教学的问题。通过教育行

---

① 荆雁凌.中小学教师怎样进行课题研究(八):教育科研方法之教育行动研究法[J].教育理论与实践,2008(23):39-41.

② 周叶平,邝伟乐.教育行动研究与教师专业成长[J].教育科学,2002(6):39-42.

③ ELLIOTT J. Educational action research as the quest for virtue in teaching[J]. Educational Action Research,2015,23(1):4-21.

④ 梁靖云.教育行动研究:中小学教育科研的主要方式[J].教育理论与实践,2002(7):56-58.

动研究,教师们能够结合具体的教育实践情境,探索理论在实践中的应用方式和效果[1]。这不仅有助于验证和发展教育理论,还能为教育实践提供科学的指导。

(四)提升教育决策的科学性

在教育领域中,政策制定者和管理者往往需要依据可靠的数据和信息来制定决策。通过教育行动研究,可以获得关于教育实践的第一手资料和数据,从而为教育决策提供有力的支持。同时,教育行动研究还可以揭示教育实践中的规律和趋势,为政策制定者和管理者提供有价值的参考。

四、教育行动研究的适用范围:教育实践问题

教育行动研究的适用范围主要集中在教育领域的实际问题,尤其是那些需要实践者直接参与并寻求解决方案的问题[2]。

(一)课堂教学研究

针对课堂教学中出现的教学方法不当、学生参与度低等问题,教育行动研究鼓励教师作为实践者深入课堂,通过观察、访谈等方式收集数据,分析问题的本质。在此基础上,教师可以制定并实施针对性的改进措施,如调整教学策略、引入新的教学技术等。通过持续的行动和反思,教育行动研究可以帮助教师不断改进课堂教学,提升学生的学习效果和兴趣。

(二)课程改革研究

面对课程结构不合理、内容陈旧等问题,教师和教育管理者可以通过教育行动研究深入分析现有课程的优缺点,识别改革的必要性和方向。通过实践者的参与和反思,可以探索新的课程理念、教学内容和教学方法,设计并实施课程改革方案。可以说,教育行动研究不仅可以推动课程的持续更新和优化,还能提升教师的课程设计和实施能力。

(三)教师职业技能训练

传统的教师职业技能训练往往注重理论知识的传授,而忽视教师的实践经验和反思能力。教育行动研究强调教师的直接参与和反思,通过实践中的行动和观察,教师可以深入了解自身的职业技能水平,发现自身的不足和需求。在此基础上,教育行动研究可以提供具有针对性的职业技能训练方案,帮助教师提升专业素养和教学技能。

(四)学校管理评价

实践者可以深入学校管理的各个环节,收集数据和信息,分析管理的现状和面对的挑战。在此基础上,教育行动研究可以提出针对性的改进措施和建议,帮助学校优化管理流程、提升管理效率和质量。同时,教育行动研究还可以促进学校管理者和教师的沟通与合作,共同推动学校的持续发展和进步。

---

[1] 刘秀江.教育行动研究:背景、理念与需要[J].教育探索,2003(1):41-43.
[2] 胡中锋.教育科学研究方法[M].2版.北京:中国人民大学出版社,2023:163-164.

(五)特定学生群体或问题的研究

对于困难学生、有特殊需求的学生或存在特定问题的学生群体,教育行动研究提供了有力的支持。实践者可以针对这些特殊群体进行深入研究和探索,了解他们的学习状况、心理需求和问题所在。通过观察和访谈等方式收集数据和信息,实践者可以制定并实施针对性的干预措施和支持计划。

第二节 教育行动研究的实施

在了解教育行动研究的概念、特征和价值之后,我们将进一步探索教育行动研究在实际操作中的应用。在本节中,我们将详细阐述教育行动研究的实施原则、实施步骤及其注意事项。

➤ 一、教育行动研究的实施原则

教育行动研究的实施原则,是指在开展教育行动研究过程中应遵循的基本准则和指导思想。这些原则共同构成了教育行动研究的基本框架和指导思想。

(一)实践性原则

教育行动研究的核心在于解决教育实践中的具体问题,因此实践性是其首要原则,这要求研究必须紧密结合教育实践,从实际问题中提炼研究主题,通过实践来检验和改进研究成果。研究者需要深入教育实践现场,观察、了解和分析教育实践的真实情况,以确保研究的针对性和实效性。

(二)应用性原则

教育行动研究的目的在于改进教育实践,提高教育质量,这要求研究者在设计教育行动研究方案时,要充分考虑研究成果的推广和应用前景,以确保研究成果能够在教育实践中得到有效运用。同时,研究者还需要关注教育实践者的反馈和需求,不断优化研究成果,提高其适用性和实用性。

(三)科学性原则

科学性是所有科学研究的前提,教育行动研究也不例外,这就要求研究者在实施过程中,必须遵循科学研究的基本规范和方法,以确保研究的客观性和准确性。研究者需要采用科学的研究方法和技术手段,收集和分析数据,得出可靠的研究结论。同时,研究者还需要保持开放和批判的态度,不断审视和反思自己的研究过程和结果,以确保研究的科学性和严谨性。

(四)合作性原则

教育行动研究强调实践者的参与和反思,这要求研究者与实践者之间必须建立紧密的合作关系,共同开展研究工作。研究者需要尊重实践者的经验和智慧,倾听他们的声音和需求,与他们共同制定研究方案和实施计划。同时,实践者也需要积极参与研究过程,提供宝贵的数据和反馈,与研究者共同推动教育实践的改进和发展。

(五)可行性原则

教育行动研究应当具有一定的可实施性,能够在实践中得到验证,这就要求研究者应当选择具有实际意义和实践价值的研究课题,以确保研究能够在实践中得到有效应用和推广。同时,研究者在选择设计研究方案时,要充分考虑实际情况和资源条件,以确保研究的可行性和可操作性。

(六)可度量性原则

教育行动研究需要具有可度量性,即可以通过一定的客观指标或方法对研究结果进行度量和评估,这要求研究者在制定研究目标和评估标准时,要明确具体的指标和方法,以确保研究结果的客观性和可比较性。同时,研究者还需要关注研究结果的长期效应和持续影响,采用科学的方法进行评估和监测,以确保研究成果能够持续推动教育实践的改进和发展。

二、教育行动研究的实施步骤

(一)提出问题

教育行动研究的问题通常源于教育实践者在实际工作中遇到的困惑或挑战。为了提出有意义的研究问题,教育实践者需要深入反思自身的教学实践,以识别出那些影响教育质量的关键问题[1]。例如,教师可能发现学生在某一学科领域的学习效果不佳或者某种教学方法并不能有效激发学生的学习兴趣。在提出问题时,教育实践者需要确保问题的具体性和可操作性,以便后续的研究能够针对这些问题展开。

(二)制订计划

在提出问题后,教育实践者需要制订详细的研究计划,研究计划应该包括研究目标、方法、时间表以及预期成果等内容。制订计划需要教育实践者充分地考虑实际情况和资源条件,以确保计划的可行性和有效性[2]。

首先,教育实践者需要明确研究目标,即希望通过研究解决什么问题,达到什么效果。其次,教育实践者需要选择合适的研究方法,如观察法、访谈法、问卷调查法等,以确保能够收集到足够的数据和信息。再次,教育实践者还需要合理安排研究时间表,以确保研究能够按期完成。最后,教育实践者需要明确预期的研究成果,以便对研究过程进行监督和评估。

(三)采取行动

在制订好研究计划后,教育实践者需要按照计划采取行动。这一步骤是教育行动研究的核心环节,也是将研究计划付诸实践的关键步骤。

在采取行动时,教育实践者需要确保行动的针对性和有效性。教育实践者应该根据研究

---

[1] 熊媛媛.论教师专业发展与教育行动研究[J].教育探索,2006(8):115-116.
[2] 荆雁凌.中小学教师怎样进行课题研究(八):教育科研方法之教育行动研究法[J].教育理论与实践,2008(23):39-41.

问题制定具体的行动方案,并严格按照方案实施行动。同时,教育实践者还需要密切关注行动的效果和反馈,及时调整行动方案以确保研究的顺利进行①。

此外,教育实践者在采取行动时,还需要注意行动的情境性和实践性。教育实践者应该结合具体的教育教学情境开展行动研究,以确保研究的针对性和实用性。同时,教育实践者还需要将研究与实践紧密结合,通过实践来检验和改进研究成果。

(四)实施考察

在采取行动后,教育实践者需要对行动的效果进行考察。该步骤是评估研究效果的关键环节,也是为后续研究提供反馈的重要依据。

在实施考察时,教育实践者需要采用合适的方法和工具来收集研究数据和信息。例如,教育实践者可以通过观察、访谈、问卷调查等方式收集学生和教师的反馈意见,了解行动的实际效果。同时,教育实践者还需要对数据和信息进行深入分析,以揭示行动背后的规律和原因。通过实施考察,教育实践者可以了解行动是否达到了预期的效果,是否解决了实际问题。如果发现问题或存在不足,教育实践者需要及时调整行动方案并实施新一轮的考察②。

(五)反思改进

在实施考察后,教育实践者需要对整个研究过程进行反思。在反思时,教育实践者需要深入分析研究过程中存在的问题和不足,并找出问题的根源和原因。同时,教育实践者还需要总结研究过程中的经验和教训,为未来研究提供借鉴和参考。此外,教育实践者还需要根据反思结果提出具体的改进建议和措施,以便在未来实践中不断完善和优化研究方案③。

➢ 三、实施教育行动研究的注意事项

教育行动研究作为一种以解决实际问题为中心的研究方法,其实施需要注意以下几个方面的问题。

(一)注意选择合适的研究课题

在选择研究课题时,应避免选择超出自身能力范围或资源无法支持的课题。例如,像"家庭的社会经济地位与幼儿学业成就之间的关系"这样宏大的课题,可能需要大量的数据和复杂的统计分析,这对于一般的教育实践者来说可能难以实现。相反,选择如"我应该怎样帮助幼儿形成良好的生活习惯"这样具体和可操作的课题,则更容易取得实质性的研究成果。同时,课题应该紧密围绕教育实践中亟待解决的问题,确保研究具有现实意义和实用价值。

(二)注意建立良好的协作关系

在研究过程中,应明确各参与方的权利、利益和义务,建立起有道德义务的协作关系。研

---

① 荆雁凌.中小学教师怎样进行课题研究(八):教育科研方法之教育行动研究法[J].教育理论与实践,2008(23):39-41.
② 苏鸿.实践理性视野下的教育行动研究[J].当代教育科学,2021(9):51-57.
③ 熊媛媛.论教师专业发展与教育行动研究[J].教育探索,2006(8):115-116.

究者需要与相关的参与者(如教师、学生、家长等)保持密切沟通与合作,使其共同参与到研究的各个环节中。这样不仅可以获得更多的信息和资源支持,还能够促进知识共享和经验交流,从而提升研究的质量和效果[1]。

(三)注意制订周密的研究计划

研究计划中应明确研究目标、步骤和方法,并规定相应的监控手段,以确保研究的顺利进行。同时,详细的观察记录也是不可或缺的。研究者需要对研究过程中的各种现象进行仔细观察,并及时记录相关数据和信息。

(四)注意研究数据的收集与分析

研究者需要运用多种方法如观察、访谈、问卷调查等来收集数据,并对这些数据进行深入的分析和解读。通过数据分析,研究者可以更加准确地了解问题的本质和根源,从而提出有针对性的改进策略。

(五)注意进行实践反思与持续改进

研究者需要不断回顾和总结实践经验,发现其中的问题和不足,并提出改进措施。这种反思和改进的过程应该是持续和循环的,以确保教育实践的不断优化和提高[2]。同时,研究者还应关注研究成果的推广和应用,将研究成果转化为实际的教育改进行动。

➤ 四、教育行动研究报告的撰写

教育行动研究报告的撰写应遵循一定的结构和格式,以确保内容的清晰性和逻辑性。通常,教育行动研究报告包括以下几项内容。

(一)导论部分

导论部分是研究报告的开篇,它奠定了整个研究的基调。首先,需要阐述研究的缘起与背景,即说明研究的出发点和现实背景,这有助于读者理解研究的必要性和紧迫性。其次,应对研究中的核心概念进行明确界定,以避免歧义和误解。再次,进行文献综述,回顾和分析前人的相关研究,以凸显本研究的创新点和价值。最后,明确研究的目的与价值,即阐明本研究旨在解决什么问题以及预期的研究成果对教育实践有何重要意义。

(二)研究设计

研究设计部分需要详细描述研究的整体规划和具体方法。首先,要明确说明研究对象的选取原则和标准以及样本的来源和规模。其次,应介绍研究工具的设计和使用情况,包括调查问卷、实验设备等。再次,要阐述数据的采集和处理方法,以确保数据的准确性和可靠性。最后,还需分析所选研究方法的优势和局限性,并提出相应的改进措施。

(三)研究的实施过程

研究的实施过程应详细记录研究的实际操作步骤、实施的时间和地点、参与的人员和对象

---

[1] 姚文峰.走向生活:教育行动研究的本体意义[J].教育研究,2018,39(2):95-102.
[2] 郑蕴铮,郑金洲.教育行动研究:成效、问题与改进[J].教育发展研究,2020,40(4):18-23.

等信息。首先,要描述研究的准备阶段,如实验设备的准备、研究团队的组建等。其次,详细阐述研究的正式实施过程,包括具体的操作步骤和实施计划①。再次,应如实反映实施过程中遇到的问题和困难,并提出有效的解决方案。最后,还需说明实施的时间、地点和参与的人员对象等,以确保研究的真实性和可重复性。

(四)研究结果与讨论

研究结果与讨论部分是研究报告的精髓所在。在该部分,需要对收集到的数据进行深入的分析和解读。首先,要对数据进行描述性统计和推断性统计,以揭示数据背后的规律和趋势。其次,通过对比和分析其他相关研究,探讨本研究的独特贡献和局限性。最后,要对研究结果进行深入的讨论,提出可能的解释和建议,为后续研究提供参考和借鉴。

(五)研究结论与建议

研究结论与建议部分是研究报告的收尾部分。在该部分,需要总结研究的主要发现和贡献,并指出研究的创新点和亮点。同时,应针对研究问题提出具体的建议或措施,这些建议应基于研究成果和实际情况,具有可操作性和针对性,并为教育实践提供指导。此外,研究者还应对整个研究过程进行反思,总结经验教训,并指出未来研究方向。

复习与思考题

1. 请简述教育行动研究的含义以及它在教育研究与实践中的意义。
2. 教育行动研究的内涵包括哪些方面?
3. 列举并解释教育行动研究的主要特征。
4. 谈谈你对教育行动研究价值的理解。
5. 实施教育行动研究时应遵循哪些原则?
6. 简述教育行动研究的实施步骤。
7. 在进行教育行动研究时,有哪些注意事项?
8. 教育行动研究报告包括哪些部分?请简述每部分的撰写要求。
9. 结合本章所学内容,设计一份针对具体教育问题的行动研究方案,并说明其研究目的、实施步骤和预期成果。
10. 你认为教育行动研究在当前教育环境中的挑战和机遇是什么,请给出你的看法。
11. 与其他研究方法相比,教育行动研究有哪些独特优势?

---

① 苏鸿.具身实践视野下的教育行动研究[J].中国教育科学(中英文),2020,3(5):135-141.

下编

实践篇

第十五章

教育学术论文的撰写与投稿

内容提要

教育学术论文的撰写与投稿是教育研究者展示研究成果、推动学术交流与知识共享的关键环节。通过规范的论文撰写，可以有效传达研究者的研究观点与发现，而正确的投稿方式则能让这些研究成果被更广泛的学术界所认可和接受。本章将全面介绍教育学术论文撰写与投稿的相关知识。希望通过本章内容的学习，大家能够掌握教育学术论文的撰写技巧，并了解如何高效地将研究成果投稿并成功发表。

学习目标

1. 理解教育学术论文的含义及其特点，明晰学术论文与其他类型文章的差异。
2. 掌握教育学术论文撰写的基本流程，熟悉各个环节的要点和技巧。
3. 学会如何拟定具有吸引力的论文题目，撰写简明扼要的摘要以及准确提取关键词。
4. 了解论文正文结构框架的构建方法，包括思辨类论文和实证论文的不同结构。
5. 掌握参考文献的编排要求，能够正确引用和编排文献。
6. 熟悉教育学术论文的投稿方式，包括在线投稿、邮件投稿等，并学会如何获取目标期刊的投稿信息。
7. 了解投稿流程中的各个环节。
8. 了解和理解投稿过程中的注意事项，避免常见投稿失误，提高论文的录用成功率。

情境案例

李老师是F市的一名小学老师，近期她带领学生完成了一个有关环保意识方面的实践项目。项目结束后，李老师觉得该项目既有创新性，又有教育意义，于是想将这次实践活动的经验和成果撰写成一篇学术论文，与更多的教育工作者进行分享。然而，她之前没有学术论文撰写的经验，对投稿流程也不甚了解。

李老师决定寻求学校教研组老师的帮助，并报名参加了一些学术论文撰写的线上培训课程。通过学习和交流，李老师逐渐了解了学术论文的基本结构和写作技巧以及如何选择合适的学术期刊进行投稿。她意识到，虽然小学老师不经常写学术论文，但掌握这些技能对于提升自身的教育研究和教学水平是非常重要的。

在教研组同事的指导和帮助下,李老师开始整理研究数据,构思论文框架,并着手撰写论文。她认真描述了实践活动的背景、目的、实施过程以及学生们在活动中的表现和收获。同时,她还结合教育理论,对活动效果进行了深入的分析和讨论。

经过几轮的修改和完善,李老师的论文终于完成。在教研组老师的建议下,她选择了一本专注于小学教育研究的学术期刊进行投稿。在投稿前,李老师再次仔细检查了论文的格式、语言表述等细节。最终,在经过几轮小的修改后,李老师的论文顺利刊出。

评析:该案例展示了小学教师在教育实践中如何尝试撰写和发表学术论文的过程。首先,李老师具有强烈的学习和探索精神,她通过参加培训和寻求教研组老师的帮助,逐渐掌握了学术论文的撰写技巧。

其次,这个案例体现了实践与研究相结合的重要性。李老师将日常的教育实践活动转化为学术研究成果,既提升了实践活动的理论价值,也丰富了小学教育的研究内容。这种实践与研究相结合的方法,有助于促进小学教育教学的创新与发展。

最后,这个案例也展示了小学教师在学术研究中的潜力。虽然小学教师不常撰写学术论文,但只要他们愿意学习和尝试,就能够掌握相关技能。

第一节 教育学术论文的撰写

教育学术论文不仅能够帮助教育研究者将研究成果系统化地呈现出来,还能促进学术交流,推动教育领域的持续创新与发展。可以说,掌握教育学术论文的撰写方法对于准确传达教育思想、展示研究成果,推动教育学术进步具有不可或缺的重要性。在本节中,我们将一同来探讨教育学术论文的撰写方法。希望通过学习,大家能提高自身的论文撰写水平,撰写出高质量的教育学术论文。

▶ 一、什么是教育学术论文?

(一)教育学术论文的含义

教育学术论文是指针对教育领域中的特定问题或现象,运用科学的研究方法和严谨的逻辑推理进行深入分析和探讨,并提出新观点、新理论或新解决方案的学术性文章[①]。教育学术论文是教育学术交流与知识传承的重要形式,其目的在于推动教育学科的发展和进步。

教育学术论文不仅体现了作者对教育理论与实践的深入探索,更是学术交流与知识传承的重要载体。教育学术论文通常聚焦教育领域中的特定问题或现象,通过严谨的科学方法和逻辑推理,进行系统的分析和阐述。它要求作者具备扎实的教育学理论基础和广泛的专业知识,以便能够准确捕捉教育领域的热点和难点,提出有见地的观点和解决方案。

---

① 孟亚玲,魏继宗,张社争.教育科学研究方法[M].北京:清华大学出版社,2017:191.

教育学术论文不仅是对教育问题的理性思考,更是对教育实践的反思和总结。它旨在通过科学的论证方法,揭示教育现象背后的本质和规律,为教育实践提供理论支持和指导。同时,教育学术论文也是教育研究者展示研究成果、交流学术思想的重要载体。

(二)教育学术论文的特点

教育学术论文的特点主要体现在以下几个方面[①]。

1. 学术性

学术论文首先必须具有高度的学术性,它要求论文的内容基于深入的教育研究和扎实的学术理论,能够展现出作者对教育领域的深刻理解。论文中所提出的观点、论据和论证都必须严谨和科学,能够经得起学术界的推敲和检验。

2. 创新性

创新性是学术论文的灵魂,一篇优秀的教育学术论文,必须能够在现有的教育理论或实践上有所突破,提出新的观点、方法或解决方案。创新性可以是对现有问题的新视角解读,也可以是对教育领域新现象的敏锐捕捉。

3. 专业性

教育学术论文是对教育领域中的专业问题进行探讨,因此必须具有高度的专业性。论文的选题、研究方法和结论都应当反映出作者对教育领域的专业知识和实践经验的深刻理解。可以说,专业性是教育学术论文区别于一般科普文章或新闻报道的重要特征。

4. 逻辑性

学术论文必须具有严密的逻辑性,论文的各个部分,从引言到结论,都需要有清晰的逻辑线索贯穿其中。引言部分需要明确提出问题,正文部分需要通过有力的论据和论证来支持或反驳某一观点,结论部分则需要对研究结果进行总结和升华。逻辑性强的论文能够使读者更加容易理解和接受作者的观点,同时也可以展现出作者的思维能力和表达能力。

5. 规范性

教育学术论文的撰写必须遵循严格的学术规范,从论文的结构、语言表达到引用文献的标注等,都必须按照学术界公认的规范来进行。可以说,规范性保证了论文的严谨性和可读性,也使得论文的研究成果能够被其他学者所认可和引用。

➢ 二、教育学术论文撰写的基本流程

教育学术论文的写作是一个系统化、有序的过程,遵循一定的写作流程可以确保论文的质量和学术价值。以下是教育学术论文写作的基本流程[②]。

---

① 孟亚玲,魏继宗,张社争.教育科学研究方法[M].北京:清华大学出版社,2017:192-195.
② 孟亚玲,魏继宗,张社争.教育科学研究方法[M].北京:清华大学出版社,2017:196-203.

(一)确定研究问题

研究者首先必须清晰地界定研究问题,这不仅可以为整个研究定下基调,也可以为后续的数据收集、分析和论文撰写提供明确的方向。一个好的研究问题应当具有针对性、创新性和价值性,能够填补学术上的空白或解决现实中的教育问题。研究者应结合个人学术旨趣、专业知识和社会需求,仔细斟酌并确定一个有价值的研究问题。

(二)进行文献综述

通过查阅相关书籍、期刊文章、会议论文等,研究者可以了解前人在该领域的研究成果、研究方法和研究趋势。这不仅可以使研究者找到研究的理论依据,还能帮助研究者明确自己的研究定位,避免重复研究。

(三)选择研究方法和收集数据

根据研究问题的特点,研究者需要选择合适的研究方法,如个案研究、调查研究等。同时,研究者还需要设计详细的研究方案,包括样本选择、数据收集方式、数据处理和分析方法等。在数据收集过程中,研究者要严格遵守学术伦理,确保数据的真实性和客观性。

(四)数据分析和解读

通过对收集到的数据进行统计和分析,研究者可以揭示出数据背后的规律和趋势,进而验证研究假设或提出新的观点。在数据分析过程中,研究者需要运用合适的统计方法和分析工具,确保分析结果的准确性和可信度。

(五)撰写论文初稿

论文初稿的撰写需要遵循学术论文的规范结构,包括引言、文献综述、方法、结果、讨论和结论等部分。在写作过程中,研究者要注意论文的逻辑性和条理性,确保论文内容紧密围绕研究问题展开。同时,论文的语言表达也要准确清晰,避免出现歧义和产生误解。

(六)反馈和修改

完成初稿后,研究者可以邀请导师、同行或专业人士对论文进行审阅和提供反馈意见。这些反馈意见对于提升论文质量至关重要。根据反馈意见,研究者需要对论文进行多次修订和完善,以确保论文的学术水平和可读性。

(七)格式化和审读

在论文修订完成后,研究者需要按照目标期刊投稿要求对论文进行格式化调整,包括字体、字号、行距、页边距等排版要求以及参考文献的引用格式等。同时,研究者还需要仔细检查论文中的语法、拼写和标点错误等细节问题,以确保论文的规范性和严谨性。

(八)投稿与发表

最后一步是将论文投到合适的学术期刊进行发表或参加学术会议进行交流。在投稿前,研究者需要仔细阅读期刊的投稿指南和要求,确保论文符合期刊的发表标准。一旦论文被接受发表,就意味着研究者的研究成果得到了学术界的认可和肯定。

三、教育学术论文的撰写方法

(一)题目的拟定规则

题目是整篇论文的门户,它不仅是读者首次接触论文时的直观印象,更是论文内容与研究方向的精准概括。因此,拟定一个符合规范的题目,对于提升论文的专业性和吸引力至关重要。接下来,我们将详细探讨论文题目的拟定规则,以帮助研究者更好地构建论文题目。

1. 题目宜使用"定语＋主语"的叙述性形式

教育研究论文的题目适宜采用"定语＋主语"的叙述性形式,这种结构能够清晰地表达出论文的研究核心。在这种结构中,"定语"部分通常用来描述或限定研究的具体领域、对象或方法,"主语"部分则明确指出了研究的焦点或主题。需要强调的是,学术论文题目一般不宜使用动宾词组。动宾词组往往带有口号式或政府工作报告式的风格,在学术论文题目中使用较少。

2. 题目的大小要合适

教育学术论文的题目大小要合适,不宜过大或过小。题目过大,可能导致研究内容过于宽泛,难以深入;题目过小,则可能限制研究的广度和深度。因此,研究者应充分考虑自己的研究能力和兴趣以及该领域的研究现状和需求,撰写一个既具有挑战性又切实可行的研究题目[1]。

3. 题目应力求明确和简洁

明确性和简洁性是论文题目的重要特征,高质量的题目应该能够迅速传达出论文的主要内容和研究焦点。冗长、复杂的题目不仅难以让读者快速理解,还可能造成混淆和误解。因此,研究者在拟定题目时,应力求简洁明了,避免使用冗长的句子和复杂的词汇[2]。

4. 题目表述要规范,避免使用赘语

论文题目的表述应规范、准确,避免使用赘语和不必要的修饰词。例如,"试谈……""浅析……""……刍议"等词汇往往会使题目显得不够严谨和正式。同时,题目中也不应出现多余的符号,如逗号、引号等。如果需要在题目中展现研究视角或方法,可以采用冒号或"基于××视角"等方式进行清晰表达。

5. 慎用副标题

副标题的使用应谨慎。虽然副标题可以提供更多的信息来补充和解释主标题,但过度使用或不当使用副标题可能会导致标题的冗长和混乱。此外,由于一些杂志、数据库和档案馆在呈现时可能只显示主标题而忽略副标题,因此过度依赖副标题可能导致信息的缺失和误解。如果确实需要使用副标题来提供更具体的信息或限定研究范围,那么最好采用冒号而不是破

---

[1] 郭泽德.写好论文[M].北京:清华大学出版社,2020:291.
[2] 王彩凤,庄建东.学前教育研究方法[M].北京:北京师范大学出版社,2011:267.

折号来连接主标题和副标题,以避免副标题另起一行造成的混乱。同时,也要注意副标题的简洁性和明确性。

(二)摘要的撰写方法

论文摘要是学术论文的灵魂和缩影,是整篇文章的内容概要,是文章的"迷你"版,是一篇独立完整的短文,往往有"窥一斑而见全豹"的感觉。

1. 摘要的内容

第一,研究背景和目的是摘要的开篇部分。摘要首先需要清晰地描绘出研究的大环境,即当前教育领域面临的主要问题或挑战。同时,也要指出研究的必要性,为何这个话题值得深入探讨。此外,还可以提及该研究如何填补现有知识的空白或如何对现有理论进行扩展。

第二,研究方法是摘要中不可或缺的一部分。它详细介绍了论文所采用的研究设计、数据来源、样本选择以及数据分析方法。这一部分的论述需要严谨、具体,以确保读者能够了解研究的科学性和可信度。

第三,主要研究结果或发现是摘要的核心内容之一,它直接呈现了论文的实质性发现。在该部分,需要用简洁而准确的语言报告研究的关键成果。这可能涉及数据分析后得出的结论、观察到的现象或模式以及这些发现与研究假设之间的关系。主要研究结果的展示需要具有逻辑性和条理性,以便读者能够迅速捕捉到论文的重要信息[①]。

第四,结论与启示是摘要的收尾部分,它需要对整个研究进行高度的概括和总结。在此,往往需要根据研究结果提出明确的研究结论,并深入探讨这些结论对教育理论和实践的具体启示。同时,还可以提及研究的创新点或重要贡献,以凸显论文的价值所在。

第五,虽然研究的局限性与未来研究方向不是摘要的必需部分,但在某些情况下,对其进行简要说明也是有益的。这一部分可以承认研究的不足之处,如样本规模、研究方法的局限等,并展望未来可能的研究方向或改进策略。这样的论述不仅增加了论文的严谨性,还为后续研究提供了有益的参考。

2. 摘要的撰写要求

摘要作为论文的"名片",是读者首次接触研究内容的窗口。它不仅需要高度概括论文的精髓,还要遵循一定的撰写要求,以确保信息的准确、客观和高效传达。

(1)具有独立性和自明性。教育学术论文摘要应能独立于论文正文存在,为读者提供清晰、完整的信息。即使不阅读整篇论文,读者也能从摘要中了解研究的主要目的、方法、结果和结论。这种独立性和自明性可以使读者快速判断论文的价值,决定是否需要进一步深入阅读全文。

(2)客观反映研究工作。摘要应客观、准确地描述研究工作,包括研究设计、数据收集与分析方法等,而不应加入作者的主观见解、解释或评论。这样做可以保持摘要的客观性和公正

---

① 郭泽德.写好论文[M].北京:清华大学出版社,2020:291.

性,使读者能够基于事实对研究进行评价[①]。

(3)采用第三人称写法。为了避免主观性和个人化的表述,摘要应采用第三人称写法,避免使用"本文""作者"等第一人称作为主语,同时也不宜使用人称代词如"他们"。这种写法可以保持文本的客观性和专业性,使读者能够更加客观地理解研究内容。

(4)规范使用语言和标点符号。摘要应使用规范的语言和标点符号,以确保信息的准确传达。摘要应正确使用专业术语,避免使用口语化或模糊的表达方式。同时,标点符号的使用应符合汉语语法规范,以提高摘要的可读性和准确性。

(5)避免使用引文。摘要的作用在于简洁明了地概括研究内容和结果,引文的加入容易使摘要变得冗长和复杂。摘要中通常不应使用引文,除非是为了证实或否定他人已发表的成果。

(6)结构严谨、语义确切、表述简明。摘要应按照逻辑顺序组织内容,具有严谨的结构和确切的语义,避免使用含糊不清的词汇或表达方式。同时,摘要表述应简明扼要,突出重点,使读者能够快速捕捉到关键信息。除硕博论文外,其他形式的学术论文摘要通常只写一段,以尽可能保持摘要的连贯性和紧凑性。

(7)字数得当。期刊论文摘要的字数应控制在适当范围内,一般建议为200~300字。这样的字数要求既能确保摘要包含足够的信息量,又不会过于冗长。当然,对于硕士、博士学位论文等更为深入的研究项目,可以根据实际情况自行控制摘要的长度。

(三)关键词的提取方法

关键词是为了文献检索、信息贮存需要而从文章中提炼出来的最能表达论文中心思想的几个词语和词组。关键词在论文中起关键作用,出现频率往往较高[②]。

1. 关键词的提取方法

关键词可以使读者和研究者快速理解论文的主题和核心内容。以下是关键词几种常用的提取方法:

(1)从论文题目中提取。论文的题目通常是对研究内容的精炼概括,关键词往往可以从论文题目中直接提取。这些关键词通常可以反映论文的主要研究对象、研究方法和研究目的。

(2)从论文摘要中筛选。摘要是论文内容的简要总结,其中包含了论文的主要观点、研究方法和结论。通过仔细阅读摘要,可以从中筛选出反映论文核心内容的关键词。

(3)从论文正文中提炼。如果标题和摘要中没有明确的关键词或者需要更加深入地了解论文内容以确定关键词,就可以从正文中提炼关键词。在阅读正文时,注意寻找频繁出现的术语、核心概念或研究重点,这些都可以作为关键词的重要来源。

(4)使用学术数据库或搜索引擎建议的关键词。在撰写论文时,可以利用学术数据库或搜索引擎的关键词建议功能。这些工具通常会根据用户输入的初始关键词,推荐与之相关的其他关键词,这些推荐关键词往往有助于发现新的研究视角或补充遗漏的关键词。

---

① 王彩凤,庄建东.学前教育研究方法[M].北京:北京师范大学出版社,2011:269.
② 侯怀银.教育研究方法[M].2版.北京:高等教育出版社,2018:268.

(5)咨询同行或导师。如果仍然无法确定合适的关键词,可以向同行或导师咨询。他们可能能够提供专业的建议,帮助你确定能够准确反映论文主题的关键词。

2.关键词的提取要求

关键词的提取是论文写作中的重要环节,它要求精准、简洁地反映出论文的核心内容。以下是关于关键词提取要求的详细论述:

(1)关键词数量通常为3~5个。教育学术论文的关键词数量通常为3~5个,这一要求旨在保证关键词的精炼性和代表性。过多的关键词会使重点分散,不利于读者快速把握论文的核心;而过少则可能无法全面反映论文的研究内容和主题。因此,选择3~5个最具代表性和重要性的关键词,能够恰到好处地概括论文的主旨。

(2)关键词通常按重要性依次排列。关键词一般应按照重要性大小依次排列,这种排列方式容易使读者关注到论文的核心和重点,进而深入理解论文的研究内容和价值。同时,按照重要性排序也符合人们阅读和理解的习惯,有助于提高论文的可读性和信息传递效率。

(3)关键词应避免使用大众化词汇。在提取关键词时,应避免使用过于大众化的词汇,如"研究""探讨""实践""现状""存在问题"等词。这些词汇虽然在论文中频繁出现,但缺乏特异性,无法确切地反映论文的研究内容和研究焦点。

(4)所提取关键词的逻辑组合应能表征论文主题。关键词之间往往存在某种内在联系,它们共同构建起了论文的研究框架和核心论点。通过关键词的逻辑组合,读者可以迅速把握论文的整体思路和研究方向,从而更好地理解和评价论文的价值和意义。

(5)关键词一般放在论文全文完成后再写。关键词一般放在论文全文完成后再写,这是因为在论文完成后,作者能更加全面地把握论文的研究内容和主题,从而可以更加精准地提炼出关键词。同时,将关键词放在最后撰写,也可以避免在写作过程中受到关键词的限制,使论文的撰写更加自由、灵活。

(四)正文的结构框架确定

结构框架是整篇论文的骨干,它决定了论文的逻辑性和条理性。思辨类论文和实证论文的结构框架有所不同,下面分别予以介绍。

1.思辨类论文的几种常见结构框架

思辨类论文作为探讨理论、观念或价值的论文类型,其结构框架对于清晰地表达作者观点和逻辑推理至关重要。以下是几种常见的思辨类论文结构框架:

(1)问题提出+现状分析+对策建议。在该结构框架中,首先,研究者明确提出所要探讨的核心问题,确立论文的研究方向。其次,研究者对问题的现状进行深入分析,可能包括问题的历史背景、当前状况以及存在的问题等。这一步骤的目的在于让读者对研究问题有一个全面而深入的了解。最后,研究者根据现状分析,提出有针对性的对策建议。

(2)价值旨归+实践取向+基本路径。在该结构框架中,首先,研究者阐述了研究的核心价值,即论文所要传达的主要观念或理念。其次,研究者会探讨这些价值在实践中的具体应用和取向,可能包括实践中的目标、重点和方法等。最后,研究者会指出实现这些价值的基本路径,为读者提供明确的指导。

(3)理论视角＋核心要义＋提升路径。在该结构框架中,首先,研究者选择一个特定的理论视角作为论文的出发点。其次,研究者会详细阐述该理论的核心要义,包括基本概念、原理和意义等。最后,研究者会提出如何通过该理论视角来提升实践或解释某种现象的具体路径。

(4)时代价值＋内在意蕴＋践行路径。在该结构框架中,首先,研究者阐述论文主题与当前时代的关联性及其重要价值。其次,研究者深入挖掘这些价值所蕴含的内在意蕴,可能包括特定的价值观、思想或文化元素。最后,研究者会提出践行这些价值的具体路径,以回应新时代的挑战和需求。

(5)应然追求＋实然困境＋必然路径。在该结构框架中,首先,研究者明确论文的应然追求,即理想状态下应该达到的目标或状态。其次,研究者会深入剖析现实中存在的困境和面对的挑战,展示实现应然追求的难度和复杂性。最后,研究者会提出必然的路径和对策建议,旨在解决实然困境并实现应然追求。

(6)价值向度＋现实挑战＋对策建议。在该结构框架中,首先,研究者强调论文研究的价值向度,即研究成果对现实生活的实际意义和影响。其次,研究者会详细阐述实现这些价值所面临的现实挑战和难题。最后,针对这些挑战和难题,研究者会提出具体的对策建议,以期解决实际问题并实现现实价值。

(7)生成逻辑＋现实审思＋实践进路。在该结构框架中,首先,研究者分析研究的生成逻辑,即研究问题的起源和发展过程。其次,研究者对现实情况进行审视和反思,探讨现有理论和观念的局限性以及需要改进的地方。最后,研究者会提出实践的进路和策略,以指导未来的实践和发展。

(8)现实价值＋结构维度＋实践路径。在该结构框架中,首先,研究者阐述论文研究的现实价值,强调研究成果对现实生活的积极影响。其次,研究者会从不同的结构维度对研究进行深入分析,展示研究的全面性和多维度性。最后,研究者提出实现这些价值的实践路径和策略,为读者提供具体的操作指南。

2．实证论文的结构框架

实证论文是探索教育现象、验证教育理论和推动教育实践的重要手段。通过科学的研究方法和严谨的数据分析,实证论文能够为教育工作者和政策制定者提供有力的决策依据。下面,我们将介绍教育实证论文的一般结构框架[1]。

(1)引言。引言是实证论文的开端,它不仅为读者描绘了整个研究的蓝图,还阐述了研究的价值与意义。在该部分,研究者首先需要介绍所研究领域的背景,为读者提供一个宏观的视角。紧接着,研究者要清晰地指出研究问题的重要性和紧迫性。明确研究目的和核心研究问题,能够帮助读者快速把握论文的主旨。此外,通过阐述研究的创新点和可能带来的贡献,引

---

[1] 刘良华.教育研究方法[M].上海:华东师范大学出版社,2021:217-218.

言能够吸引读者的注意力,激发他们对后续内容的兴趣。

(2)研究设计。研究设计部分是实证论文的根基,它详细描述了研究的方法和实施路径。在该环节中,研究者必须详尽说明所采用的研究类型,如实验、问卷调查或是案例研究,并阐述选择该种方法的理由。在研究设计部分,对研究对象的描述也是必不可少的,包括样本来源、规模以及特征等,这可以使读者了解研究的广泛性和代表性。同时,数据采集的过程和方法需要被仔细描述,以确保研究的透明度和可重复性。另外,数据分析所采用的具体统计方法或定性分析技术也应在研究设计部分被明确说明。

(3)研究结果。研究结果是实证论文中最为直观展示研究成果的环节。在该部分,研究者需要详细、准确地呈现数据分析后所得的结果。通过使用表格、图表等多种形式,可以使结果更加清晰易懂。同时,对结果的可靠性和有效性进行充分讨论,可以进一步保证研究的科学性和准确性,从而为后续分析与讨论奠定基础。

(4)分析与讨论。分析与讨论部分是实证论文中思想深度和广度得以展现的环节。在该部分,研究者不仅需要对研究结果进行深入的剖析,还需要将其与相关领域的研究进行对比和联系。通过探讨研究结果的启示和意义,研究者能够进一步挖掘研究的价值。同时,对研究的局限性和不足之处进行坦诚的讨论,可以展现作者的批判性思维,也为后续的研究提供了改进的方向。

(5)研究结论与建议。研究结论部分是整篇论文的精髓所在,是对整个研究的高度概括和总结。在该部分,研究者需要明确指出研究的主要发现和贡献,强调研究的意义所在。同时,要正视研究的局限性和不足之处,这既是对研究的客观评价,也是对后续研究的启示。基于研究结果,研究者还可以提出相应的建议和展望,为相关领域的研究和实践提供参考[①]。

(五)参考文献的编排要求

1. 参考文献的编排格式

(1)图书类参考文献。图书类参考文献编排格式如下:

[序号]著者.书名[M].出版地:出版社,出版年:起止页码.

例:[2]马海杜.管理学理论与方法[M].北京:北京大学出版社,2010:12-18.

(2)期刊类参考文献。期刊类参考文献编排格式如下:

[序号]著者.题名[J].刊名,出版年,卷号(期号):起止页码.

例:[6]彭兵,谢苗苗.园本教研活动实施的策略[J].学前教育研究,2010,2(3):58-63.

(3)学位论文类参考文献。学位论文类参考文献编排格式如下:

[序号]作者.篇名[D].保存地点:保存单位,年份:起止页码.

例:[1]束从敏.幼儿教师职业幸福感研究[D].南京:南京师范大学,2003:57-63.

---

① 孟亚玲,魏继宗,张社争.教育科学研究方法[M].北京:清华大学出版社,2017:208.

(4)报纸类参考文献。报纸类参考文献编排格式如下：

[序号]作者.题名[N].报纸名,出版日期(版次).

例:[15]高丙成.幼儿园家长教育满意度稳中有升[N].中国教育报,2018-10-14(10).

2.参考文献的引用要求

教育学术论文参考文献的引用要求主要包括以下几个方面：

(1)准确性。在撰写教育学术论文时,引用的参考文献信息,包括作者、标题、出版年份等,都必须与原文献严格一致,确保所引用的信息与原文没有出入。这是学术研究的基本要求,也是保证论文质量的关键。

(2)完整性。在列出参考文献时,应包括作者、文章标题、出版物名称、出版年份、卷期号和页码等关键信息。参考文献的信息必须完整,以便读者能够准确地找到原始文献。完整的参考文献不仅有助于读者理解论文的引用背景,还能提升论文的学术价值。

(3)规范性。参考文献的格式必须符合学术规范。在教育学术论文中,参考文献的书写格式应按照一定的标准进行。这不仅能提升论文的美观度,还能方便读者进行文献检索和阅读。同时,规范性也是学术论文严谨性和专业性的体现。

(4)时效性。参考文献的选择应考虑其时效性。在教育研究领域,新的理论和观点不断涌现,因此应尽可能引用最新的研究成果。当然,对于一些经典的理论或观点,即使其发表时间较早,也仍然具有重要的参考价值。

(5)相关性。引用的参考文献必须与论文主题密切相关。在选择参考文献时,应确保其内容与论文的研究方向、论点或论据有直接关联。这样不仅能增强论文的说服力,还能避免引用无关文献造成的冗余和混淆。

(6)可靠性。参考文献的来源必须可靠。在教育学术论文中,应优先选择发表在权威学术期刊、由知名出版社出版的文献作为引用来源。同时,对于网络资源的引用应谨慎对待,确保其真实性和可信度。

▶ 四、教育学术论文撰写的基本要求

(一)明确的研究主题和问题阐述

一篇好的教育学术论文首先需要一个清晰而明确的研究主题。主题应该是具体的,能够针对教育领域中的某个具体问题或现象进行深入探讨。同时,论文还要围绕该主题提出明确的研究问题,该问题不仅要引领整篇论文的方向,还要能够激发读者的兴趣,引导读者进一步思考和探索。明确的研究主题和问题阐述是论文的出发点和归宿,为整篇论文奠定了坚实基础。

(二)扎实的文献综述与理论基础

在撰写教育学术论文时,进行扎实的文献综述是至关重要的。通过对前人研究的梳理和评价,研究者可以了解该领域的研究现状和发展趋势,从而为自己的研究找到准确的切入点。

同时,扎实的理论基础也是必不可少的。论文需要依据相关的教育理论和观点来构建研究框架,以确保研究的科学性和严谨性。

(三)科学的研究方法

科学的研究方法是保证论文质量的关键。在选择研究方法时,研究者需要根据研究主题和问题来确定。研究方法不仅要科学、合理,还要能够确保研究结果的可靠性和有效性。同时,论文中还需要详细阐述研究方法的选择依据和实施过程,使读者对研究方法的科学性和可行性有一个相对清晰的认识。

(四)准确的数据分析与结果呈现

在收集到相关数据后,研究者需要运用科学的统计和分析方法对数据进行处理和解读。同时,论文中还需要以图表或文字的形式将分析结果清晰、准确地呈现出来。这不仅能够帮助读者更好地理解研究结果,还能够提升论文的说服力和可信度[1]。

(五)深入的讨论与合理的结论

深入的讨论是论文的点睛之笔。在讨论部分,研究者需要对研究结果进行深入的剖析和解释,探讨其背后的原因和机制。这不仅可以加深读者对研究结果的理解,还可以展现作者思考的深度和广度。同时,合理的结论也是必不可少的。在结论部分,研究者需要总结论文的主要观点和发现,并指出其对教育理论或实践的具体贡献和意义。

(六)规范的学术格式与语言风格

论文的撰写必须遵循学术论文的规范格式和排版要求,确保论文的整洁、清晰和易读性。同时,语言风格也要准确、简洁、明了。研究者需要使用专业术语来表达研究内容和观点,但同时也要注意语言的通俗易懂性,让读者能够轻松理解论文的主旨和意图[2]。

(七)充分的原创性和创新性

在撰写论文时,研究者需要注重独立思考和创新精神的体现。无论是在研究问题的提出、研究方法的运用还是在研究结论的得出方面,都需要展现出独特的见解和创新性思考。这样的论文不仅能够推动学术研究的进步,还可以为教育实践提供新的思路和方法论指导。

(八)严谨的学术道德与引用规范

严谨的学术道德与引用规范是论文撰写中不可忽视的一部分。在撰写论文时,研究者需要严格遵守学术道德和规范要求,尊重他人的知识产权和劳动成果,避免抄袭和剽窃等不当行为的发生。同时,研究者在引用他人研究成果时,必须注明出处并遵循规范的引用格式,以确保学术的公正性和严谨性,这也是对他人研究成果的尊重和认可。

---

[1] 胡中锋.教育科学研究方法[M].2版.北京:中国人民大学出版社,2023:252.
[2] 侯怀银.教育研究方法[M].2版.北京:高等教育出版社,2018:274.

第二节 教育学术论文的投稿

在学术研究领域,论文投稿是每一位研究者都会面临的重要环节。投稿不仅关乎学术成果的展示与传播,更直接影响到研究者的学术声誉和职业发展。因此,了解并掌握正确的投稿方式、熟悉投稿流程以及注意相关事项,对于研究者而言至关重要。

一、教育学术论文的投稿方式

(一)投稿方式

论文投稿是研究成果得以展示和传播的重要环节。当前,教育学术论文投稿主要有以下三种投稿方式。

1. 在线投稿系统

在线投稿系统已成为当今学术期刊接收稿件的主流方式。这种方式依托于互联网技术,为作者提供了一个便捷、高效的投稿平台。作者只需在期刊官方网站上注册账号,按照系统提示填写论文相关信息,并上传论文电子文档即可。在线投稿系统的优势在于其自动化程度高,能够实时跟踪稿件状态,且便于编辑部和作者之间的沟通交流。此外,这种投稿方式还大大减少了纸质文档的传递时间,提高了工作效率。

2. 传统邮寄投稿

尽管在线投稿系统日益普及,但传统邮寄投稿方式仍然存在。这种方式要求作者将打印好的论文及相关材料通过邮政系统寄送给期刊编辑部。但是,与在线投稿相比,邮寄投稿的时效性较差,且需要承担额外邮寄费用。同时,邮寄过程中可能存在延误或丢失风险,研究者在选择此种投稿方式时需谨慎考虑。

3. 电子邮件投稿

电子邮件投稿是作者将论文电子文档通过电子邮件发送给期刊指定的投稿邮箱。可以说,这种方式结合了在线投稿的便捷性和邮寄投稿的可靠性,成为一种受欢迎的投稿选择。然而,电子邮件投稿也存在一定的风险,如邮件被标记为垃圾邮件或被误删等。

(二)如何获取目标期刊的投稿方式

在确定了投稿的期刊后,了解其具体投稿方式是至关重要的。通常,研究者可以通过以下三种途径获取目标期刊的投稿方式。

1. 万维书刊网

万维书刊网(https://eshukan.com)是一个汇集了大量期刊信息的在线平台。作者可以通过该平台搜索目标期刊,查看其详细的投稿指南和投稿方式。这种方式方便快捷,能够帮助研究者迅速获取所需信息。值得一提的是,该网站每个期刊都有相应的投稿点评,研究者可以根据其他投稿者的精彩点评来作为自己投稿期刊的参考。

2. 学术数据库

学术数据库如 CNKI、万方等，不仅提供了丰富的学术资源，通常还包含了期刊的投稿信息。研究者可以在这些数据库中搜索目标期刊，并查阅其官方网站或投稿指南，以获取投稿方式。这些数据库的信息更新较为及时，且具有较高的权威性。

3. 期刊版权页

期刊版权页上通常会公布期刊的官方网站、投稿邮箱或在线投稿系统链接。研究者可以通过查阅期刊的版权页来获取这些信息。同时，一些图书馆也提供期刊版权页的查阅服务，方便作者获取投稿方式。这种方法虽然相对传统，但具有较高的准确性和可靠性。

➤ 二、教育学术论文的投稿流程

投稿流程是每位研究者在向学术期刊提交论文时需要遵循的一系列步骤。以下是教育学术论文的一般投稿流程。

（一）选择目标期刊

在开始投稿之前，研究者需要仔细选择与自己研究领域和主题相匹配的目标期刊。研究者可以通过查阅期刊的官方网站、影响因子、发表论文的主题范围等信息，来评估期刊的质量和选稿情况。

（二）准备论文

在选择好目标期刊后，研究者需要认真准备论文。研究者应确保论文内容完整、数据准确、逻辑清晰，并符合拟投稿期刊的格式要求。研究者还可以请同行或导师进行审稿，以获取宝贵的反馈意见并做出相应的修改。

（三）提交论文

提交论文是整个投稿流程的核心步骤。根据期刊的要求，研究者可能需要通过在线投稿系统、电子邮件或传统邮寄等方式提交论文。在提交过程中，研究者应确保论文相关信息齐全，并按照目标期刊的要求完成论文提交。

（四）等待审稿

论文提交后，研究者需要耐心等待期刊的审稿过程。审稿时间因期刊而异，可能从几周到几个月不等。在等待期间，研究者可以继续从事其他研究工作，但也需要保持对邮件和投稿系统的关注，以便及时回应期刊的改稿或审校要求。

（五）接收审稿意见并修改

一旦收到审稿意见，研究者应认真阅读并根据意见对论文进行修改。审稿意见可能包括对数据、方法、结论等方面的建议或质疑，研究者需要逐一回应并进行相应的修改。修改完成后，研究者需要再次提交修改后的论文，并附上详细的修改说明和对审稿意见的回应。

（六）接收最终决定

经过一轮或多轮的修改和审稿后，期刊会向研究者发出最终决定，论文可能被接受、需要进一步修改或被拒绝。如果论文被接受,研究者需要遵循期刊的出版流程,包括校样校对、签署版权转让协议等。如果论文被拒绝,研究者可以选择根据拒绝理由进行改进后投向其他期刊,或者与期刊编辑部进行沟通以了解更多细节和可能的改进方向。

三、教育学术论文的投稿注意事项

学术论文的投稿是一个严谨且复杂的过程,需要研究者特别注意以下几个方面,以确保投稿的顺利进行和学术论文的成功发表。

(一)严格遵守期刊的投稿要求

不同的学术期刊有着不同的投稿要求和格式规范。在投稿前,研究者必须仔细阅读期刊的投稿指南,并确保论文的格式、字数、参考文献的引用方式等都符合期刊的规定。任何不符合要求的投稿都可能导致拒稿,因此,这一步是投稿成功的关键。

(二)确保论文的原创性和学术诚信

学术论文必须是作者原创的思考和研究结果,严禁抄袭和剽窃。在撰写论文时,研究者应充分引用前人的研究,但同时也要确保自己的观点和数据是独立且新颖的。此外,一稿多投也是严重的学术不端行为,必须避免。

(三)注重论文的质量和深度

研究者应确保论文的数据准确、分析深入、论证充分。同时,论文的语言表达也应清晰、准确,避免出现语法错误和拼写错误。高质量的论文不仅能提高被期刊接受的概率,还能为研究者赢得良好的学术声誉。

(四)合理选择投稿时机

投稿的时机也是影响论文发表的重要因素。研究者应避免在学术高峰期或假期期间投稿,以减少审稿的等待时间。同时,对于一些热门或具有时效性的研究主题,研究者应尽早投稿以抢占先机。

(五)与期刊编辑部保持有效沟通

在投稿过程中,研究者可能会遇到各种问题或需要补充材料。这时,与期刊编辑部保持有效沟通就显得尤为重要。研究者应及时回应期刊编辑部的询问,提供所需的补充材料,并就审稿意见进行深入的讨论和交流。

复习与思考题

1. 教育学术论文有哪些主要特点?
2. 撰写教育学术论文的基本流程是什么?
3. 如何拟定一个合适的教育学术论文题目?
4. 如何撰写教育学术论文的摘要?
5. 关键词的提取方法有哪些?

6. 思辨类论文和实证论文在结构框架上有何不同？
7. 参考文献的编排要求有哪些？
8. 教育学术论文的投稿方式有哪些？
9. 如何获取目标期刊的投稿方式？
10. 简述教育学术论文的投稿流程。
11. 试分析，在当前的学术环境下，如何保持学术诚信和提高教育学术论文的质量？

第十六章

教育研究课题申报书的撰写

内容提要

课题申报书的撰写是开展教育研究的前置工作,它不仅是向资金提供方展示研究计划、思路与价值的关键文档,也是评审专家评估课题科学性与可行性的主要依据。本章将详细阐述教育研究课题申报书的撰写方法与技巧,包括引言、选题依据、研究内容、创新之处、预期成果、研究基础以及参考文献等。希望通过本章的学习,能帮助大家掌握教育研究课题申报书的撰写方法和技巧,从而提高课题申报的成功率。

学习目标

1. 了解教育研究课题申报书的重要性及其在整个研究过程中的价值。
2. 掌握教育研究课题申报书的基本结构及其各个部分的撰写要点。
3. 学会梳理国内外相关研究的学术史及研究进展,以支撑课题的选题依据。
4. 能够清晰地阐述研究的主要目标、框架思路、重点难点以及研究计划的可行性。
5. 了解如何撰写研究的创新之处,并合理预期研究成果的形式和价值。
6. 熟悉如何展现自身的研究基础,包括前期相关代表性研究成果和核心观点。
7. 通过学习和实践,提升撰写教育研究课题申报书的综合能力,为成功申报课题打下坚实基础。

情境案例

张老师是M初中的一位语文老师,他对当前初中生的心理健康问题深感关切。他发现,随着学业压力和社交媒体的普及,学生的心理压力日益增大。于是,张老师决定开展一项有关初中生心理健康干预策略的研究课题,并计划通过申请教育研究课题来支持该项研究。

为了增加课题申报成功率,张老师着手准备课题申报书。他首先从国内外已有的相关研究入手,详细梳理了学术史和研究进展,为自己的课题找到了立足点。接着,他清晰地阐述了本课题相对于已有研究的独到学术价值和应用价值,特别是在当前教育环境下,对初中生开展心理健康干预的重要性和迫切性。

在撰写研究内容时，张老师将初中在校学生作为研究对象，设定了缓解学生心理压力、提升学生心理健康水平等主要目标。他详细规划了研究框架和思路，包括干预策略的设计、实施和评估等环节。同时，他也充分考虑了研究的重难点以及如何确保研究计划的可行性。

最后，张老师认真整理了前期相关研究成果，并提炼出核心观点，以证明自己在该领域的研究基础和实力。他还精心挑选了参考文献，以确保申报书的学术性和严谨性。

评析： 这个案例展现了张老师在面对现实教育问题时，如何通过撰写教育研究课题申报书来寻求解决方案的过程。张老师以实际问题为出发点，结合学术研究，体现了教育实践与理论研究相结合的重要性。

张老师在申报书的撰写过程中，展现出了严谨的研究态度和扎实的学术基础。他对国内外相关研究的梳理、对课题价值的阐述、对研究内容的详细规划，都显示出他对课题的深入理解和充分准备。这不仅提高了课题申报成功率，也为他未来的教育研究工作奠定了基础。

同时，该案例也反映了教师在教育研究中的主动性和创造性。张老师的行动证明了教师不仅是教育活动的执行者，更是教育研究的推动者和创新者。这种主动性和创造性对于推动教育的发展和改革具有非常重要的现实意义。

第一节 教育研究课题概述

教育研究课题是推动教育科学发展的关键环节，它不仅深化了人们对教育现象和问题的理解，而且为教育实践提供了科学的指导和依据。本节我们将全面介绍教育研究课题的含义、价值、层级与类别以及申报流程等，以期帮助大家更好地把握教育研究课题的特点，为进一步开展高质量的研究工作打下基础。

➤ 一、教育研究课题的含义

教育研究课题是指在教育领域内，针对某个具体问题或教育现象，通过科学的方法和系统的研究设计进行深入分析和探索的活动。可以说，教育研究课题通常都具有明确的研究目标，旨在通过揭示教育现象背后的本质和规律，为解决教育实践中的具体问题提供科学依据。

首先，教育研究课题需要遵循科学的方法和原则。教育研究课题并不仅仅是个人主观意见或经验的表达，而且是基于实证数据和严谨分析的科学研究。课题的选、研究设计、数据收集与分析等各个环节都需要遵循科学的方法和原则，以确保研究结果的可靠性和有效性。

其次，教育研究课题往往关注的是教育领域内的具体问题或现象。这些问题可能涉及教育理论、教育实践、教育政策、教育资源分配等各个方面。例如，如何提升学生的学习兴趣和动力、如何改进教学方法以提高教学效果、如何制定更加科学合理的教育政策等，都是教育研究课题可能关注的焦点。

最后，教育研究课题的目的是解决教育实践中的问题。通过课题研究，研究者可以更加深入地了解教育现象，发现教育实践中存在的问题和面对的挑战，并提出有针对性的解决方案和改进措施。

二、开展教育研究课题的价值

开展教育研究课题对于教育科学的进步、教师专业素养的提升以及教育教学质量的改进等方面都具有深远的价值。

(一)推动教育科学研究的深入发展

通过课题申报和实施,可以鼓励教育工作者和研究者对特定问题进行系统而深入的研究。这种研究不仅能够丰富和发展教育理论,还能为解决教育实践中的具体问题提供科学依据。例如,针对当前教育领域的热点问题,如教育改革、教育技术应用、学生心理健康等,通过课题研究可以提出更加科学、有效的解决方案,从而推动整个教育系统的持续改进和优化。

(二)提升教师的专业素养和教学能力

教师在参与课题研究过程中,需要不断学习新的教育理念和研究方法,这有助于他们更新教学观念,提高教学水平。同时,课题研究还能培养教师的科研意识和能力,使他们在未来的教育工作中更加注重科学性和创新性。

(三)为教师职称晋升提供有力支持

成功申报并完成课题研究可以为教师带来职称晋升的机会和优势。这不仅是对教师科研能力的认可,也是对他们教育教学工作的肯定。因此,课题申报对于教师的职业发展具有积极的影响和意义。

(四)提高教育教学质量和学生学习效果

通过课题研究,教师可以更加深入地了解学生的需求和发展规律,从而为他们提供更加个性化、科学化的教育支持。同时,课题研究还可以帮助教师改进教学方法和策略,优化课堂教学过程,提高学生的学习兴趣和积极性。可以说,这些改进和优化措施能够直接提升教育教学质量和学生的学习效果,为学生的全面发展提供更好的保障。

三、常见的教育研究课题介绍

教育研究的课题种类繁多,下面我们将介绍几种常见的教育研究课题。

(一)全国教育科学规划课题

全国教育科学规划课题分为年度项目、专项项目、招标项目等类别。年度项目又分为国家社会科学基金教育学重点项目、一般项目、青年项目和西部项目以及教育部重点项目、青年项目等;此外,还包括教育部港澳台教育研究专项。专项项目分为高校毕业生就业研究专项、教育考试研究专项等。招标项目通常是指国家社科基金教育学重大招标项目,项目研究方向和内容通常围绕教育学的重大理论和实践问题展开。可以说,全国教育科学规划课题是我国教育领域的重要研究项目,涵盖了教育学的各个领域,从基本理论到实践应用都有所涉及。

(二)教育部人文社会科学研究课题

教育部人文社会科学研究课题通常由教育部社会科学司负责申报和管理,主要专注于人文社会科学领域的研究。教育部人文社会科学研究课题分为规划基金项目、青年基金项目、自筹经费项目和专项任务项目等类别。专项任务项目又包括中国特色社会主义理论体系、高校辅导员等研究专项。教育部人文社会科学研究课题包括马克思主义/思想政治教育、哲学、逻辑学、宗教学、教育学等25个学科。与全国教育科学规划课题相比,教育部人文社会科学研究课题更加注重人文精神和社会科学的融合,旨在通过深入研究,提升我国人文社会科学的整体研究水平,并为教育实践提供人文关怀和理论支持。

(三)各地的社会科学基金课题

各地的社会科学基金课题也是教育研究的重要来源之一。这类课题往往分为年度项目和专项项目。年度项目通常按年申报,按学科类别进行评审。专项项目由地方政府根据当地实际情况设立。例如,陕西省哲学社会科学工作办公室每年发布的年度项目中就有教育学领域。可以说,这类课题往往关注地方性的教育问题,或者将教育放在更广泛的社会背景中进行研究。

(四)各地的教育科学规划课题

与全国教育科学规划课题相似,各地的教育科学规划课题往往也致力于推动当地的教育研究和实践发展。目前,我国各地的教育科学规划课题通常由所在地的教育科学研究院负责申报、评审、立项和管理工作。这些课题更加关注地方性的教育需求和挑战,其研究成果对于提升当地教育水平、优化教育资源分配具有重要意义。

(五)各细分专业领域的政府性课题

各细分专业领域的政府性课题通常针对特定教育阶段或细分领域的教育问题进行研究,以解决教育实践中的具体问题,推动相关领域的发展,如陕西省的学前教育研究项目等。这类课题通常由地方政府或教育行政部门定期发布课题申报指南,明确研究课题的范围、要求和申请条件。申报者需按照指南要求提交申报书和研究方案,经过专家评审后择优立项。立项后,课题组需要按照研究计划开展研究工作,并按期提交研究进展报告和最终研究成果。

(六)各类教育研究会、学会、协会设立的研究课题

各类教育研究会、学会、协会设立的研究课题也是教育研究课题的重要来源。这类课题通常由具有专业背景和研究实力的学会或协会设立,旨在推动特定领域的教育研究和实践发展。例如,中国学前教育研究会每年组织的学前教育研究课题申报。学会和协会根据自身的专业特点和研究方向,发布课题申报指南,吸引和鼓励研究者深入探索相关教育问题。可以说,这类课题不仅提供资金支持,还为研究者搭建了一个学术交流和成果展示的平台。

(七)学校自行设立的教育研究课题

学校自行设立的教育研究课题是学校根据自身发展需要和教育教学改革要求,自主确定的研究项目。这类课题具有较大的灵活性和自主性,能够充分体现学校的办学特色和研究方

向。学校可以根据实际情况,选择具有现实意义和前瞻性的研究主题,如课堂教学改革、学生评价方式创新、德育教育模式探索等。通过自行设立研究课题,学校能够鼓励教师积极参与教育研究,提升教师的科研能力和专业素养。

(八)各类横向课题

横向课题是指由企事业单位、社会团体等委托进行的研究项目,这类课题与实际应用紧密相连,往往更侧重于解决具体问题和推动实践创新。横向课题的特点在于其灵活性和实用性。与纵向课题相比,横向课题不受特定研究计划或框架的限制,可以根据委托方的实际需求进行调整和优化。在教育领域,横向课题的研究范围广泛,可以涉及教学方法改进、教育技术应用、课程与教材开发等多个方面。

➤ 四、教育研究课题的申报流程

教育研究课题的申报通常包括以下几个步骤。

(一)明确选题方向与目标

选题是课题申报的首要环节,它决定了整个研究的基础和方向。在选题时,研究者应紧密结合教育实践和当前教育热点问题,通过广泛的信息收集和深入的文献研究,确定具有创新性和实用性的研究课题。同时,要明确研究目标,即课题预期要解决的具体问题和达到的效果,以确保研究的针对性和实效性。

(二)精心准备申报材料

申报材料是评审专家了解课题内容和研究计划的主要途径。因此,研究者需认真准备申报材料,包括详细的研究内容、研究思路、研究计划、科研条件保障、研究团队介绍等。研究计划应清晰阐述研究方法、步骤和时间表,科研条件保障要展示研究所需的设备、资料和协作单位等支持情况,研究团队介绍应突出团队成员的专业背景和研究经验,以证明课题的可行性和研究团队的实力。

(三)提交申报材料并等待评审

当所有申报材料准备就绪后,研究者需按照规定的流程和时间节点,将材料提交给相关的科研项目管理机构。提交后,便进入等待评审阶段。评审过程通常包括资格初审、专家评审和综合评审等环节,旨在全面评估课题的科学性、创新性和实用性以及研究团队的执行能力和条件保障情况。

(四)立项启动与后续管理

经过严格的评审流程后,优秀的课题将获得立项支持。立项后,研究者需按照研究计划逐步推进课题研究,并定期向项目管理机构提交研究进展报告。同时,研究者还应加强与同行的交流与合作,共同推动课题的深入发展。在项目完成后,研究者需整理研究成果并撰写结题报告,以总结课题研究的收获和不足,为后续的研究提供宝贵经验和借鉴。

第二节 教育研究课题申报书的撰写方法

教育研究课题申报书的撰写是一项系统性的工作,涉及引言、选题依据、研究内容、创新之处、预期成果、研究基础以及参考文献等多个关键环节。通过精心撰写课题申报书,研究者不仅能够让评审专家全面了解课题的全貌,还能为课题的顺利实施奠定坚实基础。接下来,我们将逐一解析每个部分的撰写要点,以期为研究者提供有益的参考和指导。

➢ 一、引言的撰写

引言是课题申报书的开篇之作,它的重要性不言而喻。一个精心构思的引言不仅能够立刻抓住评审专家的注意力,更能够为整个申报书奠定基调,明确研究方向。在短短一段文字中,引言需要精准地传达出研究的核心问题和价值,是申报书成功与否的关键一环。

在撰写引言时,首先,申报者要明确提出研究问题,并阐述其重要性。通过简洁有力的语言,让评审专家在最短时间内理解研究的必要性和紧迫性。其次,申报者需要对国内外研究现状进行简要评述,指出当前研究中存在的不足或尚未解决的问题,从而凸显本研究的创新点和突破点。最后,申报者要清晰地表达出申请人将如何开展研究,包括采用的研究方法、预期达到的目标等,以此来展现申请人对研究的全面规划和充分准备。

撰写引言时,需要注意以下几点:首先,语言要精练准确,避免冗长和模糊的表达。其次,逻辑要严密清晰,确保每句话都紧扣主题,层层递进。再次,要突出重点,不要涉及过多细节,而应聚焦于研究的核心问题和价值。最后,要保持客观中立的立场,避免过于主观或夸大其词的表述。可以说,一份优秀的申报书引言,应当是简洁明了、逻辑清晰、重点突出、客观中立的,能够引导评审专家深入理解并认同研究的价值和意义。

范例

2015年,习近平总书记在中央全面深化改革领导小组第十次会议中首次提出"获得感"的概念,并强调要"让人民群众有更多获得感"。此后,"获得感"一词广受关注,成为热议话题。高校教师作为高等教育的重要支柱,其职业获得感对于提升教学质量、增强教师的工作积极性和职业幸福感具有举足轻重的作用。然而,当前对高校教师职业获得感的研究尚显不足,尤其缺乏针对性的提升策略探讨。本研究旨在通过深入调研和科学分析,系统探讨高校教师职业获得感的影响因素,进而构建出切实可行的职业获得感提升策略。我们期望通过本研究,为高校教师创造一个更加优越的工作环境,激发其教学和科研热情,进而推动高等教育质量的全面提升,为培养更多优秀人才贡献力量。

➢ 二、选题依据的撰写

选题依据不仅要展示申请人对课题的深刻理解,还要凸显研究的创新性、重要性和实用性。在撰写选题依据时,建议按照国内外相关研究的学术史梳理及研究进展,本课题相对于已有研究的独到学术价值和应用价值,特别是相对于某基金已有同类项目的新进展等两个方面进行论述。

(一)国内外相关研究的学术史梳理及研究进展

在课题申报书中,"国内外相关研究的学术史梳理及研究进展"是一个至关重要的部分。它不仅展示了申请者对于研究领域的深入了解,更是衡量其学术水平和研究准备充分性的重要指标。通过这一部分,评审专家能够清晰地看到申请者对于课题相关理论的掌握程度,以及其在前人研究基础上的创新性和前瞻性。因此,认真、细致地完成这一部分的撰写,对于课题申报的成功具有决定性的影响。

在撰写"国内外相关研究的学术史梳理及研究进展"时,建议采用三段式论证结构,以确保内容的条理清晰、逻辑严密。首先,要详细梳理国内在该领域的研究历史和现状,包括重要学者、代表作品、主要观点和研究方法等;其次,对国外相关研究进行同样的梳理,特别注意国内外研究的异同点和各自的优势;最后,在综合评述部分,总结国内外研究的成功之处和存在的不足,进而引出本课题研究的必要性和创新点。这种结构能够使评审专家一目了然地了解申请者的研究背景和课题的理论基础[①]。当然,如果国内外相关研究在内容方面具有相似性,亦可将国内外相关研究合并在一起进行梳理。

在撰写过程中,需要注意以下几点:首先,要确保所引用的文献具有代表性和权威性,能够真实反映国内外的研究水平;其次,对文献的梳理和评价要客观、准确,避免个人主观意见的插入;再次,要明确指出国内外研究中的空白或不足之处,以此凸显本课题研究的价值和意义;最后,整个梳理过程要与课题研究的主要问题紧密相连,避免离题或泛泛而谈。

范例

课题组通过对中国知网、Web of Science 数据库的检索发现,有关"幼儿教师流失"的相关研究散落在"幼儿教师流失""幼儿教师流动""幼儿教师离职"等主题研究中。总体来说,已有成果主要是从以下四个方面来进行探讨的,下面分别进行梳理与归纳。

1. 关于幼儿教师流失特征的研究。主要观点有:①乡村与城市幼儿园教师流失倾向存在显著差异。在此方面,学者们的观点存在冲突。一些学者认为,乡村幼儿园教师离职倾向显著高于城市(尚伟伟 等,2020;Strunk,2006;李贞义 等,2020),而有的学者则认为城市幼儿教师离职倾向最高,城镇教师其次,乡村教师相对较低(洪秀敏 等,2021)。②民办幼儿园教师流失倾向显著高于公办幼儿园。一些学者认为,民办园教师队伍法律保障缺失、监管不力、政府财政投入缺乏,民办园教师离职倾向显著高于公办园教师(尚伟伟 等,2020;代蕊华,2020)。③男教师流失倾向显著高于女教师。一些学者认为,囿于社会传统对幼儿教师女性化的刻板印象,男教师专业能力受质疑、现实失落感强、缺乏职业幸福感,流失比较频繁(Guarino,2006;

---

① 杜为公,杜康.国家社科基金申报指导与技巧[M].北京:清华大学出版社,2021:110-111.

洪秀敏,2021)。④学历越高的教师流失倾向越高。一些学者认为,本科、研究生学历的教师离职倾向更高(Borman et al.,2008;洪秀敏,2021)。⑤教师流失和教师年龄与工作年限呈U形关系。一些学者认为,年轻教师与年长教师、新教师与高级教师的离职率较高,而职业中期教师离职率较低(Keigher,2010;Liu,2006)。

2. 关于幼儿教师流失危害的研究。主要观点有:①会造成幼儿园保教质量的下滑。一些学者认为,教师的高流动性会削弱课程质量(娄立志 等,2016;刘小强,2019;Helburn,1995)。②会影响幼儿的认知发展。一些学者认为,与教师有依恋关系的学生会为失去老师而感到焦虑,这会影响他们的认知发展(Howes et al.,1995;Tran et al.,2011)。③会影响幼儿的学业成绩。一些学者认为,当教师离职后,幼儿必须投入时间与精力与新教师形成安全的依恋,而不是探索和学习(Cryer et al.,2000);教师离职率与成绩之间的研究表明,教师离职率越高,幼儿成绩越低(刘娟娟,2015;Ronfeldt,2013)。④会阻碍幼儿的社会性发展。一些学者认为,经历过多次教师更替事件的学龄前儿童更有可能在社会上孤僻和好斗(肖海燕,2020;Howes,1993);三岁以下的孩子比年长的孩子更烦躁(Whitebook et al.,1989)。由于这些有害社会、情感影响,Squires(2004)将幼儿教师的更替描述为"另一场离婚危机"。

3. 关于幼儿教师流失成因的探讨。幼儿教师离职的原因众多,但通过跨文化研究发现,这些原因有相似之处,主要分为四类:①工资待遇。教师从事教育职业是一种劳动交换行为,低工资待遇与社会福利是保育人员流动的最强预测因子(洪秀敏,2021;Goelman,1998;Whitebook,1999)。②工作情境因素。幼儿园工作条件差、要求高、压力大、情绪与身体疲惫、与同事合作不好、职业认同感与工作满意度低,这些原因都会造成幼儿教师的流失(尚伟伟,2020;李贞义,2020;王艳玲,2016;Han,1994;Wells,2015;Manlove,1997)。③自我实现的动机驱使。教师试图成为自然界与自己本身的主人,即"自由之人",有自我实现的需求,外部工作机会越多的教师更倾向更换职业,以谋求更高的社会位置与更好的生活条件(李贞义,2020;王艳玲,2016;范莉莉,2015)。④家庭因素的牵绊。家人的支持度(Zhou,2020)、孩子养育、子女的升学与就业(娄立志 等,2016;席梅红,2016;王艳玲 等,2017)是幼儿教师离职的重要影响因素。

4. 关于幼儿教师流失对策的研究。学者主要从政策支持、幼儿园内部管理两个角度探讨了幼儿教师流失的应对策略。从政策层面来看,一是要增加政府财政投入,提高幼儿教师的工资与福利水平(尚伟伟 等,2020;李贞义 等,2020;Barnett,2003);二是要为幼儿教师设置合理的职称上升渠道,减少因职称评审无门而流失的现象(郑益乐 等,2021;冯婉桢 等,2017);三是要打破"所有制身份"的体制桎梏,提高民办园教师的获得感(王默 等,2015;郑益乐 等,2021)。从幼儿园内部管理层面来说,一是要制定合理有效的招聘政策,注意选聘热爱幼教事业之人(尚伟伟 等,2020),或是实施幼儿园教师本地化和对口化聘任策略(李贞义 等,2020);二是要搭建广阔的职业发展平台,为教师的专业成长提供支持(Gable,2007;Phillips,2019);三是要改善幼儿教师的工作环境,合理安排教学任务,缓解教师工作压力(尚伟伟 等,2020;洪秀敏,2021;Wells,2015);四是要关注教师的家庭需求,创造条件解决其子女上学问题(龚欣,2019)。

综上所述,学界对幼儿园教师流失的研究存在"三重三轻":①重在对乡村幼儿园、边远地区幼儿园、西部地区幼儿园等弱势园所的探讨,轻于对普惠性民办园这一新生事物的必要关注。②重在理论性思辨,仅有少量的问卷调查,轻于实证性的田野调查与质性研究分析,研究成果的可信度不够。③重在描述、探讨幼儿园教师流失的直接成因,轻于对幼儿园教师流失内在作用机理的深究,研究深度略显不足。

鉴于此,本研究拟在以下三方面寻求突破:①研究对象,本研究拟以陕西普惠性民办幼儿园为研究对象,抛砖引玉,引起更多学者对普惠性民办园教师流失现象的关注。②研究范式,拟采用扎根理论的研究范式,对幼儿园教师流失这一具有"社会性"与"情境性"的内容进行探讨,最终形成来源于实践又指向于实践的理论。③内在机制模型构建,在扎根研究以及问卷调查的基础上,构建普惠性民办园教师流失的内在作用机制模型。

(二)本课题相对于已有研究的独到学术价值和应用价值,特别是相对于某基金已有同类项目的新进展

阐述本课题相对于已有研究的独到学术与应用价值,必须以深入的实质性研究为基础,进行精准而深刻的剖析。在此过程中,研究者需要对所涉学术领域的现状进行全面的评价和判断,不仅凸显出本课题在该领域中的独特视角,更要展现研究者对这一课题的深切关注、透彻理解及丰富的研究积淀。在论证时,研究者要站在学术前沿的高度进行立意,同时也要确保所提观点与方案能够切实落地,尤其是要重点强调本课题的"独到"之处,即对学术发展的独特贡献以及在实际应用中的具体操作性和实用性。

1. 相对于某基金已有同类项目的新进展

在撰写相对于某基金已有同类项目的新进展时,首先要做的是对已有同类立项项目进行全面的检索和深入分析,包括了解这些项目的名称、研究内容、方法、主要发现和结论等。接着,要明确指出本课题与这些已有立项项目相比,有哪些方面的优势和创新。这些优势与创新可以是新的研究方法、新的数据来源、新的理论模型,也可以是对现有问题的新见解和新解决方案。当然,也要适当解释这些优势和创新为何重要。

2. 独到的学术价值

在教育研究课题申报书中,阐述独到的学术价值是评审专家关注的重点之一。以下是如何撰写这一部分的建议[①]:

首先,要从学科建设角度出发,明确指出本课题对教育学科发展有何重要意义。例如,本课题可能针对当前教育学中的某个前沿问题或尚未解决的理论难题展开研究,其研究成果有助于弥补该领域的研究不足,进一步深化和拓展该学科领域的研究工作。

其次,课题的理论深度也是展示独到学术价值的关键。在申报书中,应详细阐述本课题将如何解决具体的理论问题以及这一过程中可能产生的理论突破。例如,本课题可能提出新的

---

① 杜为公,杜康.国家社科基金申报指导与技巧[M].北京:清华大学出版社,2021:114-115.

教育理论模型或是对现有教育理论进行重要的修正和补充。

再次,还可以说明本课题在促进文化传承和构建新体系方面的价值。教育不仅仅是知识的传授,更是文化的传承和创新。本课题研究可能挖掘出教育背后的深层次文化内涵或是通过跨文化的研究视角,为教育学引入新的理论元素和思考维度,从而丰富教育学的理论体系。

最后,要对本课题的理论突破进行具体说明。这可以是新的理论观点的提出,也可以是对现有理论的重大改进或是对教育学基本概念的重新界定等。这些突破不仅可以展示研究者的学术洞察力和创新能力,也可以为整个教育学界提供新的研究思路和方向。

可以发现,在撰写教育研究课题申报书中的独到学术价值时,应重点突出本课题在学科建设、理论深度、文化积累和构建新体系等方面的贡献,并对理论突破进行具体而又明确的阐述。这样不仅可以展示课题申报者的学术素养和研究实力,也能使评审专家充分认识到本课题的学术价值和意义。

3. 独到的应用价值

在教育研究课题申报书中,阐述独到的应用价值是至关重要的一环。以下是撰写该部分内容的建议:

首先,要明确指出本课题的研究成果将如何应用于教育实践中。例如,如果研究的是新的教学方法或教育技术,可以详细说明这些方法或技术如何在实际教学中提高学生的学习效果、激发学生的学习兴趣以及如何帮助教师更高效地进行课堂管理和知识传授。

其次,应展示本课题如何助力解决当前社会经济建设中的实际问题。教育作为社会经济发展的重要基石,其质量和效果直接关系到国家的未来和社会的进步。因此,可以阐述本课题如何通过提升教育质量、促进教育公平、培养创新型人才等方面,来推动社会经济的持续健康发展。

再次,应与国家的重要政策文件相结合,展示本课题如何为落实国家政策提供有力支持。例如,可以引用国家关于教育改革、人才培养等方面的相关政策,说明本课题的研究成果如何与这些政策目标相契合,并如何通过实践应用来推动这些政策的落地实施。

最后,还可以阐述本课题对教育决策的重要价值。教育决策往往需要基于科学的研究数据和实证分析结果,因此可以说明本课题的研究成果将为教育决策部门提供哪些有益的数据支持、政策建议或实施方案,从而帮助决策部门更加科学、合理地制定和调整教育政策。

范例

1. 相对于全国教育科学规划已立项同类项目的新进展

通过查询全国教育科学规划历年来的立项课题,我们发现与"获得感"有关的立项项目有2项,其名称分别为《新时代大学生学业获得感测评、生成机制及提升策略研究》(BIA220054)、《转型期我国高校青年教师社会焦虑、职业认同与获得感优化研究》(EIA190500)。进一步分析发现,第一个研究项目主要是对大学生学业获得感进行测评,对其生成机制与提升策略进行探讨;第二个研究项目主要是对高校青年教师社会焦虑、职业认同与获得感之间的关系进行探讨。本研究则以乡村幼儿教师为研究对象,采用混合研究范式,拟聚焦乡村幼儿教师职业获得感评价指标体系的构建,与以上两项课题的研究对象、研究问题均存在较大差异。

2. 独到的学术价值

探讨乡村幼儿园教师职业获得感,有助于弥补现有研究对乡村幼儿教师职业获得感涉猎不足的状况,以引起更多学者对乡村幼儿教师职业获得感的关注。同时,通过构建乡村幼儿教师职业获得感评价指标体系,我们能够更加精确地定义和量化"职业获得感"这一概念,从而为学术界提供一个新颖且实用的研究工具。此外,本研究的顺利开展有助于拓展教师职业获得感的研究方法,从质性研究与量化研究相结合的混合研究范式出发,多角度、全方位地认识教师职业获得感。

3. 独到的应用价值

首先,本研究可以为乡村幼儿教师的管理和激励提供科学依据。通过构建乡村幼儿教师职业获得感评价指标体系,教育管理者能够更加准确地了解乡村幼儿教师的"所思""所想"与"所得",从而制定出更加科学的激励策略,提升教师的工作积极性和留任意愿。其次,本研究有助于促进乡村幼儿教师队伍的优化和建设。通过定期评估,可以及时发现乡村幼儿教师队伍中存在的问题和短板,进而实施有针对性的专业培训计划,以提高教师的整体素养和保教水平。再次,本研究对于提升乡村学前教育质量具有重要意义。教师的职业获得感与其保教质量密切相关,通过增强教师的职业获得感,可以间接促进保教质量的提升,从而为乡村幼儿提供更为优质的保教服务。最后,本研究有助于激发乡村幼儿教师的教育热情和创新精神,从而为改善乡村人力资源状况、推动乡村社会的全面振兴贡献智慧与力量。

➤ 三、研究内容的撰写

在教育研究课题申报书中,研究内容部分是评审专家关注的重点,也是申报书的主要得分点。因此,在撰写研究内容时,需要严格按照要求进行精耕细作,以确保内容的逻辑性、合理性和可行性。

(一)研究对象的撰写

研究对象需要明确课题研究的主要焦点和范围。在教育研究课题申报书中,研究对象通常有两种写法:一是以研究问题为对象,二是以研究群体为对象[①]。

当选择以研究问题为对象时,应清晰而明确地阐述所要研究的教育问题或现象。例如,可以选择"学生学习动机的激发与维持""教育技术在课堂教学中的应用效果"等问题作为研究对象。这种写法通常更侧重于对某一具体教育问题的深入探讨和分析。如果选择以群体为研究对象,应明确指出所关注的特定人群,如"初中生""农村留守儿童"等。这种写法更加关注某一特定群体的教育需求、问题或发展策略。当然,无论选择哪种写法,都应注意研究对象的明确性和具体性,以免过于宽泛或模糊。

---

① 杜为公,杜康.国家社科基金申报指导与技巧[M].北京:清华大学出版社,2021:126.

在明确研究对象之后，有必要对研究中涉及的核心概念进行准确界定，这有助于确保研究者和读者对研究内容有共同的理解，避免歧义和误解[①]。例如，如果研究对象是"学生学习动机的激发与维持"，那么就需要对"学习动机"这一核心概念进行明确界定。概念界定时，可以参考已有文献或权威定义，也可以结合研究背景和目的进行自定义。但是，概念界定要注意定义的清晰性和准确性。

本课题的研究对象是普惠性民办幼儿园教师，具体是指那些在享受政府财政补贴、面向大众、收费适中、办园质量有保障的私立幼儿园中从事三至六七岁幼儿保教工作的专业教育工作者。他们不仅承担着幼儿保育教育任务，还是推动普惠性幼儿教育发展的重要力量。

(二)主要目标的撰写

教育研究课题申报书中的主要目标是指研究者希望通过研究所达到的主要预期成果或目的。它是整个研究的核心导向，为研究工作提供了明确的方向和动力。因此，在撰写教育研究课题申报书时，应充分重视并精心设计研究的主要目标。

主要目标的撰写应明确、简洁且可测量，确保每个目标都具体清晰，能够用客观指标来衡量实现程度。同时，主要目标必须与研究问题紧密相连，反映对问题的直接回应和解决方案。此外，主要目标还应注重实际应用价值和社会效益，力求通过实现这些目标，为教育实践或社会问题的解决提供有益的指导和帮助。

可以说，教育研究课题申报书的主要目标撰写在于精炼而准确地表达研究意图，建议将主要目标数量控制在2~4个，以确保目标的集中和明确。撰写时，可以从理论目标和实践目标两个角度切入，分别阐述研究期望在理论上达到的新认识和在实践中的应用价值。为了提高表达的清晰度和力度，最好采用动宾结构的句式，如使用"揭示某种现象的本质""了解某一群体的需求"等。同时，在陈述目标时，可以巧妙运用"揭示""了解""提出"等词汇，使主要研究目标更具针对性和操作性。

厘清乡村幼儿教师职业获得感的结构维度，构建乡村幼儿教师职业获得感的影响机制模型，尝试提出乡村幼儿教师职业获得感的提升策略。

(三)框架思路的撰写

在申报教育研究课题时，框架思路部分尤为关键，它为评审专家提供了课题的整体规划和实施蓝图。此部分应详细阐述两项核心内容：研究框架与研究思路。

1.研究框架

在教育研究课题申报书中，研究框架的撰写占据着举足轻重的地位。它是整个研究的蓝

[①] 郭泽德.写好论文[M].北京:清华大学出版社,2020:16-18.

图,不仅指导着研究者的实际操作,还是评审专家评估课题的重要依据。一个清晰、合理的研究框架,能够显著提升课题的专业性和实施可行性。

撰写研究框架时,必须重点强调研究者即将开展的具体工作,确保每项任务都明确无误。同时,要密切关注研究框架与主要目标之间的内在联系,确保每一项研究内容都为实现研究目标服务,形成有机的整体。此外,研究框架的每一部分都应紧密围绕研究问题展开,避免偏离主题。虽然研究框架的各部分内容应保持相对独立,避免交叉重叠,但也要确保它们之间存在清晰的逻辑性和联系性,共同构建起一个严谨、科学的研究体系。

在撰写技巧方面,建议将研究框架精炼为4~5点来写,每点再从3~4个角度或层面写出要具体研究的内容,这样便于读者快速把握研究核心。各级标题一定要用动宾结构的句式来进行表述,如厘清……、构建……、探析……、廓清……、梳理……、分析……等。同时,要避免照搬教材或论文的章节目录,采用创新性的方式展示研究内容。最重要的是,要在研究框架中凸显研究的重点、亮点和创新点,以此提升课题的吸引力和价值。这些技巧的运用,将有助于研究者撰写出既专业又具有吸引力的课题申报书。

范例

1. 高职院校教师职业获得感评价指标体系的理论探讨

①概念界定:界定获得感、职业获得感以及高职院校教师职业获得感等核心概念。②价值澄明:澄明构建高职院校教师职业获得感评价指标体系的重要价值。③构建流程、原则及依据阐释:阐释高职院校教师职业获得感评价指标体系的构建流程、构建原则及其相应依据。

2. 高职院校教师职业获得感评价指标体系的初建

①收集访谈资料:选取25位高职院校教师进行面对面的半结构式深度访谈,然后将录音转录成文本。②进行三级编码:基于扎根理论,采用NVivo 12软件对收集到的访谈资料进行开放性编码、主轴编码、选择性编码。③饱和度检验:用部分样本进行饱和度检验,若没有发现新的范畴,即可认为在理论上达到了饱和。④指标体系初建:运用扎根理论,从访谈资料中凝练出概念、范畴、主范畴与核心范畴,构建高职院校教师职业获得感评价指标体系雏形。

3. 高职院校教师职业获得感评价指标体系的优化

①编制并发放专家征询问卷:运用德尔菲法,基于上述确定的指标体系雏形,编制专家征询问卷并请专家对各级指标的合理性程度进行赋值。②回收并分析专家征询意见:对专家征询结果进行统计,并对专家的修改意见进行汇总整理,得到相应一、二级指标的统计量及修改建议。③反复修改和优化指标体系:依据三轮专家征询建议,反复修改高职院校教师职业获得感评价指标体系。

4. 高职院校教师职业获得感评价指标体系的检验与确定

①设计调查问卷:依据上述确定的高职院校教师职业获得感一、二级指标,编制《高职院校教师职业获得感调查问卷》。②验证评价指标体系:开展问卷调查并收集调查数据,然后通过项目分析、效度检验、信度检验,来验证评价指标体系的合理性。③评价指标体系确定及内涵

诠释:在检验与修正的基础上,确定高职院校教师职业获得感的评价指标体系,并对各评价指标的内涵进行诠释。④评价指标体系的权重确定:通过层次分析法确定一、二级指标的权重以及总权重,同时制定详细的评分表。

5.高职院校教师职业获得感评价指标体系的应用研究

①制定应用方案:根据上述评价指标体系,制定应用方案,明确应用的目的、对象、时间和地点等要素,以及具体的数据收集和分析方法。②实施问卷调查:依据应用方案,对高职院校教师开展问卷调查。③数据整理与分析:运用统计软件对收集到的调查数据进行分析,计算各评价指标的得分情况,并分析高职院校教师职业获得感的整体状况及差异。④结果反馈与讨论:将分析结果反馈给参与调查的高职院校和教师,与他们进行深入的讨论和交流,了解他们对评价结果的看法和意见。⑤应用效果评估:根据反馈信息,评估高职院校教师职业获得感评价指标体系的应用效果。

2.研究思路

研究思路是科学研究的"路线图",它不仅明确了研究的目标和问题,还详细规划了如何达到这些目标的方法和过程。可以说,清晰而合理的研究思路是课题申报成功的关键。研究思路可以帮助评审专家快速理解研究的整体框架,评估研究的可行性和创新性。

在撰写研究思路时,研究者可以选择纯文字描述式或图文结合式。纯文字描述式通常需要简要阐述研究的每项步骤和逻辑关系;图文结合式则通过直观的图表辅助文字进行描述。图文结合式可以使得复杂的研究过程一目了然,更易于被人们理解,因此使用较多。

在撰写研究思路时,有几点技巧值得注意。首先,建议尽量采用图文结合的形式,利用研究技术路线图清晰地展示研究流程,这非常有助于课题评审专家快速把握研究全貌。其次,要确保研究内容、方法和步骤之间的逻辑关系紧密且清晰,以增强研究的连贯性和说服力。最后,建议尽量使用关键词而非冗长的文字来描述研究思路和关键节点,这样可以极大改善评审专家的阅读体验感。

技术路线图是研究思路视觉化的重要工具。在制作技术路线图时,除了保证内容准确、逻辑清晰外,还应注重美观和易读性,尽可能使用鲜明的色彩和简洁的图形来突出重点,同时注意保持整体布局的清晰和美观。

可以说,研究思路的撰写是教育研究课题申报书中至关重要的环节。它不仅关系到课题申报书的质量,还会影响到后期的课题开展和实施。因此,研究者应给予足够的重视,认真规划和撰写研究思路部分,以确保研究的科学性和有效性。

(四)重点难点的撰写

在撰写教育研究课题申报书时,对研究重点和难点的明确阐述是评审专家评估项目可行性和价值的重要依据。在重点和难点的表述方面,要处理好二者之间的关系。通常研究重点和难点有一定区别,但是又有联系,有的重点也是难点,不能截然分开。

1.研究重点

研究重点应聚焦于课题的关键问题和主要探究方向,通常选取2个左右的核心点进行深入探讨。这些重点应与课题名称相呼应,明确展示研究的核心内容。在表述时,建议采用动宾结构的句式,以简洁明了的方式阐述研究的主要动作和受动对象,使得研究目标一目了然。

  本项目的研究重点在于构建乡村幼儿教师职业获得感的评价指标体系。可以说,这是本项目的核心研究问题。研究者将通过核心要素的完整识别、评价指标体系的初步构建、进一步的优化与完善、严谨的验证与最终确定以及评价指标权重的合理分配等环节来突破这一研究重点,以期能更加全面、客观地评估乡村幼儿教师职业获得感,为科学提升乡村幼儿教师职业满意度和工作积极性提供有力的评估工具。

2.研究难点

  研究难点是指在研究过程中可能遇到的挑战和困难,这些难点通常与研究重点紧密相关。在撰写时,应选取2个左右的真实难点进行描述,突出其挑战性和解决难度。这些难点可能涉及数据收集的复杂性、理论模型构建的困难、实验设计的精细度等方面。需要注意的是,要避免列举过多的难点,以免给评审专家留下研究难以完成的印象①。

  本项目的研究难点在于确保所构建的乡村幼儿教师职业获得感评价指标体系的科学性与精准性。由于乡村幼儿教师的职业特性和工作环境与城市及中小学教师显著不同,这无疑增加了评价指标体系的构建难度。为突破此研究难点,研究者将结合实地调研、深度交流以及专家咨询,以期精准理解和把握乡村幼儿教师的实际需求和感受,从而构建出完整科学的乡村幼儿教师职业获得感评价指标体系。

(五)研究计划及其可行性的撰写

1.研究计划

  在教育研究课题申报书中,研究计划的撰写至关重要,它不仅是申请者向评审专家展示研究思路、方法和时间安排的重要方式,更是确保研究工作有序、高效进行的关键。在撰写课题研究计划时,首先要清晰地划分研究阶段,通常包括资料搜集、数据统计与分析、系统论证、综合总结和验收等阶段。每个阶段都应有明确的时间节点和具体的目标任务,以确保研究的连贯性和高效性。

  在资料搜集阶段,需要详细说明搜集资料的范围、方法和目的以及预计完成的时间。在数据统计与分析阶段,要阐述将如何对搜集到的资料进行整理、分析,并明确所使用的统计方法和分析工具。系统论证阶段是整个研究的核心,此部分应着重描述将如何基于资料分析的结果展开深入论证,包括使用的具体方法和论证的逻辑框架。综合总结阶段则需要说明如何对

---

① 杜为公,杜康.国家社科基金申报指导与技巧[M].北京:清华大学出版社,2021:132.

研究成果进行提炼和整合,以及如何撰写研究报告。在验收阶段,应解释将如何准备验收材料,并与验收专家进行有效沟通。

此外,撰写研究计划时,语言应简洁明了,逻辑清晰,以确保评审专家能够快速准确地理解研究思路和计划。同时,要突出研究的重点和创新点,明确研究目标,以及该研究对学术或实践领域的潜在贡献。

范例

本项目计划起止时间为2024年8月至2027年7月,为期3年。具体安排如下:

(1)准备与资料收集阶段(2024年8月—2024年12月):搜集、整理相关的文献资料,认真进行文献回顾;对乡村幼儿教师进行访谈,了解其职业体验和期望。

(2)体系初建与修正阶段(2025年1月—2025年8月):采用扎根理论初步构建乡村幼儿教师职业获得感的评价指标体系,然后运用德尔菲法修正和完善乡村幼儿教师职业获得感的评价指标体系。

(3)体系验证与确定阶段(2025年9月—2026年4月):开展问卷调查并收集数据,验证评价指标体系的合理性,确定乡村幼儿教师职业获得感的评价指标体系,并对各评价指标内涵进行阐释。

(4)评价体系的应用阶段(2026年5月—2027年2月):制定应用方案,开展问卷调查;对调查数据进行分析;将分析结果反馈给幼儿园以及教师,并进行应用效果评估。

(5)总结完善与验收阶段(2027年3月—2027年7月):撰写研究报告,详细阐述指标体系的构建过程、研究结论等;邀请专家进行预评审,收集专业建议;准备项目结题验收材料,提交项目验收申请。

2. 可行性

在教育研究课题申报书中,可行性的撰写是评审专家评估课题是否值得资助、能否顺利实施的重要依据。因此,申请者需要全面而详尽地论述课题的可行性。

首先,申请者应阐述课题研究思路的可行性。申请者应清晰地描述课题的整体研究思路,包括研究问题的提出、假设的建立、研究方法的选择以及预期结果的推断等。通过逻辑严谨的思路展示,让评审专家看到课题研究的每一步都是经过深思熟虑和科学规划的。

其次,申请者需要说明课题研究采用方法的可行性。申请者应介绍所采用的研究方法,如调查研究、实验研究、案例分析等,并解释这些方法在课题研究中的适用性和有效性。同时,还要说明在研究过程中可能遇到的困难和挑战以及应对这些问题的策略和措施。

最后,申请者还要强调课题组成员的研究基础和研究团队结构的合理性,包括课题组成员的专业背景、研究经验以及与课题相关的成果等。同时,要展示团队成员在年龄、职称等方面的合理配置,以证明团队具备从事本课题研究的综合实力和协作能力。

(1)本课题将综合运用文献研究、案例分析、问卷调查和实地考察等多种研究方法。通过文献研究,研究者可以系统地梳理德育教育的发展历程和最新研究成果;案例分析可以帮助研究者理解德育教育实践的复杂性和多样性;问卷调查和实地考察可以帮助研究者深入了解一线德育教育的现状和需求。这些方法在课题研究中具有高度的适用性和有效性,能够确保研究者获取全面而准确的研究数据。

(2)本课题研究团队由多位具有丰富德育教育经验和研究能力的专家组成。团队成员包括教育学教授、中小学德育教师以及教育科研人员,他们具有深厚的理论基础和实践经验。同时,团队成员在年龄、专业背景和研究经验上呈现出多样化,这有助于研究者从多个角度思考问题并共同解决难题。

(3)研究者与多所中小学建立了紧密的合作关系,这为本课题的实地考察和问卷调查提供了便利条件。同时,团队成员所在的高校和科研机构拥有丰富的教育资源和研究设施,包括图书资料、数据库以及先进的研究工具,这些都为课题的深入开展提供了有力支持。此外,研究者还得到了相关教育部门和学校的资金支持,可以确保研究工作的顺利开展。

四、创新之处的撰写

在撰写教育研究课题申报书的创新之处时,应着重突出本课题在学术思想、学术观点和研究方法上的特色与创新点。

首先,有关学术思想的创新,可以阐述本课题如何打破了传统的教育理念或模式,提出了全新的教育观点或理论框架。例如,本课题可能将最新的教育技术与传统教育模式相结合,形成一种新型的混合式学习模式,这在当前教育领域可被视为一种创新思想。

其次,在学术观点方面,可以描述本课题如何对现有的教育问题提出了独到的见解或解决方案。比如,针对当前教育中的某些痛点,本课题可能提出了针对性的改进策略,这些策略既基于现有的教育实践,又融入了前瞻性的思考,从而构成了独特的学术观点。

最后,在研究方法的创新上,可以说明本课题采用了哪些新颖的研究手段或技术。例如,本课题可能结合了大数据分析、机器学习等先进技术来挖掘教育数据中的深层信息,或者采用了独特的实验设计来验证教育理论的有效性。

在撰写创新之处时,务必要注意做到精炼和具体,每个创新点都应紧密围绕课题的核心研究问题展开,避免过于夸大或缩小研究范围。同时,要注意用词的准确性和科学性,以确保所描述的创新点能够在研究过程中得到实际验证。

范例

(一)学术思想特色和创新

本课题以"全人教育"思想为指导,强调在信息技术快速发展的时代背景下,重新审视和定义基础教育的目标与方式。研究者突破了传统以知识灌输为主的教育理念，提出以培养学生核心素养为基点，注重学生的全面发展与个性化成长相结合的新教育理念。这一思想将学生的主体性置于教育的中心，旨在通过教育技术的创新应用，促进学生的自主学习和终身学习能力的培养。

（二）学术观点特色和创新

本课题提出"核心素养导向的个性化学习"观点。研究者认为，核心素养是学生适应未来社会的关键能力，个性化学习是培养学生核心素养的有效途径。研究者通过深入研究，构建了以核心素养为框架的个性化学习体系，旨在实现教育从"教"向"学"的转变。

本课题倡导"技术赋能教育"的新视角。研究者创新性地将最新的教育技术与个性化学习相结合，提出利用大数据、人工智能等技术手段，精准分析学生的学习需求和特点，为学生提供更加智能化、个性化的学习支持。这一观点不仅提升了教育技术的实践应用价值，也为教育改革提供了新的思路。

（三）研究方法特色和创新

本课题在研究方法上注重实证与理论的深度融合，采用了混合研究方法。研究者通过量化研究，收集和分析大量学生的学习数据，揭示个性化学习的规律与特点；同时，结合质性研究，深入访谈教师和学生，了解他们的真实想法和需求。这种混合研究方法不仅保证了研究的科学性和严谨性，也增加了研究的深度和广度。此外，研究者还创新性地引入了学习分析技术，对学生的学习过程进行动态监控和评估，为个性化学习提供了有力的数据支持。

▶ 五、预期成果的撰写

（一）成果形式

在撰写教育研究课题申报书中的成果形式部分时，首先要明确课题的研究目标和预期产出。成果形式应紧密围绕研究问题和目标来设计，确保每一项研究成果都能有效地展示研究的进展和发现。

如果研究偏向于理论探讨，那么论文、著作是合适的成果形式，可以系统地阐述研究观点、理论模型和分析框架。如果研究更加注重实践应用，咨询报告、调研报告等则能更好地体现研究的实用价值和社会影响力。另外，如果研究过程中有基地建设或人才培养的产出，也可以在成果形式中予以体现①。

在撰写时，要特别注意所选成果形式的可行性和完成度，不应过分夸大或虚构预期成果，而应基于课题的实际进展、团队的研究能力以及可获得的资源来合理预期。同时，要清晰地表达出每一种成果的具体内容和目标，以便评审专家能够准确评估课题的价值和意义。

---

① 杜为公,杜康.国家社科基金申报指导与技巧[M].北京:清华大学出版社,2021:156.

范例

1. 论文:计划在国内外知名教育类核心期刊发表学术论文3篇,其中CSSCI、SSCI论文2篇,初步拟定的论文题目如下。

(1)《新时代背景下高校创新创业教育模式研究》,拟投稿至CSSCI来源期刊。

(2)《创新创业教育对学生职业生涯规划的影响分析》,拟投稿至中文核心期刊。

(3)《高校与产业界合作推动创新创业教育的实证研究》,拟投稿至SSCI来源期刊。

2. 专著:预计完成1部关于高校创新创业教育的专著,初拟题目为《新时代高校创新创业教育理论与实践研究》。

3. 咨询报告:根据研究结果,为教育部门或高校管理层提供1~2份关于如何优化和完善创新创业教育体系的咨询报告。

4. 实践教学案例集:整理和编撰1本关于高校创新创业教育成功的案例集,以供教育界参考和借鉴。

(二)宣传转化

首先,课题申报者要明确宣传的目标和受众。研究者的目标是让更多的人了解并关注自身的研究成果,从而推动其在教育实践中的应用。为了实现该目标,研究者需要针对不同的受众群体,如教育工作者、学生家长、政策制定者等,制定相应的宣传策略,以确保信息的精准触达。

其次,研究者要设计多样化的宣传方式和渠道。除了传统的学术期刊、学术研讨会等学术交流平台外,研究者还可以利用互联网和社交媒体等新兴渠道,来扩大研究成果的传播范围。例如,研究者可以通过微信公众号、微博等平台发布研究简报、案例分享等内容,吸引更多人的关注和讨论。同时,研究者还可以与教育机构合作,开展线上或线下的讲座、研讨会等活动,直接与教育工作者和家长进行互动交流,以推动研究成果的转化应用。

最后,为了确保宣传转化的效果,研究者需要建立有效的反馈机制。通过收集和分析受众的反馈意见,研究者可以及时了解宣传效果,发现存在的问题和不足,并针对性地进行调整和优化。同时,研究者还需要借助反馈机制与受众建立长期稳定的互动关系,以持续推动研究成果的更新和完善。

 范例

在学术期刊上发表研究成果,与学术界共同探讨青少年心理健康教育的新模式,推动理论发展。与中小学心理健康辅导中心合作,将研究引入教学与辅导服务之中,在实践中检验并优化研究。通过线上平台发布科普文章和案例分析,提高公众对青少年心理健康的认识。同时,将研究成果汇编成专业书籍,为教育工作者和家长提供指导。

(三)预期学术价值和社会效益

在撰写教育研究课题申报书中的预期学术价值和社会效益部分时,研究者需要清晰地表达出研究的深远意义和潜在影响。

首先,研究者要着重阐述课题的学术价值。研究者应明确指出研究将如何为学术领域带来新的贡献,是对现有理论的深化、拓展,还是为解决某一学术争议提供新的视角和证据。同时,研究者应强调研究的创新性,无论是在研究方法、视角,还是对问题的新解释和新见解上,都应展现出与前人研究的不同之处。此外,研究者通过描述研究的深度和广度,可以进一步彰显研究成果在学术领域中的重要性。并且,研究者适当引用相关文献,将自己的研究与前人工作相联系,更能证明其学术价值。

其次,对于社会效益的撰写,研究者应重点说明研究成果在教育实践中的应用以及提高教育质量、促进学生全面发展和推动教育公平等方面的效益。在此基础上,研究者可以进一步阐述研究成果对教育政策制定和实践改进的潜在影响,如为政策制定者提供新的决策依据,为教育实践者提供可操作的策略和方法。同时,研究者还可以阐述本研究如何推动社会的整体进步,如提升公众对教育问题的认知,促进社会资源的合理分配等。如果研究具有突破性和创新性,研究者还应强调其示范和引领作用以及对未来教育研究和实践的深远影响。

在撰写过程中,课题申报者应保持客观中立的态度,避免过分夸大或虚构研究成果的影响力。同时,要确保所描述的预期学术价值和社会效益与研究内容紧密相关,以提高课题申报书的可信度和说服力。

本研究课题致力于探索智能化教育技术领域的新模式,预计可以为学术界和实践领域带来显著的学术价值和社会效益。

在学术价值方面,本研究将系统梳理和分析智能化教育技术领域的理论与实践,提出适应新时代背景的创新性教育框架。通过严谨的实证研究,研究者期望能够验证这一框架的有效性,从而为教育技术学以及相关学科的研究者提供新的研究视角和方法论参考。

在社会效益方面,本研究将为教育行政部门和学校提供有针对性的智能化教育技术应用与推广策略。研究者将通过深入调研,揭示当前教育技术在实践中存在的问题与挑战,并基于研究结果提出有针对性的改进策略和建议。这些策略和建议有望促进教育信息化的深入发展,优化教育资源配置,提升教育质量,助力培养具备21世纪核心技能的人才。此外,本研究还将积极传播科学的教育理念和技术应用方法,帮助教育工作者、家长以及社会各界人士更好地理解和应用智能化教育技术,共同推动教育现代化进程。

▶ 六、研究基础的撰写

(一)申请人前期相关代表性研究成果

在撰写教育研究课题申报书中的申请人前期相关代表性研究成果部分时,应着重展示申请人过去在该领域内的突出研究成果,以体现其对该课题的深入理解和前期积累。首先,申请人需要仔细挑选与本课题紧密相关的5项前期成果,这些成果可以是已发表的学术论文,也可以是专著、研究报告等。在选择成果时,要确保它们能够充分展示自己在该研究领域的专业能力和对本课题的深入研究。

值得注意的是,在申报活页中,申请人必须严格遵守匿名处理的要求,不得透露任何个人及具体成果的详细信息,一般只填成果名称、成果形式、作者排序、是否核心期刊等,不得填写作者姓名、作者单位、刊物或出版社名称、发表时间或刊期等信息。

此外,所列出的前期研究成果必须与课题紧密相关,这样才能对课题申报起到强有力的支撑作用。如果研究成果与课题关联不大,那么无论这些成果多么出色,都难以在课题申报中发挥作用。

综上所述,撰写申请人前期相关代表性研究成果时,应选择与课题紧密相关、具有较高学术分量的成果,并严格遵守申报匿名原则的要求,以确保申报书的严谨性和说服力。

1. 专著:《混合式教学有效性评价研究与实践》,独著。
2. 论文:《混合式教学有效性的实证研究》,CSSCI,第一作者。
3. 论文:《教务管理者视野下的高校教学信息化改革实践》,CSSCI,第一作者。
4. 论文:《信息技术与课程教学深度融合路径研究》,CSSCI,第一作者。
5. 研究报告:《智能教育技术在课堂教学中的应用研究》,主持完成。

(二)核心观点

在撰写教育研究课题申报书中的核心观点部分时,申请人需要运用精湛的概括能力和敏锐的洞察力,将自己在该研究领域内的前期成果进行高度凝练。这不仅仅是对每篇论文或研究报告的简单描述,更是要从中提炼出最具创新性和学术价值的观点,以凸显自身在该领域的深入研究和独到见解。

首先,核心观点的提炼应紧密围绕课题的研究目标和内容,确保所提炼的观点与课题高度相关,能够直接支撑课题的研究框架。这就要求申请人在撰写前对课题有深入的理解,明确课题的研究方向和重点。

其次,核心观点要简洁明了,避免冗长。每个核心观点都应是一个完整的句子,能够清晰地表达出研究成果的主要发现和意义。这样不仅可以使评审专家快速把握申请人的研究精髓,还能够展示出申请人对研究成果的深刻理解和精准把握。

再次,申请人在提炼核心观点时,应着重突出成果的创新性和学术价值。这可以通过强调研究的新发现、新理论或新方法来实现,以显示申请人在该领域内的独特贡献和领先地位。

最后,核心观点的数量建议控制在 2~3 个,这样既可以展示申请人的研究成果,又不会因为观点过多而显得杂乱无章。通过精心选择和凝练核心观点,可以使其成为申报书中的亮点,从而为课题成功获批增添有力筹码。

范例

1. 混合式教学模式结合了线上线下的教学优势，能够显著提高高等教育的灵活性和互动性，从而提升学生的学习体验和成效。

2. 通过混合式教学模式，高等教育能够更加有效地培养学生的自主学习能力和批判性思维，为学生的全面发展提供有力支持。

3. 混合式教学模式在高等教育中的成功应用，需要教师在教学设计、技术支持和学生引导等方面具备相应的专业素养，以确保教学质量和学生学习效果的最大化。

七、参考文献的撰写

在撰写参考文献时，申报者应当秉持严谨、精选的原则，以确保所列文献既具有权威性，又能与研究内容紧密相关。首先，申报者需要广泛查阅与申报主题相关的国内外重要文献，特别是那些在本研究领域具有里程碑意义的经典文献以及近三年内发表的前沿文献。这些文献的选取不仅可以表明研究者对该领域研究历程的深入了解，还可以展示研究者对最新研究进展的关注和把握[①]。

其次，在挑选文献时，申报者需要注意文献的质量和影响力。通常来说，申报者可以优先选择发表在顶级期刊上的论文，以确保所列文献的档次和分量。同时，文献综述中提及的理论、观点或数据应确保在参考文献中有所体现，以形成前后呼应，从而增强课题申报书的连贯性和说服力。

再次，书写规范也是撰写参考文献时需要注意的重要方面，申报者应严格按照参考文献的格式进行撰写。对于英文文献，更要仔细进行校对，以避免出现错漏，从而影响课题申报书的质量和严谨性。

最后，对于文献的数量，建议申报者可以选择10条或15条，以体现申报者对文献的精选态度。同时，申报者还要注意文献的时效性，建议至少40%的文献是近三年出版或发表的，以保持与研究前沿的同步。可以说，通过精心挑选和整理参考文献，申报者不仅可以展示对该研究主题的深入了解，还能提升申报书的整体质量，从而增加课题获批的概率。

范例

1. 冯晓英.混合式学习设计[M].北京:北京师范大学出版社,2022.

2. 黄荣怀.混合式学习的理论与实践[M].北京:高等教育出版社,2006.

3. 范福兰,黄艳琳,万力勇,等.多模态数据驱动的大学生混合式学习评价[J].现代教育技术,2023,33(1):99-107.

4. 李颖,徐岚.混合式学习环境下高校教师教学力模型建构:基于扎根理论分析[J].教育

---

① 杜为公,杜康.国家社科基金申报指导与技巧[M].北京:清华大学出版社,2021:185-186.

发展研究,2022,42(9):71-79.

5. 赵涛.智慧技术支持下混合式学习模式建构与实践研究[J].中国电化教育,2021(9):137-142.

6. 冯晓英,吴怡君,曹洁婷,等."互联网+"时代混合式学习活动设计的策略[J].中国远程教育,2021(6):60-67.

7. 汤少冰.混合式学习是促进课堂教学重构的新路径[J].中国教育学刊,2020(10):106.

8. MÍGUEZ-ÁLVAREZ C,CRESPO B,ARCE E,et al. Blending learning as an approach in teaching sustainability[J]. Interactive Learning Environments,2022,30(9):1577-1592.

9. SANTOS S S,GONZÁLEZ M J P,MUNOZ-SEPULVEDA J A. Blended teaching through flipped classroom in higher education La enseñanza híbrida mediante flipped classroom en la educacion superior[J]. Revista de Educacion,2021,391:119-142.

10. YANG Y,ZHANG H,CHAI H,et al. Design and application of intelligent teaching space for blended teaching[J]. Interactive Learning Environments,2023,31(10):6147-6164.

复习与思考题

1. 请简述教育研究课题的含义及其在教育领域中的重要性。
2. 简述开展教育研究课题的价值,并结合实际案例进行说明。
3. 你能列举几种常见的教育研究课题吗?
4. 简述教育研究课题的申报流程,并指出在申报过程中需要注意的关键点。
5. 在撰写教育研究课题申报书时,引言部分应该如何撰写?请给出具体的撰写建议。
6. 请简述课题申报书中选题依据的撰写要点,并说明其重要性。
7. 研究内容是课题申报书中的核心部分,请详细说明研究内容各部分的撰写方法。
8. 如何撰写课题申报书中的创新之处?
9. 预期成果应包括哪些形式?
10. 研究基础在课题申报书中的作用是什么?
11. 结合本章所学内容,尝试撰写一份教育研究课题申报书。

参考文献

[1] 安超,李强.半规制化养育与儿童的文化反叛:三个中产家庭的童年民族志[J].湖南师范大学教育科学学报,2021,20(1):75-86.

[2] 鲍道宏.在"行动研究"中达成对话:教育行动研究旨趣探究[J].教育学报,2009,5(4):58-63.

[3] 蔡红红.在教育研究中运用量化研究方法的问题与反思[J].中国高教研究,2020(9):61-65.

[4] 蔡进.高校师生对翻转课堂的采纳与持续应用:教学系统的视角[D].武汉:华中师范大学,2021.

[5] 蔡迎旗,孟会君.基于扎根理论的幼儿教师学习共同体影响因素研究[J].教育研究与实验,2019(2):46-52.

[6] 陈圣赟.精准帮扶背景下职业院校劳动教育行动研究[D].上海:华东师范大学,2023.

[7] 陈向明,曲霞,张玉荣.教育质性研究概念框架的本土探索:以一项实习生与指导教师互动的研究为例[J].教育学术月刊,2014(4):3-10.

[8] 陈向明.扎根理论的思路和方法[J].教育研究与实验,1999(4):58-63.

[9] 陈向明.扎根理论在中国教育研究中的运用探索[J].北京大学教育评论,2015,13(1):2-15.

[10] 陈向明.质的研究方法与社会科学研究[M].北京:教育科学出版社,2002.

[11] 陈晓玲.地方文化融入幼儿园游戏活动的实践逻辑研究[D].南充:西华师范大学,2022.

[12] 程永洲,孙泽文.教育科学文献特点、类型、载体及其价值[J].中国特殊教育,2017(1):19-23.

[13] 杜丽丽,方平.量化研究与质性研究的认识论、方法论比较:兼论研究生研究能力的全面培养[J].研究生教育研究,2015(2):28-33.

[14] 杜鹏,李庆芳.质性研究的六项修炼[M].北京:经济管理出版社,2018.

[15] 杜为公,杜康.国家社科基金申报指导与技巧[M].北京:清华大学出版社,2021.

[16] 杜玉梅.基于扎根理论的中学教师非教学任务减负机制研究[D].重庆:四川外国语大学,2021.

[17] 樊秀丽.教育民族志方法的探讨[J].教育学报,2008(3):80-84.

[18] 范明林,吴军,马丹丹.质性研究方法[M].上海:格致出版社,2018.

[19] 范诗武.新世纪教师专业能力与教育行动研究[J].外国教育研究,2003(5):28-31.

[20] 范士红.小学教师领导的个案研究[D].长春:东北师范大学,2021.

[21]高伟.教育现象学:理解与反思[J].教育研究,2011,32(5):11-18.

[22]郭泽德.写好论文[M].北京:清华大学出版社,2020.

[23]何献菊.教育叙事研究及其作用[J].教育理论与实践,2012,32(20):37-39.

[24]侯怀银,郭建斌.现象学教育学在中国的传播及其影响[J].高等教育研究,2018,39(6):59-66.

[25]侯怀银.教育研究方法[M].2版.北京:高等教育出版社,2018.

[26]胡咏梅,冯羽.教育研究质量的综合评价[J].教育学报,2011,7(4):80-88.

[27]胡中锋,黎雪琼.论教育研究中质的研究与量的研究的整合[J].华南师范大学学报(社会科学版),2006(6):94-100.

[28]胡中锋.教育科学研究方法[M].2版.北京:中国人民大学出版社,2023.

[29]姜勇.教育现象学的迷误与出路[J].全球教育展望,2018,47(2):49-58.

[30]蒋开君.现象学教育学的源与流:从乌特勒支到阿尔伯塔[J].教育理论与实践,2011,31(1):7-10.

[31]蒋立松,程紫嫣.教育民族志的本土实践及其意义:以西南地区为例[J].民族教育研究,2021,32(2):123-130.

[32]荆雁凌.中小学教师怎样进行课题研究(八):教育科研方法之教育行动研究法[J].教育理论与实践,2008(23):39-41.

[33]李海峰,吴晓蓉.文化视野下教育民族志研究新样态[J].教育学报,2020,16(5):11-18.

[34]李建刚,赵红果.叙事研究:青年教师教育科研的切入点[J].教育理论与实践,2006(24):14-15.

[35]李琳璐.教育研究范式的祛魅:思辨与实证的融合共生[J].大学教育科学,2021(3):31-38.

[36]李淼.论学校民族志的发展及在我国的应用[J].湖南师范大学教育科学学报,2015,14(2):80-85.

[37]李树英,王萍.教育现象学的两个基本问题[J].华东师范大学学报(教育科学版),2009,27(3):40-45.

[38]李树英,郑曼瑶.并非遥不可及的学问:再论教育现象学[J].教育研究,2021,42(4):64-73.

[39]李晓凤,佘双好.质性研究方法[M].武汉:武汉大学出版社,2006.

[40]李艳春,刘军.论教育行动研究[J].教育评论,2013(6):3-5.

[41]李迎新,秦娟.大学教学中的教育叙事研究[J].当代教育科学,2011(9):57-58.

[42]李玉静.质性研究方法:内涵与应用[J].职业技术教育,2015,36(28):1.

[43]梁靖云.教育行动研究:中小学教育科研的主要方式[J].教育理论与实践,2002(7):56-58.

[44]刘冬.质性、量化方法论融合对社会工作的意义[J].哈尔滨工业大学学报(社会科学版),

2019,21(4):72-78.

[45]刘晶波.学前教育研究方法[M].北京:人民教育出版社,2016.

[46]刘良华.教育现象学的观念[J].教育研究,2011,32(5):19-24.

[47]刘良华.教育叙事研究:是什么与怎么做[J].教育研究,2007(7):84-88.

[48]刘良华.教育研究方法[M].上海:华东师范大学出版社,2021.

[49]刘良华.教育研究方法专题与案例[M].上海:华东师范大学出版社,2007.

[50]刘秀江.教育行动研究:背景、理念与需要[J].教育探索,2003(1):41-43.

[51]刘永和.教育叙事:使人"有所感"[J].教育科学研究,2010(1):75-79.

[52]刘佑荪.中小学教育科研的基本特点和选题策略[J].辽宁教育研究,2001(3):59-61.

[53]卢立涛,井祥贵.教育行动研究在中国:审视与反思[J].教育学报,2012,8(1):49-53.

[54]陆宏.量化研究的理论、方法与案例[J].现代教育技术,2010,20(4):20-23.

[55]吕洪宾.基于模糊评判的高校学生综合素质评价体系研究[D].济南:山东师范大学,2007.

[56]马云鸽.基于扎根理论的中学物理名师特质研究[D].西安:陕西师范大学,2021.

[57]孟亚玲,魏继宗,张社争.教育科学研究方法[M].北京:清华大学出版社,2017.

[58]苗雪红.教育现象学之反思[J].华东师范大学学报(教育科学版),2014,32(1):32-40.

[59]穆斯塔卡斯.现象学研究方法:原理、步骤和范例[M].刘强,译.重庆:重庆大学出版社,2021.

[60]潘苏东,白芸.作为"质的研究"方法之一的个案研究法的发展[J].全球教育展望,2002,31(8):62-64.

[61]裴娣娜.教育研究方法导论[M].合肥:安徽教育出版社,1995.

[62]彭晶.教育叙事研究:教师专业发展的新路径[J].教师教育研究,2021,33(3):7-11.

[63]彭荣础.思辨研究方法:历史、困境与前景[J].大学教育科学,2011(5):86-88.

[64]乔素亚.知识建构教师的教学模式生成过程[D].南京:南京师范大学,2020.

[65]茹荣芳.学前教育研究方法[M].北京:清华大学出版社,2021.

[66]沈洪成.穿梭于学校内外:民族志与教育不平等研究[J].教育研究,2021,42(1):147-159.

[67]施铁如.教育行动研究的方法论分析[J].教育研究与实验,2005(2):70-72.

[68]宋萑.质性研究的范式属性辨[J].全球教育展望,2018,47(6):56-66.

[69]宋怡,丁小婷,马宏佳.专家型教师视角下的化学学科核心素养:基于扎根理论的质性研究[J].课程·教材·教法,2017,37(12):78-84.

[70]苏鸿.具身实践视野下的教育行动研究[J].中国教育科学(中英文),2020,3(5):135-141.

[71]苏鸿.实践理性视野下的教育行动研究[J].当代教育科学,2021(9):51-57.

[72]孙丹,杨道宇.教育现象学研究的程序和方法[J].渤海大学学报(哲学社会科学版),2015,

37(3):98-103.

[73]佟庆伟.论量化研究方法在教育科研中的应用[J].教育探索,2004(11):24-25.

[74]王彩凤,庄建东.学前教育研究方法[M].北京:北京师范大学出版社,2011.

[75]王珩.教育叙事:高校辅导员专业化成长的有效路径[J].思想教育研究,2014(7):85-88.

[76]王凯.教育科研论文选题的思维策略[J].教育科学研究,2009(2):76-78.

[77]王萍.教育现象学的发展历程[J].河北师范大学学报(教育科学版),2011,13(9):70-74.

[78]王萍.教育现象学方法及其应用[D].郑州:河南大学,2010.

[79]王琪.撰写文献综述的意义、步骤与常见问题[J].学位与研究生教育,2010(11):49-52.

[80]王卫华.教育思辨研究与教育实证研究:从分野到共生[J].教育研究,2019,40(9):139-148.

[81]王小青,尹弘飚."项目负责人"何以成为"关键先生"?:以大学生学习评估"明德项目"为例[J].清华大学教育研究,2022,43(5):93-102.

[82]王聿泼.教育行动研究:教师专业发展的应然取向[J].中国成人教育,2008(14):5-6.

[83]王子钊.回归道德体验:学校德育活动的重释与重构[D].武汉:湖北大学,2023.

[84]魏峰.从个案到社会:教育个案研究的内涵、层次与价值[J].教育研究与实验,2016(4):24-29.

[85]文军,蒋逸民.质性研究概论[M].北京:北京大学出版社,2010.

[86]吴刚.工作场所中基于项目行动学习的理论模型研究[D].上海:华东师范大学,2013.

[87]吴继霞,何雯静.扎根理论的方法论意涵、建构与融合[J].苏州大学学报(教育科学版),2019,7(1):35-49.

[88]吴康宁.个案究竟是什么:兼谈个案研究不能承受之重[J].教育研究,2020,41(11):4-10.

[89]吴毅,吴刚,马颂歌.扎根理论的起源、流派与应用方法述评:基于工作场所学习的案例分析[J].远程教育杂志,2016,35(3):32-41.

[90]熊媛媛.论教师专业发展与教育行动研究[J].教育探索,2006(8):115-116.

[91]徐辉富.教育现象学及其研究步骤[J].开放教育研究,2008(2):32-39.

[92]徐建平,张雪岩,胡潼.量化和质性研究的超越:混合方法研究类型及应用[J].苏州大学学报(教育科学版),2019,7(1):50-59.

[93]薛晶心.扎根理论方法与高等教育研究[J].大学教育科学,2011(6):85-88.

[94]薛伟凤.基于扎根理论的公办幼儿园教师信息素养影响因素研究[D].太原:山西师范大学,2020.

[95]阎光才.教育研究中量化与质性方法之争的当下语境分析[J].教育研究,2006(2):47-53.

[96]阎琨.教育学定性研究特点与研究范式探析[J].清华大学教育研究,2010,31(5):55-60.

[97]杨开城.教育现象学是现象学的吗[J].现代远程教育研究,2011(6):3-8.

[98] 杨洲.从教育叙事到教育叙事研究:教师叙事的范式转换[J].当代教育科学,2016(22):3-6.

[99] 姚计海.教育实证研究方法的范式问题与反思[J].华东师范大学学报(教育科学版),2017,35(3):64-71.

[100] 姚文峰.走向生活:教育行动研究的本体意义[J].教育研究,2018,39(2):95-102.

[101] 叶晓玲,李艺."方法"还是"方法论":现象学在教育研究中的角色应然[J].电化教育研究,2019,40(6):11-18.

[102] 尤莉.第三次方法论运动:混合方法研究60年演变历程探析[J].教育学报,2010,6(3):31-34.

[103] 余清臣.论教育思辨研究的时代挑战与应对[J].教育学报,2018,14(5):13-21.

[104] 袁振国.教育研究方法[M].北京:高等教育出版社,2000.

[105] 臧雷振.政治社会学中的混合研究方法[J].国外社会科学,2016(4):138-145.

[106] 曾天山.教育研究中的技术与方法[J].教育理论与实践,2008(4):12-16.

[107] 张斌贤,李曙光.文献综述与教育学博士学位论文撰写[J].学位与研究生教育,2015(1):59-63.

[108] 张绘.混合研究方法的形成、研究设计与应用价值:对"第三种教育研究范式"的探析[J].复旦教育论坛,2012,10(5):51-57.

[109] 张家军.扎根理论及其在教师培训中的应用[J].教育理论与实践,2010,30(32):3-5.

[110] 张立平,陈向明.质性研究的迷思与澄清[J].中国远程教育,2024,44(2):62-78.

[111] 张丽华,王娟,苏源德.撰写文献综述的技巧与方法[J].学位与研究生教育,2004(1):45-47.

[112] 张艳.中小学教师怎样进行课题研究(六):教育科研方法之教育观察法[J].教育理论与实践,2008(17):39-41.

[113] 张怡真.如何做教育个案研究[J].教育理论与实践,2009,29(23):46-47.

[114] 张越.超越文化差异:M中学内地新疆班维汉文化互动的民族志[J].教育学术月刊,2014(11):15-24.

[115] 赵蒙成.教育叙事研究的优势与规范[J].湖南师范大学教育科学学报,2014,13(6):25-30.

[116] 郑楚楚.教育叙事如何走出困局?:将叙事作为教师教育生活的一种存在方式[J].中国教育学刊,2022(11):90-96.

[117] 郑金洲,陶保平,孔企平.学校教育研究方法[M].北京:教育科学出版社,2003.

[118] 郑蕴铮,郑金洲.教育行动研究:成效、问题与改进[J].教育发展研究,2020,40(4):18-23.

[119] 钟铧.高校教师如何做教育叙事研究[J].现代大学教育,2014(2):99-103.

[120] 周海银.扎根理论:学校课程管理研究的生长点[J].全球教育展望,2007(3):50-53.

[121]周全.论教育个案研究中的伦理[J].当代教育科学,2010(5):12-14.

[122]周欣.教师如何做个案研究[J].学前教育研究,2004(4):13-15.

[123]周耀威.教育行动研究与教师专业发展[J].全球教育展望,2002(4):53-55.

[124]周叶平,邝伟乐.教育行动研究与教师专业成长[J].教育科学,2002(6):39-42.

[125]朱迪.混合研究方法的方法论、研究策略及应用[J].社会学研究,2012,27(4):146-166.

[126]朱光明,陈向明.理解教育现象学的研究方法[J].外国教育研究,2006(11):1-6.

[127]BLACK T R. Doing quantitative research in the social sciences: An integrated approach to research design, measurement and statistics[M]. London: Sage Publications, 1999.

[128]CHARMAZ K, THORNBERG R. The pursuit of quality in grounded theory[J]. Qualitative Research in Psychology, 2021, 18(3): 305-327.

[129]CRABTREE B F, MILLER W L. Doing qualitative research[M]. London: Sage Publications, 2023.

[130]ELLIOTT J. Educational action research as the quest for virtue in teaching[J]. Educational Action Research, 2015, 23(1): 4-21.

[131]FLYVBJERG B. Case study[J]. The Sage Handbook of Qualitative Research, 2011, 4: 301-316.

[132]FRANCESCONI D, TAROZZI M. Embodied education: A convergence of phenomenological pedagogy and embodiment[J]. Studia Phaenomenologica, 2012, XII(一1): 263-288.

[133]MCKIM C A. The value of mixed methods research: A mixed methods study[J]. Journal of Mixed Methods Research, 2017, 11(2): 202-222.

[134]MEHRAD A, ZANGENEH M H T. Comparison between qualitative and quantitative research approaches: Social sciences[J]. International Journal For Research In Educational Studies, 2019, 5(7): 1-7.

[135]MOEN T. Reflections on the narrative research approach[J]. International Journal of Qualitative Methods, 2006, 5(4): 56-69.

[136]NELSON L K. Computational grounded theory: A methodological framework[J]. Sociological Methods & Research, 2020, 49(1): 3-42.

[137]ÖSTLUND U, KIDD L, WENGSTRÖM Y, et al. Combining qualitative and quantitative research within mixed method research designs: A methodological review[J]. International Journal of Nursing Studies, 2011, 48(3): 369-383.

[138]SALDANA J. Fundamentals of qualitative research[M]. Oxford: Oxford University Press, 2011.

[139]SALITE I. Educational action research for sustainability: Constructing a vision for the future in teacher education[J]. Journal of Teacher Education for Sustainability, 2008, 10: 5-16.

[140] SELVI K. Educational paradigm shift towards phenomenological pedagogy[M]// TYMIENIECKA A. Phenomenology of space and time: The forces of the cosmos and the ontopoietic genesis of life:Book one. New York:Springer,2014.

[141] WALKER D,MYRICK F. Grounded theory:An exploration of process and procedure [J]. Qualitative Health Research,2006,16(4):547-559.

[142] WATKINS D, GIOIA D. Mixed methods research[M]. Oxford:Oxford University Press,2015.

[143] YON D A. Highlights and overview of the history of educational ethnography[J]. Annual Review of Anthropology,2003,32(1):411-429.